초보자를 위한

정신분석이론 입문

Stephen Frosh 저 | 강예리 역

A Brief Introduction to Psychoanalytic Theory

학지사

역자 서문

역자가 처음 정신분석 이론을 접했을 때, 인간 심리에 대한 깊이 있는 통찰을 제공하는 이 이론에 매료되었지만, 입문자로서 그 방대함과 난해함에 종종 길을 잃기도 했다. 이후 영국 안나 프로이트 센터에서 처음으로 정신분석에 대해 체계적으로 배우면서, 정신분석에는 다양한 학파가 존재하며, 창시자인 프로이트를 중심으로 어떻게 이 이론이 분화되고 발전해 왔는지를 알게 되었다. 그때 수강한 프로그램에서는 주요 개념을 중심으로 여러 이론을 알기 쉽게 소개해 주었는데, 이것이 큰 도움이 되었고, 더 깊이 있는 학문적 탐구로 나아가는 데 중요한 지침서 역할을 해 주었던 기억이 있다.

한국에 돌아와 정신분석 이론을 가르치게 되었을 때, 예상보다 많은 주요 정신분석 관련 원서가 이미 번역되어 있다는 사실에 놀라움과 반가움을 느꼈다. 하지만 한편으로는, 입문자들에게 안나 프로이트 센터에서 경험했던 것과 같은 성격의 안내서 역할을 해 줄 수 있는 책이 거의 없다는 점이 아쉽게 느껴졌다.

그러던 중, 역자가 한국에서 정신분석 강의를 하고 있다는 소식을 들은 타비스톡의 한 튜터가, 입문자들이 정신분석에 보다 쉽게 접근할 수 있는 책이 있다며 이 책을 소개해 주었다. 이 책은 바로, 역자가 찾고 있던 '정신분석 공부의 길잡이'로서 매우 적합한 입문서였다.

이 책은 프로이트의 초기 사상과 그것이 어떻게 변화하고 발전해 왔는지를 독자들에게 단계적으로 안내하며, 정신분석의 탄생 과정을 함께 탐색한다. 정신분석의 근본 개념들을 명확히 설명하고, 프로이트 이후 주요 학파들의 전개와 변화를 핵심적으로 정리하여 분명하게 제시하였다. 각 학파의 이론적 특징과 차이점, 정신분석에 미친 영향과 공헌 등을 비교적 객관적인 시선으로 알기 쉽게 설명하고 있다. 또한 책의 마지막 부분에서는 정신분석이 임상 현장을 넘어 영화, 문학, 정치 등 사회·문화적 현상을 이해하는 데 어떻게 적용되어 왔는지도 다루고 있다.

이 책의 가장 큰 장점은, 정신분석을 처음 접하는 독자들이 그 탄생부터 현대 정신분석의 다양한 이론에 이르기까지 전반적인 역사적 계보를 한눈에 조망할 수 있다는 점이다. 이를 통해 독자들은 정신분석의 큰 틀을 빠르게 이해하고, 향후 더 깊이 있는 학습을 위한 기초를 다질 수 있을 것이다.

이 책의 또 다른 매력은, 저자가 특정 이론에 편향되지 않고 균형 잡힌 시각으로 각 이론의 유용성과 한계를 제시하고 있다는 점이다. 정신분석 이론뿐 아니라 정신분석가들에 대해서도 관찰자의 시선으로 날카롭게 비판하고 있으며, 정신분석에 대한 타 학문 분야의 비판 역시 가감 없이 소개하고 있다.

정신분석이 지닌 여러 한계와 문제점에도 불구하고, 저자는 이 이론이 인간의 행동과 마음, 나아가 사회와 문화를 이해하는 데 얼마나 깊은 통찰을 제공하는지를 설득력 있게 주장한다. 그리고 왜 우리가 정신분석을 공부해야 하는지에 대한 명확한 이유를 제시하고 있다.

이 책은 상담 및 심리치료 분야의 종사자와 수련생은 물론, 예술·인문학·사회과학 분야의 학생들에게도 새로운 통찰과 유용한 지식을 제공할 수 있는 소중한 참고서가 될 것이라 생각한다.

2025년 7월

역자 강예리

초보자를 위한
정신분석 이론 입문

차례

제6장 억압과 다른 방어기제들 • 81

제7장 마음의 구조: 원초아, 자아, 초자아 • 95

제8장 오이디푸스, 남성성, 여성성 • 107

제1부

프로이트 이론

제1장

정신분석의 매력

왜 정신분석이 중요한가

정신분석은 현시대에 가장 영향력 있고 지적이며 실용적인 프로젝트 중 하나라고 주장할 수 있다. 정신분석은 19세기 말 지그문트 프로이트에 의해 창시되었으며, 이 시기는 다른 중요한 사회과학(심리학과 사회학을 포함해서) 또한 태동되었던 시기였다. 정신분석은 임상 분야, 학문 분야, 예술 분야, 그리고 광고와 대중 홍보와 관련된 상업 분야commerce에서 빠른 속도로 중요한 위치를 차지하였다(Zaretsky, 2004). 정신분석은 또한 20세기에 성장하고 있었던 심리치료와 상담 직업에도 커다란 동력을 제공하였다. 치료 기법에 극적인 영향을 주었으며 세계대전 중에 발생한 전쟁 신경증shell shock(현재『정신질환 진단 및 통계 편람』의 진단명으로 외상후 스트레스장애에 해당하는) 환자들의 심리치료의 발전에 특히 중요한 영향을 주었다. 정신분석의 많은 생각은 당연히 사람들이 스스로의 심리를 이해하는 데 사용되었다. 이는 사람들의 행동이 의식적으로는 거의 알기 어렵거나 통제가 어려운 '무의식적인' 충동에 강하게 영향을 받는다는 정신분석의 가설에도 적용되었다. 심리적 문제를 말로 표현하는 것이 문제를 해결하는 데 도움이 될지도 모른다는 믿음, 그리고 우리가 꾸는 꿈이 '깊은' 소망과 갈등을 나타낸다든가 또는 말실수가 어떤 의미를 가질 수 있다는 믿음은 무의식이 어떻게 작용하는지에 대해 분석적으로 이해하는 바를 말해 준다. 정신분석은 아동발달, 친밀한 관계, 그리고 심리 증상을 생각하는 방식들 모두에게 심오한 영향을 주었다.

이러한 광범위한 영향에도 불구하고 인간 심리에 대한 귀중한 지식을 소유하고 있는 학문으로서 정신분석의 위치는 불확실했다. 프로이트는 정신분석이 과학이고 그것의 가치는 심리적 근원을 찾는 데 있다고 주장하였다. 이러한 주장은 심한 논쟁거리가 되어 왔고 몇몇 저자들(예, Borch-Jacobsen & Shamdasani, 2012)은 정신분석이 과학적 요건을 충족시켰는지, 또는 증거에 의해 지지되거나 반박되었는지에 관해 심각한 의구심을 제기하였다. 정신분석의 옹호자들은 이러한 비난들의 많은 부분이 자신들의 논지를 주장하기 위해 과학을 지나치게 이상화하여 비난에 적용하였고 정신분석은 사실상 상담실이라는 '실험실'에서 검증 가능한 합리적인 지식을 다루고 있으며 임상적 작업에 대한 보고서 작성과 논의를 통해 정밀한 검증에 점차적으로 개방되어 가고 있다고 반박한다(Frosh, 2006). 그러나 어떤 이들은 정신분석을 상상적인 이해를 하는 예술이나 또는 '인본주의적' 접근으로 보고, 타당화를 위해 과학이라고 가장할 필요가 없다고 여긴다.

정신분석의 위치에 대해 보다 포괄적으로 말할 것도 있다. 이는 인간의 성찰능력reflexivity이라 불리는 다소 복잡한 발상이다. 이것이 의미하는 바는 사람들은 스스로 또는 다른 사람들의 행동과 생각들을 해석함으로써 의미를 찾는다는 것이다. 인간은 아마도 '의미를 만들어 내는 기계'로 간주될 수도 있다. 이러한 주장은 사람들이 나는 무엇을 하는가, 다시 말하면 다른 사람들과의 관계 내에서 무엇을 하는가에 대해 알기 위한 방법을 찾으려는 경향성이 보편적인 특징이라는 것이다. 우리는 어느 정도는 우리 자신에 대해 반추하면서 인생을 살아가고, 그러한 반추를 할 수 있는 능력이 인간다움을 측정할 수 있는 지표라고 생각하는 것은 단지 정신분석만이 가지고 있는 명제는 아니다.

우리는 어떻게 우리 스스로를 이해하는가? 우리의 경험과 행동에 의지하거나 해석에 도움이 되는 우리의 문화 속에서 발견되는 생각들을 적용함으로써 가능하다. 예를 들어, 아동기 경험은 우리가 이후 성인기 때 광범위한 관계들을 형성하는 방식에 영향을 준다. 좋은 관계를 형성하는 데 실패하는 것은 우리 부모와 가졌던 어려움의 결과라고 해석할 수도 있는데, 이는 아마도 우리를 유기하고 거절하였던 아버지나 우울하고 반응이 없었던 어머니 때문일 수 있다. 이러한 관점을 어떤 분석 이론이 가지고 있는가를 알 필요는 없다. 그러나 분석은 암묵적으로 이에 대해 말을 하고 있으며 이러한 기저에 '깔린' 이해를 지지하고 공고화하기 위한 이론적 틀을 제공한다.

더 나아가 심리적 명제들이 광범위하게 스며들어 있는 서구 사회를 살펴보면, 이 명제들의 기원에 정신분석이 존재한다는 것은 놀라운 일이다. 아동기 경험이 성인기를 결정하거나 적어도 성인기에 큰 영향을 준다는 생각은 이미 앞에서 언급하였다. 이에 덧붙여 우리의 행동을 어떤 방식으로 이끌어 나가게 만드는, 그리고 종종 우리가 이해하지 못하는 무의식적 동기가 있다는 정신분석의 핵심 개념 또한 광범위하게 알려져 있다. 사람들이 왜 그들이 그러한 일을 했는지 또는 왜 친구가 자기 기만을 한다고 비난하는지, 혹은 왜 자신의 행위에 숨겨진 진짜 이유를 볼 수 없는지 스스로에게 물어보면 그들의 사회적 환경을 이해하게 해 주는 분석적 '담론'에 의지하게 된다. 이는 문화가 너무나 당연하게 생각하여 겉으로 분명하게 나타나지 않는 분석적 가정들psychoanalytic assumptions에 '포화되어' 있음을 시사한다.

인간의 성찰능력은 또한 한 문화에서 자리 잡은 심리학 이론들이 단순히 사람들이 어떤 존재인지를 묘사하는 것에 그치지 않고, 그 이론들이 그려 낸 이미지대로 사람들을 만들어 낸다는 것을 의미한다. 만약 우리가 별에 대한 이론을 가지고 있다면, 이 이론은 완전히 틀릴 수도 있으며 과학자들에 의해 만들어진 많은 예측과 계산이 틀릴 수도 있다는 것을 의미한다. 그러나 이것은 실제 별에 어떠한 영향도 미치지 않을 것이다. 별들은 계속해서 창공에서 빛날 것이며 사람들이 어떻게 생각하는지 상관이 없을 것이다. 이는 종종 객관적 세계에 대한 **물질 저항**material resistance이라고 일컬어진다(Borch-Jacobsen & Shamdasani, 2012). 만약 물질적 대상의 속성에 대한 우리의 생각들이 틀렸다면 이러한 대상들은 그러한 생각에 부합되기를 꺼리는 습관을 가진다. 그러나 만약 우리가 사람들에 대한 강력한 이론을 가진다면, 주체가 되는 사람들이 스스로에 대해 생각하는 방식에 영향을 미치며 이어지는 행위에도 영향을 미친다. 따라서 이는 연구하는 대상에 실제적으로 영향을 미친다. 예를 들어, 마르크시즘의 이론은 사람들이 자기 자신과 상황을 새로운 방식으로 이해하게 하였으며 실제로 혁명을 일으키게 만들었다. 정신분석은 그러한 이론들 중 하나이다. 만약 프로이트가 발명하기 전에 무의식이 존재하지 않았다면, 우리는 이제 무의식이 존재한다고 느낀다. 왜냐하면 우리는 무의식적 세계가 존재한다는 생각에 부합되게 우리 자신과 타인을 이해하고 취급하게 되었기 때문이다. 이러한 현상을 피하기는 매우 어렵다. 분석에서 말하는 '방어'가 아닌 다른 형태로 무의식을 방어할 수 있다면 한번 해 보길 바란다. 따라서 정신분석은 지적인 학문으로서 그리고 사람들이 스스로를 이해하는 방식으로서 매우 중요하다고 할 수 있다.

정신분석가들과 다른 치료사들: 용어에 대한 안내

학문적 작업이나 임상적 작업에서 정신분석적 개념을 사용하는 모든 사람이 정신분석가는 아니다. 사실상, 정신분석적 이론이나 정신분석 실천에서 파생되었거나 이와 연관된 굉장히 광범위한 활동들이 존재한다. 다음과 같이 서로 다른 치료그룹들을 대략적으로 나누어 놓았다.

- **정신분석**: (1) '역동적' 무의식을 강조하는 지그문트 프로이트에 의해 파생된 이론, (2) 분석가와 '피분석가'(환자) 사이에 주 몇 회 이상 만나서 이루어지는 임상적 실천
- **정신분석가**: 국제정신분석학회에서 인정받은 분석가 과정의 기준을 충족시키는 정신분석기관에서 정식으로 훈련을 받은 자

- **정신분석적 심리치료:** 정신분석적 원리에 기초한 정신분석보다 강도가 약한 심리치료적 작업
- **정신역동적 이론과 심리치료:** 역동적 무의식의 개념을 사용한 심리학에 대한 광범위한 접근법으로, 정신분석에서 파생되거나 정신분석에서 확장된 견해들이나 기법들을 포함한다. 집단 분석, 교류 분석, 융 분석심리학, 그리고 커플 상담 및 가족 치료의 일부 유형들이 여기에 해당된다.
- **정신역동적 상담:** 정신분석적 심리치료의 보다 초점화된 형태
- **심리치료:** 정신분석적 또는 정신역동적 심리치료를 포함하지만 이것에만 국한되지 않는 심리적 문제를 치료하는 광범위한 접근법

이러한 상이한 용어들은 정신분석을 가까운 동료들과 경쟁자들로부터 구별시키는 방법이지만 사실상 이들 사이에는 상당한 공통 부분이 존재한다. 또한 다음에도 기술하겠지만, 정신분석가들 사이에서도 상당한 편차와 의견 불일치가 나타나는데 가끔은 기본적인 견해에서조차 차이를 보인다.

정신분석에서의 편차

100여 년 전으로까지 거슬러 올라가는 정신분석의 초기 역사에서부터 정신분석의 핵심 개념들과 무엇이 진짜 정신분석을 설명하는지에 대한 논쟁이 있어왔다. 이러한 논쟁들은 정신분석의 '계보'를 다루는 다음 장에서 소개될 것이며 각각의 문제는 이 책의 뒷부분에서 보다 자세하게 다룰 것이다. 그러나 정신분석에서 주요 논쟁이 되는 영역들을 요약해서 나열하면 다음과 같다.

무의식

분석적 이론은 마음 '속'에 존재하지만 자기성찰로 접근할 수 없으며, 따라서

의식적으로 알 수 없는 생각들이 존재하는 것을 자명하게 여긴다. 이러한 기본 전제는 이 책에서 기술하는 대부분의 개념들의 중심에 위치한다. 더 나아가 정신분석이 생각하는 무의식적 현상은 단순히 기록보관소에 저장되어 있는 것이 아니라 동력과 움직임을 가지고 있다는 점에서 역동적이다. 이러한 기본 가정들이 정신분석가들 사이에서 보편적으로 받아들여지고 있음에도 불구하고, 무의식적 사고의 본질, 그것들이 형성되는 방식, 그리고 그 영향이 전달되는 다양한 경로에 대한 이해에는 상당한 차이가 존재한다.

성욕

프로이트는 심리 성욕을 정신분석을 설명하는 핵심 개념으로 주장하였는데 제1차 세계대전 이후에는 파괴적 공격 추동 또한 중요할 수도 있다는 생각을 하기 시작하였다. 융과 아들러와 같은 다른 초기의 정신분석자들은 성욕의 중요성을 감소시켰으며 적어도 신경증에서 성욕은 중요하지 않은 것으로 치부하였다. 이는 정신분석 운동이 일어난 초기 분열의 중요한 이유였다. 후기 프로이트 정신분석(1939년 프로이트 사망 이후의 분석을 의미)에서는, 친밀한 관계에서의 질이 더욱 중요해져 정신세계에서 성욕의 역할이 감소되었다. 이러한 현상은 정신분석이 날카로움을 잃어버렸음을 의미하거나 아니면 사람들이 당면하고 있는 심리적 문제들이 변화하고 있음을 인식하고 정신분석 학문이 성장하고 있음을 의미하는 것이라는 의견 사이에 논쟁이 있어 왔다. 아마도 억압된 성욕은 현재에는 덜 중요한 문제이고 만족스러운 관계를 형성하는 데 있어서 어려움이 보다 당면한 문제일 수 있다.

추동 이론

프로이트 이론은 기본적으로 사람들이 내적인 힘(주로 성욕)에 의해 휘둘리며 이러한 추동들이 표현되고 만족되는 방식을 추적하는 것이 심리학의 주요 과제라는 생각을 중심으로 한다. 정신분석 내 다양한 학파들 사이에 추동의 성질에 대한 논란이 많이 있을 뿐 아니라, 추동에 기반한 심리라는 개념에 대해서도 논쟁이 있다. 예를 들어, 대인관계를 성적 충동을 표현하는 주요 도구로 보는 대신에 인간은 관계 지향의 존재로 보는 것이 더 적절한 표현일 수 있다. 또한 의존성, 상호성, 그리고 사랑을 기반으로 한 관계를 형성하는 것(그리고 이러한 기회가 차단되었을 때 공격적으로 반응하는 것)이 바로 사람들이 보이는 기본적인 행동 특징일 수도 있다.

발달 이론

프로이트는 성적 추동은 출생부터 작동하지만 발달과정에서 다른 방식으로 표현된다는 일반적인 이론적 구조를 제시하였다. 그는 이러한 방식들이 구강기, 항문기, 성기기의 신체의 서로 다른 쾌락부위들에 의해 부호화된다고 하였다. 그는 인간 심리성적 발달의 핵심적인 특징은 그가 제안한 오이디푸스 갈등이 해결되는 방식에 의해 이루어진다고 하였다. 다시 말하면, 유아가 자신의 성욕에 대해 사회적으로, 특히 부모에 의해 세워진 제한을 어떻게 다루느냐에 따라 심리성적 발달이 다르게 이루어진다고 하였다. 대부분의 정신분석가는 이러한 개념을 받아들였지만, 또한 많은 수정이 있어 왔고 정신분석 안에서조차도 오이디푸스 갈등이 언제 일어나는가 그리고 어떠한 형태로 일어나느냐에 대해 많은 논쟁이 있어 왔다.

방어기제

앞에서 말했듯이, 프로이트는 무의식적 생각들이 언제나 자신의 존재를 드러내려고 한다는 점에서 무의식적 현상은 역동적인 힘이라고 보았다. 이는 무의식적 생각들이 언제나 움직이고 있으며 마음이 사용하는 다양한 전략에 의해 방해를 받지 않는다면 무의식은 완전히 드러날 수도 있음을 의미한다. 무의식이 드러나지 않도록 사용하는 이러한 전략들은 '방어기제'라는 용어로 불리며, 이는 마음을 혼란스럽게 만드는 생각들을 의식적으로 자각하지 못하도록 하는 심리적 작용으로 볼 수 있다. 현대 정신분석가들은 이러한 개념에 대한 기본적인 생각은 보편적으로 받아들였으나, 방어기제의 유형에 대해 강조하는 바는 상당히 다르다. 또한 각각의 방어기제를 사용함으로써 생겨나는 심리적 문제에 대한 시각에도 차이가 있다. 예를 들어, 프로이트 학파의 억압('동기화된 망각')에 대한 강조는 지금은 예전만큼 받아들여지고 있지 않다. 반면, 투사(자신의 감정과 생각을 마치 다른 사람의 것인 양 경험하는 것)와 분열(양가감정을 '긍정적인' 측면과 '부정적인' 측면으로 나누는 것)은 현재 임상적 보고에서 널리 강조되고 있다.

정신 구조

인생의 후반부에 이르러 프로이트는 마음의 구조를 자아ego, 원초아Id, 그리고 초자아superego로 나누었다(제7장에서 더 자세히 기술할 것이다). 이러한 구조는 아직까지도 매우 영향력 있는 개념으로 받아들여지지만, 의식과 무의식적 정신 현상의 관계는 명확하게 구분된 적이 없다. 1920년대부터 많은 정신분석가들은 '자아ego'와 작업하는 것을 자신들의 치료 기교라고 보았다. 이들은 '자아심리학자들'로 알려지게 되었고, 그들의 이론과 임상실습에서 원초아에는 별로 관심을 보이지 않았다. 대략적으로 이들의 이론은 또 다른 주요 학파 중 하나인 '대상관계' 그룹과 유사하다. 대상관계 그룹은 정신구조를 자아-대상과의 관계(즉, 자신-타인 사이의 관계를 내재화한 것)가 복잡한 층을 이루어 구성된 것으로 본다.

정신분석 기법

정신분석이 표준화되기까지는 오랜 시간이 걸렸으며 심지어 현재도 임상가들 사이에 상당한 의견 차이가 존재한다. 어떤 분석가들은 '깊은' 수준에서 해석하기 전에 환자와 긍정적 '치료적 동맹'을 형성하는 것을 선호해서 해석을 하는 데 매우 조심하며, 내재된 갈등을 다루기 전에 방어에 대한 해석에 초점을 맞춘다. 다른 이들은 이런 방식이 분석에서 어떤 것도 일어나지 않는 것을 의미하며 환자들은 치료자가 어려운 문제를 다루는 것을 두려워하는 것으로 경험한다고 주장한다. 이들은 환자가 정신적으로 힘들어할지라도 환자가 가지고 오는 주요 불안이 보이는 대로 곧바로 다루는 것을 선호한다. 대부분의 분석가들과 정신역동적 심리치료자들은 '전이(환자의 과거 삶의 중요한 측면들을 분석가에게 통합시키는 방식)'라고 불리는 현상과 어떤 식으로든 작업을 하게 되지만, 어떤 방식으로 작업을 하는지, 그리고 환자에 대한 치료자의 반응('역전이') 중에 어떤 것에 초점을 맞출지에 관해서는 분석가마다 입장이 상당히 다르다.

정신분석의 응용

정신분석을 상담실 밖에 적용하는 전통은 프로이트와 프로이트의 초기 추종자들(임상가들이라기보다는 사회비평가와 예술가들이 상당수였음)에 의해 열정적으로 이루어졌다(Makari, 2010). 프로이트는 문학과 예술, 그리고 종교, 전쟁과 같은 사회적 현상과 관련해서 글을 썼고, 정신분석이 이러한 영역들에 타의 추종을 불허하는 통찰을 가져다준다고 믿었다(또한 정신분석도 이들로부터 배우는 것이 있다고 믿었다). 이후의 분석가들과 정신분석의 저자들은 큰 용기를 가지고 이러한 전통을 이어 나갔으나 논쟁은 계속 있어 왔다. 정치 사상가들은 정신분석을 보수적인 혹은 급진적인 정치적 선전을 퍼트리기 위해 사용했고 예술에 관심 있는 정신분석가들은 정신분석을 다른 방식으로 이해했으며 생생하긴 했지만 논리적이지 못한 생각의 장을 창출하였다. 또한 정신분석적 사상들이 그것들이 탄생되고 쉽게 검증된 임상장면에서 나와 다른 곳에 적용되면 어떤 일이 생겨날 것인가에 관한 걱정도 존재한다. 예를 들어, 해석에 반응을 하는 살아 있는 환자와 다른 문학작품의 글을 정신분석적으로 해석하는 것이 과연 무슨 의미인가?

정신분석가들의 두 가지 핵심 전제들

정신분석가들과 정신분석적 심리치료자들을 '프로이트의 추종자'들이라고 정의하는 것은 충분치 않다는 것이 이제는 명확해졌다. 왜냐하면 이들 다수는 프로이트가 찬성하지 않거나 심지어는 정신분석이라고 인정하지도 않는 식으로 작업을 하기 때문이다. 정신분석의 가장 단순한 정의는 '무의식의 과학'이라고 할 수 있는데, 이 또한 지지되기가 어렵다. 왜냐하면 정신분석이 '과학'이라는 지위를 획득할 수 있는가에 대한 논쟁 때문에 부분적으로만 그러하다. 많은 사회과학과 자연과학자들이 이를 부인할 것이다.

그러나 정신분석가들을 통합하는 것들은 다음과 같다고 말할 수 있다.

1. 무의식적 현상은 존재한다는 공통된 믿음
2. 이러한 현상을 이해하고 분석가와 환자(또는 피분석가) 사이에서 일어나는 생생한 만남을 통해서 무엇이 일어나고 있는지를 탐색하는 데 초점을 맞춘 임상적 실행

클리닉 밖에서 정신분석을 사용하는 사람들에게 이것이 무엇을 의미하는가 하는 것은 상당한 논쟁거리가 된다. 그러나 무의식적 환상이나 방어기제와 같은 개념을 실제에 적용할 때 이는 정신분석적인 것이라고 부를 수 있는 어떤 특징적인 것이 존재함을 독자들도 동의할 것이다.

위태로운 정신분석

이 책은 대체적으로 공감적인 입장에서 정신분석의 주요 이론적 개념들을 살펴보고자 한다. 그러나 정신분석의 미래에 대해 불확실한 점도 많다는 것을 처음부터 언급하는 것이 좋을 것 같다. 이러한 불확실성은 이론과 실천 면에서뿐만 아니라 사람들이 상대적으로 오랜 기간에 걸친 값비싼 비용의 치료에 대한 인내심이 있을지에 관한 문화적 측면에서도 그러하다. 예를 들어, 영국에서 심리적 문제를 치료하는 데 있어서 선호하는 접근법은 국민보건서비스를 통한 국가재정의 전폭적인 지원을 받는 인지행동치료이다. 정신분석을 실시하는 곳에서조차도 희석된 형태로 사용하는데, 예를 들어 애착에 기반한 초점화된 단기

심리치료인, '역동적 대인관계치료'가 그것이다. 몇몇 정신분석적 심리치료 훈련 기관들은 훈련생을 찾는 데 어려움을 겪고 있으며 이는 놀라운 일이 아니다. 훈련기간이 매우 길고, 수년간에 걸친 주 3~5회까지 이르는 개인분석을 받아야 하기 때문에 훈련 비용도 매우 비쌀 뿐 아니라, 몇몇 예외를 제외하고는(예, 아동심리치료) 심리치료 자격증을 받고 난 후에 직업 전망이 확실치 않기 때문이다. 정신분석적 심리치료의 가장 '강력한' 형태인 정신분석은 훈련과정에 헌신을 가장 많이 해야 하며 여전히 임상적인 명성을 높게 유지하고 있다. 그러나 수만 파운드(만 파운드는 한화로 천육백만 원 정도임)의 비용을 투자하여 수년간에 걸쳐 훈련을 마친 후, 미래가 불확실한 개업활동으로 자신의 인생을 열어 간다는 것이 그렇게 매력적인 전망이지만은 않다.

세계적으로 보면 상황은 더욱 다양하다. 미국에서는 제2차 세계대전 이후에 정신분석이 정신과와 임상심리학에서 주류를 이루었었지만, 영국과 비슷한 상황에 처해 있다. 미국에서도 인지치료와 인지행동치료가 우세하며 보험회사는 정신분석에 지불하는 비용을 제한해 온 지 오래이다. 정신분석이 강세를 보이는 몇몇 지역이 있는 프랑스와 이탈리아를 제외하고는 유럽도 비슷하다. 그러나 남아메리카에서는 정신분석이 번창하고 있는 듯이 보인다. 예를 들어, 아르헨티나와 브라질에는 많은 수의 정신분석 훈련생들이 있으며 심리치료 분야에서 정신분석적 접근을 훨씬 더 환영하는 분위기이다. 다른 나라에서는 정신분석에 관심을 보이는 의외의 지역들이 있는데 그중에서도 일본이 현저하다. 그렇지만 이들 몇몇을 제외하고는 정신분석이 유럽문화에 근원을 둔 것 때문에 고충을 겪고 있다.

치료 클리닉 외에서는 정신분석이 중요한 약점을 가지고 있기도 하지만, 보다 좋은 전망을 보인다. 1970년대와 1980년대에 정신분석이 역사적 · 문화적 · 정치적 이슈들에 적용될 수 있다는 점에 관심이 치솟았다. 영화분석과 문학이 그 좋은 예이다. 1960년대에 성적으로 불이 붙은 반문화적 현상의 잔재로 정신분석은 성적 억압이 어떠한 영향을 주는지 그리고 성적인 해방의 가능성은 무엇이 있는지에 대하여 이해를 얻기 위해 사용되었다. 이는 정치적인 것과 관련이 있는데, 예를 들어 마르크시스트나 여성운동가(페미니스트), 그리고 탈식민주의 작가들에게 정신분석적 생각은 어떤 형태로든 영향을 주었다. 그 이후로, 이들 분야에서조차도 정신분석의 광명은 빛이 바래기 시작했다. 예를 들어, 페미니스트들은 성욕과 성적 폭력, 그리고 많은 사회에서 여성을 억압하는 현상을 이해하기 위해 정신분석을 사용함과 동시에 정신분석이 여성과 '성별 차이'에 대해 가부장적인 시각을 가진다고 비판하였다(예, Mitchell, 1974). 1970년대에 와서 문학에 대한 정신분석적 접근은 허구의 인물들을 사실인 것처럼 취급하고 문학 작품을 마치 작가의 무의식적 삶의 직접적인 산물인 것처럼 이해한 것에 대해 조롱을 당하였다. 그럼에도 불구하고, 그 이후로 문장에 표현된 언어, 기억, 그리고 욕망의 영향과 관련된 문학작품을 이해하기 위해 정신분석을 다양하게 그리고 상상적으로 사용해 왔다. 이는 정신분석이 시나 소설을 작가의 신경학적 사고로 그 의미를 축소시키는 대신 문학적 상상력이 필요한 구체적인 형태를 이해하는 데 보다 관심을 기울이는 쪽으로 발전되어 왔음을 의미한다. 정신분석의 눈에 띄게 반동적인(변화에 저항하는) 측면들을 버리고 새로운 형태의 생각들을 받아들이기 시작하였다. 예를 들어, 정신분석가들은 미국이 전문가들 사이에서 동성애가 정신장애가 아니라고 동의한 마지막 집단이며 동성애자가 정신분석가로 훈련을 받는 것은 오랫동안 굉장히 어려운 일이었다. 이러한 상황은 현재 현저하게 바뀌었으며 정신분석은 정신분석가와 정신분석 심리치료자 자신들의 동성애적 태도와 불안을 포함하여 동성애 공포를 이해하는 데 큰 힘을 실어 주고 있다.

정신분석 가치에 대한 옹호

정신분석 가치를 지지하는 목록은 상당히 길 수 있다. 필자의 정신분석에 대한 평가에 대한 관점을 요약하면 다음과 같다.

- 정신분석은 정신분석 역사를 통해 많은 폭풍우를 만났으나, 인문학과 사회과학의 광범위한 분야에서 전문적인 임상적 실습과 정당성 있는 지적 학문으로서 자리를 잡았다.
- 이렇게 확립한 위치는 다양한 이유로 공격을 받았다. 몇몇 비판들은 정신분석이 치료로서의 효과를 입증하기 어렵다는 점을 강조하였다. 또한 정신분석이 전문지식이 필요한 자신들만의 복잡한 전통을 가진 분야(예, 문학과 정치)에서 분석적 의견을 피력하는 데 있어 교만한 태도를 보이는 점, 그리고 성욕, 가족 형태와 같은 가치에서 많은 정신분석가들이 보수적인 입장을 취한다는 점을 비판하였다. 정신분석의 이러한 입장은 종종 진보적인 사상가들뿐만 아니라 20세기 후반과 21세기 초반의 사회적 변화 현실과도 불협화음을 일으켰다.
- 이러한 비판에는 어느 정도 합당한 근거도 있지만, 비판들의 많은 부분이 정신분석이 표방하는 가치들 중에 사람들이 받아들이기 어려운 것이 존재한다는 사실을 보여 주기도 한다.
  - 정신분석은 결코 서둘러서 할 수 없는 시간과 인내심을 요구하는 생각하기를 철저하게 실행한다. 이는 삶에 '진실되게' 접근하는 것은 어렵고 때로는 고통스러울지라도 그렇게 하는 것이 가치가 있다라는 윤리적 전제에 기반한다. 따라서 정신분석은 심리적 증상에 대한 '빠른 교정quick fix' 치료로 결코 만족이 될 수 없다.
  - 정신분석의 일부 지지자들은 정신분석가로서 '전문가'의 위치에서 세상을 일반화시켜 보는 경향이 있어 왔지만, 정신분석의 최고 가치는 호기심이 있어야 하고 도전적이어야 하며 변화를 가져오기 위해 단순한 처방을 내리는 함정에 빠지지 않고 무엇이 일어나고 있는지에 대해 분석을 할 수 있는 것에 있다.
  - 정신분석은 심각하고, 느리고, 사려 깊고, 불확실하며 복잡한 어떤 것을 상징한다. 이러한 태도는 즉각적인 해결책을 요구하고, 주의집중력이 짧고 불일치와 반대를 통제하려는 경향이 있는 급한 사회에서는 잘 받아들

여지기 힘들 수 있다.

- 정신분석은 정신분석을 치료 방식으로 선택하지 않는다고 할지라도 치료 및 상담 실습에 지속적으로 영향을 주고 있다. 어떠한 치료적 접근법들은 정신분석적 요소를 일부러 집어넣지만, 그렇지 않은 치료적 접근법조차 치료과정을 개념화하는 데 있어서 정신분석적인 측면이 포함되게 되어 있다. 예를 들어, 정신분석에서 상당 부분 파생된 치료적 관계의 중요성이나 기저에 깔린 정신 상태에 대한 해석을 포함하는 '대화 치료talking cure'에 대한 전제들이 그것이다.
- 정신분석은 많은 지적 학문에서 자신들의 영역을 개념화하는 시도들에 문화적 영향을 주었다. 이는 심지어 정신분석을 비판한 학문 영역에서조차 그러하다. 정신분석에 대한 그들 자신의 태도를 이해하고 논점을 평가하기 위해서는 정신분석을 알아야 할 필요가 있다.

앞에 열거한 논쟁의 영역은 또한 정신분석의 주요 개념들에 대한 길잡이가 되어 주기도 한다. 이 책 전반에 걸쳐 이러한 개념들에 대해 설명할 것이다. 정신분석이 어떻게 탄생하였는지에 관한 역사적 배경을 자세하게 설명하는 제2장 이후에는 현대 정신분석 이론의 기반이 된 프로이트의 독창적인 사상들을 몇 장에 걸쳐 설명할 것이다. 이 책의 제2부에서는 프로이트 이후에 발달된 주요 이론들을 살펴볼 것인데 주요 정신분석 학파들의 개념들을 설명하고 그것들이 무엇을 의미하는지에 대해 평가할 것이다. 마지막으로, 제3부에서는 정신분석이 예술과 사회과학에 어떻게 적용되는지에 대해 설명할 것이다.

요약

- 새로운 치료 기법의 출현은 정신분석이 심리치료에서 가지는 역할을 심하게 제한하였으며 정신분석이 임상 장면 밖에서 어떻게 적용되는지에 관한 많은 비판이 있어

왔음에도 불구하고, 정신분석은 현대 사회에서 계속해서 중요성을 가진다.

- 이러한 중요성은 사람들이 스스로를 어떻게 경험하고 있는지를 이해하는 데 주로 영향을 미쳤다는 점에서 비롯되는데, 이는 특히 서구 사회에서 그러하다. 더 나아가, 심리치료와 상담에서 당연시되는 많은 치료적 요소들이 정신분석에서 비롯되었으며 이는 인간 심리에 관한 널리 인정되는 가정들이다.
- 정신분석을 실행하는 많은 방식과 정신분석에 대한 많은 경쟁 이론이 존재한다. 그러나 모든 정신분석가들이 공유하는 것은 무의식을 탐색하는 것에 전념하는 것이다.
- 많은 정신분석을 지향하는 학자들은 또한 인문학과 사회과학의 광범위한 영역에 정신분석이 어떻게 새로운 통찰을 제공할 수 있는지에 관심을 가진다.

제2장

정신분석의 역사

A family history of psychoanalysis

신화 같은 정신분석 역사

모든 학문 분야에는 새로운 발견을 하고 방법을 개발하고 발전시키면서 다른 사람들에게 영감을 준 중심 인물이 존재하기 마련이다. 그러나 많은 학문 분야의 역사는 보통 굉장히 길어서 그 분야에서 현재 활동하는 사람들은 그들 학문의 창시자를 실제적 인물이기보다는 신화적 지위를 가진 존재로 여기며 창시자에 대해 거의 잘 모른다. 심지어 상대적으로 최근에 생겨난 분야에서조차도 학자들은 자신들이 속한 학문 분야의 과거를 등한시하며 학문의 발전과는 전혀 관련이 없는 것으로 치부한다. 예를 들어, 심리학과 학생들은 심리학의 역사나 철학적 배경에 대한 지식은 거의 배우지 않는다. 대신, 심리학이 과학의 한 분야로서, 과학적 방법을 따르며 과학적 형태를 갖춘 완벽한 상태로 현대 사회에 탄생했다는 식으로 심리학을 홍보한다. 현대심리학의 창시자인 빌헬름 분트Wilhelm Wundt와 윌리엄 제임스William James에 대해서는 잠시 지나가며 언급하는 식으로 심리학 교재에서 다룰 뿐 심리학 전공자들이 현재 자신이 일하는 방식이 타당한지를 알아보기 위해 이들 창시자들을 이 분야에 권위자로 보고 이들에 대해서 찾아보는 일은 거의 없다.

정신분석은 매우 다르고 매우 특이하다. 정신분석 역사의 구조는 과학이나 사회과학 또는 다른 어떤 전통적인 학문의 역사와는 다르며 마치 종교 영역의 역사와 유사하다고 혹자는 말할 수도 있을 것이다. 종교에서 흔히 그렇듯, 창시자는 어떤 사실에 대한 폭로를 하고(무의식의 존재), 이러한 사실을 적대적 세상으로부터 인정받기 위해 고군분투하며 점차적으로 자신의 추종자 집단이 생겨난다. 초기에 분열과 배반이 존재한 후 충성을 다하는 두 번째 세대가 떠오르며 정통성을 확립하기 시작한다. 대개는 창시자가 작성한 일련의 근본 원리(신성시되는)들을 실은 문서가 만들어지고 세대를 거쳐 읽혀진다. 이후 순수주의자 집단들은 신성시된 문서를 글자 그대로 받아들이고 보다 진보적인 집단들이 이후 각 세대마다 출현하여 진실을 재해석한다. 이들 상이한 집단들은 서로 반대하고 그들 주변에 점차 신앙심이 부족해지는 사람들에 반대하여 결합을 한다. 현재에 이르러 모임에 오는 등 초창기 의식들이 반복되는 형태로 주기적인 의식을 행하여 활동을 굳히도록 한다. 이 과정에서 놀라운 일은 무엇인가 하면, 창시자가 집필한 문서들은 단지 역사적 유물이 아니라 통찰의 원천으로 읽혀지고 연구되고 수년 후에 더욱 크게 발전될 수 있지만 결코 이를 능가하는 일은 일어나지 않는다.

정신분석의 경우 프로이트는 분명히 창시자의 역할을 수행하였다. 그에 앞선 많은 선도자와 영향들이 있었다. 이들 중에 당시에 가장 영향력 있는 의학과 심리학 연구자들을 포함한 과학적 스승들이 특히 중요한 영향을 미쳤다. 프로이트는 또한 인문학 교육을 잘 받았으며 그의 지식을 발전시키는 데 고전문학의 도움을 받았다. 그가 19세기에 해방되었지만 뿌리 깊이 스며든 반유대인 정서를 매일의 일상생활에서 직면해야 하는 유럽 유대인 세대 중 일원이라는 것 또한 중요하였다. 이는 계몽과 모더니즘에 대한 열망을 가지고 있지만 반유대인 기조 때문에 주류사회로부터 배제되어 수용받기 위해 고군분투하던 교육수준이 높은 유대인들의 무리를 만들었다. 프로이트는 내부자이면서 외부자였고 정신분석가들은 시작부터 변두리 학문의 위치에 자리 잡아, 사회 안쪽에 자리 잡은 사회적 영향을 흠뻑 받는 사람들에 비해 사회적 현상의 기행을 보다 잘 관찰할 수 있었다. 프로이트는 또한 그 당시 폭넓은 관심을 일으켰던 암시, 최면, 텔레파시와 같은 이성적으로는 설명할 수 없는 '초자연적인' 현상에도 반응을 하였다(Luckhurst, 2002). 프로이트에게는 이들이 비합리적인 생각들에 대한 중요한 설명 체계를 제공하는 역할을 하는 정신분석과 경쟁하는 뭔가 불경스러운 것으로 여겨졌다. 프로이트는 이들 현상에 관심을 가지면서도(예, 프로이트는 텔레파시의 현실을 수용하였다) 근본적으로는 초자연주의와 거리를 두고 정신분석은 과학이고 이성적인 학문이며 비이성적인 것을 찬양하는 것이 아니라는 것을 확실히 하려고 애를 썼다.

프로이트의 이론의 근원과 영향을 준 것들이 무엇이었든지, 그리고 동시대의 문화에 그가 어떻게 반응을 하였든지, 중요한 것은 그가 무의식의 실체를 발견하였고 정신분석을 연구가 가능하고 이해가 가능하며 회유가 가능한 시스템으로 만들었는다는 것이다. 이러한 프로이트의 발견은 그의 과학적 동료들에게 거절을 당하고 직업적으로 방황하던 시기를 거쳐 이루어졌다. 이 시기 동안에(19세기 말 몇 년간) 프로이트는 심리적 문제를 이해하기 위해 겉으로 보기에 기이한 생각과 방법들을 실험에 옮겼다. 특히 그는 그 당시 유행했던 장애인 히스테리아에 관심을 돌렸는데, 히스테리아 환자들은(주로 여자 환자들이 많았다) 기질적인 원인이라기보다는 심리적인 문제로 야기된 졸도나 마비와 같은 신체적 증상을 나타냈다. 떠도는 말에 의하면, 프로이트는 최면과 암시적 기법이라 할 수 있는 '압박 기법'(환자의 앞이마에 치료자의 손을 대고 잊어버린 외상 기억을 떠올리라고 함)과 같은 여러 치료 기법을 시험해 보았고 이론적으로 잘못된 방향으로 갔었다고 한다. 이들 중에 악명 높은 '유혹 이론'이 있는데 프로이트는 히스테리아의 원인이 아동기에, 특히 아버지로부터 성학대를 당한 경험에 있다고 보았었다. 그러나 이후 친부를 포함한 성학대가 실제로 일어날 확률이 그렇게 높을까라는 의심을 품게 되어 프로이트는 이 가설을 포기하였다. 유혹 이론의 포기는 프로이트 이론 학자들 사이에 커다란 논쟁거리가 되었었다. 제프리 마송(Jeffrey Masson, 1984)은 이것이 프로이트와 정신분석이 진실에서 멀어지게 된 계기가 되었다고(다시 말하면, 프로이트는 성학대가 실제로 있었다는 진실을 부인하였다는 것) 비난하였으며, 보르크 야콥센과 샴다사니(Borch-Jacobsen

& Shamdasani, 2012)는 프로이트는 항상 환자들을 통해 자신의 이론을 확증해 왔기 때문에 실제로 그의 환자에게 무슨 일이 일어났는지 아는 것은 불가능한 일이었을 것이라고 비난하였다. 반면에 정신분석에 충실한 주장으로는 유혹 이론을 버림으로써 진짜 정신분석이 탄생하였는데, 왜냐하면 환자의 판타지가 정신병리의 핵심 요소일 수도 있다는 생각을 하게 만들었기 때문이다(예, Anzieu, 1986).

정신분석 역사에서 종종 나타났던 신화적인 길을 따랐었지만 프로이트는 잘못된 이론들을 포기함으로써 진실을 찾아갈 수 있게 되었다. 이러한 진실의 규명은 1890년대에 프로이트가 스스로 실시한 '자기 분석'이 매개가 되어 이루어졌다는 다수의 주장이 있다(예, Gay, 1988). 이러한 '영웅적'인 자기 분석은 프로이트의 자기 자신의 꿈에 대한 불굴의 탐색에 기반하였다. 그의 용기에 대한 보상으로 꿈의 의미가 무엇인지 알게 되었고 그럼으로써 무의식의 존재를 밝혀낼 수 있었다. 『꿈의 해석』이라는 그의 책에서 중요한 소재가 되었던 '이르마Irma의 주사'라는 꿈을 꾸고 나서 프로이트는 그의 친구인 빌헬름 플리스Wilhelm Fliess에게 편지를 썼는데, 그 편지에서 프로이트는 다음과 같이 말하였다. "그가 꿈에서 본 집에 대리석 석판이 놓여 있다면 거기에는 다음과 같은 문장이 새겨져 있을 것이다. 1895년 7월 24일에 꿈의 비밀이 지그문트 프로이트 박사에 의해 밝혀지다"(Frued, 1900b, p. 417).

이러한 모든 것들이 세련된 지식인 운동의 기원을 설명한다는 것에 대해 매우 이상하게 느껴질지도 모른다. 진실을 밝히는 것은 과학뿐 아니라 종교에서도 나타나며 꿈도 종종 이 과정의 일부분일 수 있다. 따라서 정신분석이 비과학적이라는 의미는 아닐 수 있다. 그러나 정신분석의 도래가 프로이트의 개인적 심리분석에서 비롯되었다는 점은 (다른 학문에서는) 흔히 볼 수 있는 일은 아니다.

정신분석에서의 무의식

정신분석의 이러한 특이점은 정신분석이 세대를 걸쳐 어떻게 전달되는지를 이해하는 데 매우 중요하다. 정신분석의 주제(무의식, 억압, 전이 등)는 정신분석가와 정신분석 역사와의 실제 관계를 통해 재현된다. 지적인 활동에 개인적 문제가 개입되는 것은 다른 학문도 마찬가지라고 혹자는 말할 수도 있다. 예를 들어, 과학이 진보적으로만 발달하지는 않는다. 과학 안에서 일어난 많은 것이 경쟁과 야망, 희망과 관용적 태도, 그리고 과학풍토를 지배하는 심리적 · 사회적 환경의 비이성적인 측면들에 의해 영향을 받는다. 예술과 인문학도 마찬가지로 사람들이 세상에 대해 어떻게 느끼는가 하는 것은 어떠한 학문이 가치가 있고 어떠한 생각을 취해야 하는지를 결정하는 데 매우 중요하다. 그러나, 아마도 연구되는 과정이 학문을 추구하는 과정에서 완벽하게 동일하게 구현되는 것은 정신분석이 유일할 것이다.

우선, '무의식'은 간접적인 방식으로 의식으로 뚫고 들어오려는 인식되지 않은 소망들의 경향성에 적용되는 용어이다. 정신분석은 사람들의 행동이 의식하지 못하고 통제할 수 없는 충동들에 의해 대부분 지배된다고 주장한다. 이러한 충동들은 사람들이 겉으로 보기에 비이성적인 행동을 할 때 관찰이 가능하다. 이러한 행위는 어떤 것들에 지나치게 감정적으로 대하는 것, 기이한 자기 파괴적 결정들, 강박증적 행동, 이상한 말실수, 과장되거나 혹은 자기 비하적인 태도, 잘못된 길, 가망이 없는 일에 대해 끌리는 것과 같은 것을 포함한다. 나아가, 무의식은 가장 합리적으로 보이는 행동에도 작용한다. 예를 들어, 정신분석적 지식을 포함한 지식을 추구하는 욕구에도 무의식적 힘이 작용할 수 있다. 왜 사람들은 그들의 생각들이 진실인지를 입증하려고 하고 자신이 타인보다 우월하다는 것을 보이려고 에너지를 쏟는가? 왜 사람들은 그렇게까지 강렬하게 논쟁을 벌이고 사람들과 다투며 프로이트가 언급했던 '사소한 차이에 대한 자기애'와 같은 것들 때문에 그렇게 오랫동안 반목을 계속하는가? 이는 단순히 자신의 사상들의 진실 여부에 따라 평판이 좌우되어서만이 아니라, 물론 이는 중요한 일이 되지만, 그러나 무엇보다도 그들이 이 문제에 지나치게 몰입해 왔기 때문이다. 이러한 사상들은 그것이 겉으로 의미하는 것 이상의 어떤 것을 의미할 수도 있다. 그것들은 성공, 자기 가치감, 또는 결핍이나 외상을 다루려는 방법일 수도 있다. 그것들은 예를 들어, 성적 지식과 같이 다른 어떤 것을 상징할 수도 있다. 프로이트는 십대 소녀인 '도라'라고 불리는 사례 연구에서 도라가 성적 지식을 얻기 위해 백과사전을 이용한 것을 언급하였다. 이는 지식에 대한 욕구의 한 가지 원천일 수도 있다. 우리는 종종 전문가들이 보이는 과시적인 태도에서 존경받고 싶고 동경받고 싶은 욕구를 엿볼 수 있다.

만약 무의식이 지식의 추구에 영향을 미쳤다면, 정신분석가들은 그들 자신이 임상 실습을 하면서 무의식이 작동함을 보일 수 있을 것이다. 이는 모든 학문 분야에 마찬가지로 적용될 수 있지만 두 가지 이유에서 특히 정신분석에서 강하게 나타난다고 볼 수 있다. 한 가지는 이전 장에서도 언급했던 성찰능력과 관련된 것이다. 정신분석가들은 무의식의 개념을 환자의 정신을 연구하는 데 사용할 뿐 아니라 자기 자신, 그리고 그들의 동료들(사실상 그들의 부모들, 자녀들, 친구들, 배우자들, 고용주들, 피고용인들, 그리고 지도감독하는 학생들을 포함한 모두라고 할 수 있다)을 이해하는 데 사용한다. 예를 들어, 그들은 사람들의 비판을 마치 비판가 자신들의 불안이나 신경증적 억제에서 기인하는 것으로 해석할 수 있으며, 이러한 비판들에 대해 이들이 개인 분석이 더 필요하다고 반응할 수 있다. 이는 역사적으로 정신분석 움직임에서 성격 암살character assassination의 흔한 형태로 나타났으며 프로이트 자신도 사용하였다. 분석가들은 또한 비판을 개인적 적대감 또는 경쟁(물론 정신분석가들 자신들이 종종 그러하다)에서 비롯된 것으로 볼 수 있다. 또는 그들은 이론적 혁신을 이론가와 관련된 무의식의 표현으로 볼 수 있으며 완전히 새로운 생각이 아니라고 볼 수 있다. 이러한 것의 결과로, 정신분석 움직임은 지나치게 감정에 빠지게 되었으며, 때로는 굉장히 활기차고 창의적이지만 때로는 '합리적'인 수준을 넘어선 분열과 개인적인 적대감을 양산하기도 하였다. 전 세계에 존재하는 많은 정신분석 연구소들은 이러한 경향성을 보였고, 그들을 과학적이기보다는 종교적으로 또는 정치적 사회로 보이게 만들었다.

정신분석 연구소의 발전에서 정서적인 색채가 나타나게 된 두 번째 이유는 정신분석가들이 훈련받는 방식과 관련이 있다. 정신분석의 모든 학파에서 다른 부분은 차이가 있음에도 불구하고, 훈련의 핵심에는 개인의 '훈련 분석'이 있다. 쉽게 말하자면, 이는 수련이 시작되기 얼마 전부터 수련이 끝날 때까지 공식적으로 공인된 분석가('훈련 분석가')에게 스스로가 환자가 되어서 분석을 받는 것을 말한다. 이것에 대한 이유는 근거가 확실하다. 이는 막 분석가가 되려는 수련생에게 환자가 되는 것이 어떠한 경험인지에 대해 알려 줄 뿐 아니라, 무의식이 작동하고 있으며 이를 둘러싼 정신역동적 기제가 무엇인지를 보여 주는 가장 생생한 방식이다. 혹자는 무의식에 대해 말하거나 읽어 볼 수 있지만, 그것을 경험하는 것은 다른 문제이며 이 경험은 정신분석의 본질을 이해하는 데 핵심이 되는 경험이다. 더 나아가 자기 자신의 신경증을 다루는 것은 중요한데, 만약 온갖 종류의 감정을 자극하는 친밀한 관계를 통해 치료를 하고 싶다면 자기 자신의 신경증을 해결하는 것이 중요하다는 논리도 있다. 완벽하게 '정신적으로 건강한' 것이 가능하지 않다고 믿는다고 할지라도, 자기 자신의 신념, 편견, 그리고 정서적 반응에 대해 보다 명확하게 이해하는 것이 여전히 좋은 일이라고 받아들일 수 있다.

이러한 모든 것이 그럴듯하고 설득력이 있지만, 정신분석 훈련의 더 깊은 효과는 정신분석적 용어를 사용하자면, 수련생의 미해결된 전이에 있다. 가장 단순하게 말하자면, 개인 분석의 과정을 통해서 수련생은 자신의 문제를 완벽하게 제거하지는 못했지만 다루었고, 모범이 되는 분석가와 강한 정서적 관계를 맺는다. 분석은 치료와 훈련의 두 가지 기능을 담당하기 때문에, 수련생의 전문적인 활동은 훈련 분석에서의 자기 경험들에 강하게 영향을 받으며 사실상 이것이 이유 중 하나이다. 분석가들이 일부러 이것이 일어나도록 의도하든 안 하든, 수련생에게 미치는 분석가의 영향은 지대하다. 단지, 교수 방법이나 훈련 분석가의 생각에 영향을 받는 것뿐 아니라 분석가로부터 받아들이는 것들로부터 비롯되는 깊이 있는 수준의 정서적이고 사적인 성격의 형성에 영향을 미친다. 제도적으로 이는 정신분석이 다른 전문가들보다 그들의 윗세대들에 부채가 있는 새로운 세대를 배양하는 것을 의미하며, 이는 이전 세대들의 분쟁을 종종 재연하는 결과를 낳는다. 이는 또한 분석가들이 그들을 훈련시킨 사람들과 분리하는 것은 상당히 감정적인 일이 되며 지적 성장의 온화한 형태를 이루기보다는 종종 양극화된 분열을 초래하였다. 여기에 학파의 움직임을 따르는 것에서부터 환자의 의뢰, 강의 자리, 평판과 같이 다양한 측면에서 수련생과 젊은 정신분석가가 나이든 정신분석가에게 의존하는 경향성을 더한다면, 왜 정신분석 역사에서 그토록 강렬한 경쟁, 내적인 투쟁, 전반적으로 과도한 감정반응들이 일어났는지를 이해할 수 있게 된다. 혹자는 이러한 강렬함이 정신분석 창의성의 근원이라고 주장할 수도 있을 것이다. 이는 확실히 맞는 말이다. 그러나 이는 인생을 어렵게 만든다.

정신분석 학파들

이 모든 것이 정신분석 가계도를 설명하는 방식에 의해 결정되는데, 가계도 안에서 이론상의 친밀도와 누구에게 분석을 받았느냐에 따라 학파 간의 결합과 분리 그리고 계보가 생긴다. 이 과정의 처음에 스스로를 분석한 프로이트가 존재한다. 다음 세대는 프로이트에게 대부분 분석을 받았거나(그의 딸인 안나를 포함하는데, 지금은 이것이 거의 근친상간에 가까운 일이라 여겨진다), 프로이트와 가까웠던 사람에게 분석을 받았다. 지지자들이 접근했다가 떠났으며 가장 유명한 초기 예가 칼 융Carl Jung이었다. 프로이트는 초기에 융을 자신의 뒤를 이어 정신분석의 지도자 자리를 물려받을 사람으로 보았으며 국제정신분석협회IPA의 초대 협회장으로 선출하였고, 이를 평생 하기로 처음부터 약속이 되었다. 그러나 프로이트와 융은 고통스럽게 결별했다. 이 결별은 표면적으로는 정신분석 이론에서 성욕이 핵심을 차지하는 것에 대한 이론적 갈등 때문이었으나, 서로 상대방이 가진 무의식적인 갈등, 즉 융의 프로이트를 향한 오이디푸스적인 경쟁심('아버지 고착')과 프로이트가 자기보다 어린 사람에게 대치되는 것을 견디지 못했기 때문이라고 해석하였다. 그 당시 융은 정신분석으로부터 완전히 분리되어서 나왔으며 알프레드 아들러Alfred Adler와 같은 다른 초기의 분석가들처럼 그 자신의 학파(분석심리학)를 만들었다. 처음에 발생한 고통스러운 분열 이후에 비록 정신분석 집단을 떠나서 자신들만의 비정신분석적 학파를 세운 분석가들이 있었지만(제2차 세계대전 후에 미국에서 자기 학파를 세운 카렌 호니Karen Horney가 대표적인 예이다), 분석 모임은 반항적인 아들들과 딸들을 계속 학파 안에 유지하는 데 더 큰 능력을 발휘하기 시작하였다. 국제정신분석협회가 어떤 관점은 받아들이고 어떤 관점은 차단하면서 서로 다른 관점들을 더 잘 다루기 시작하였으나, 여전히 모든 사람들이 그들이 생각하기에 프로이트의 기본적 통찰이라고 믿는 진실들에 대해 충성을 지속함으로써 '정신분석'의 타이틀을 지키고 싶어 했다. 물론 그들이 생각하는 진실은 서로 간에 상당히 달랐다.

하나의 예가 영국 정신분석으로부터 나온다. 제2차 세계대전 전에는 1926년에 베를린에서 런던으로 이주한 멜라니 클라인Melanie Klein의 이론과 그의 추종자들에 의해 지배되었다. 운이 안 좋게도, 클라인 자신과 클라인 이론은 프로이트의 딸인 안나와 부딪쳤다. 클라인과 마찬가지로, 안나는 성인뿐 아니라 아동과 일하는 비의사인 분석가였으나, 클라인과 달리 매우 실증적인 '자아 지향적인' 방식으로 작업하는 것을 개발하였다(제10장 참고). 1938년에 안나가 그녀의 아버지와 런던에 도착했을 때, 영국 정신분석 사회에는 반목이 불거졌고 분열이 계획되고 정서적 철수와 비난이 팽배해지는 등 영국 정신분석 모임의 통합이 파괴될 위협이 초래되었다. 이러한 정신분석 모임의 상황이 제2차 세계대전이 발발하고, 런던 곳곳에 폭격이 터지는 것과 동시에 발생했다는 것이 아이러니하였으며 아마도 논쟁이 일어난 것이 외적 상황과 완전히 무관하지만은 않았을 것이다. 1940년대 초기 몇 년에 걸쳐, 영국 정신분석 사회에서는 클라인과 안나 프로이트 추종자들을 데리고 '대토론회'를 열었다. 이 모임은 상당히 감정적이었으며 때로는 정신분석의 지나친 탐닉으로 인한 문제의 복잡성을 드러내는 쓰라린 일이었다. 예를 들어, 클라인에 대한 가장 혹독한 비판은 그녀의 딸인 멜리타 슈미드버그Malita Schmidberg로부터 나왔다. 자신의 어머니의 초기 유아기와 아동기 발달에 대한 생각에 대한 슈미드버그의 비판은 읽기 거북한 열정과 신랄한 가족 폭력을 담고 있었다. 그러나 이러한 논쟁의 결과는 정신분석 사회에 생산적이었으며 정신분석 초기 역사에서는 그렇게 눈에 띄게 나타나지 않았던 의견의 불일치를 감당할 수 있는 능력을 보여 주었다. 정신분석 사회는 훈련 기관을 A(클라인파), B(프로이트파) 두 개로 나누었고, 학생들을 이 둘 중 한 곳에서 훈련을 받도록 하였으나, 유서 깊은 영국 전통 안에서 극단적인 두 학파 어디에도 소속되기를 원치 않는 제삼의 집단인 '독립학파' 출신의 지도감독자를 가져야 하는 조건을 고수하였다. 점차로 이들 독립학파들은 대상관계 이론이라고 알려진 자신들만의 견해를 만들어 나갔으며, 전반적인 학회의 분열은 지속되었으나 이전만큼의 신랄한 분쟁은 없었고 수련과정이 서로 겹치는 부분이 많았다. 클라인 학파와 프로이트 학파 사이의 합의는 영국 분석에서 새로운 학파의 출연을 도래하게 만들었으며, 각색된 애착 이론을 통해 최근에 번성한 아동 발달에서의 임상적 연구들을 지향하는 태도를 고수하게 하였다(제11장 참고).

세계의 다른 지역에서도 비슷한 분열이 있었는데, 어떤 지역은 보다 격렬했고 다른 지역은 덜했다. 세계대전 이후의 미국에서는 무의식적 세계의 '내적' 그리고 생물학적 요인을 강조하는 정통 자아심리학을 따르는 사람들과 사회문화적 영향에 보다 관심을 가진 사람들 사이에 분열이 있었다. 이들 차이와 더불어 다양한 개인적 경쟁심은 미국 전역에 수많은 국제정신분석학회 공인 학회를 양산하였다. 그중에서도 뉴욕과 같은 도시는 다른 도시보다 더 많은 분석학회가 만들어졌다. 프랑스에서는 1950년대에 그 유명한 자크 라캉Jacques Lacan의 '팽창'이 있었는데, 이는 프랑스 정신분석 사회에서의 분열과 IPA(국제정신분석학회)에서의 라캉의 임상적 기법과 수련 방식에 대한 반대로부터 비롯되었다. IPA에서 라캉이 사람들을 수련하는 것을 허용하는 프랑스 분석학회를 불승인한 것이 라캉 학파가 독립적으로 형성되는 것에 기여하였으나, 현재는 어떤 분석 학파보다도 더 전 세계적으로 연대를 이루고 있다. 그렇다고 프랑스 안에서 라캉 학파에 대한 반대가 아예 없다는 의미는 아니지만, 적어도 집단 간의 갈등이 이전에 있었던 것만큼 본능적 반감에 이를 정도로 강하지는 않으며 같은 과제를 가지고 일하는 사람끼리 존재하는 차이 정도라는 것이다.

현재 상대적으로 쉽게 구별할 수 있는 정도의 수만큼의 학파가 있으며, 이는 [그림 2-1]에서 볼 수 있듯이 서로 간에 매우 긴밀한 관계를 가지고 있다.

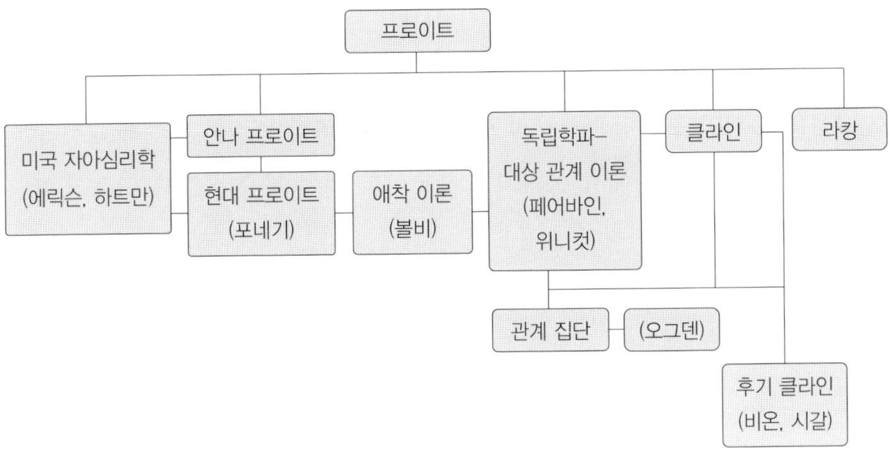

[그림 2-1] 정신분석 학파들

이들 학파의 몇몇 개념들은 이 책의 후반부, 특히 2부에서 더 자세하게 다룰 것이다. 그러나 짧은 지침으로서, 각 학파들을 구분하는 주요 가정들을 다음에 기술하였다.

- 자아심리학은 제2차 세계대전 이후 미국에서 우세한 형태의 정신분석이었다. 이름이 암시하듯, '자아(ego)' 또는 '나 자신(I)'이 작동하는 것을 이해하는 것에 중점을 두었는데, 자아는 무의식과 '실재' 바깥 세상 사이의 요구들 사이를 중재하는 마음의 한 부분으로 여겨진다. 자아심리학은 안나 프로이트의 획기적인 작품인 『자아와 방어기제』에 상당히 의존하였는데, 이 책은 방어기제가 어떤 식으로 작동하고 어떻게 사람들이 분석되어야 하는지에 대한 정신분석 치료에의 실증적인 접근으로 이루어졌다. 영국에서 특히 안나 프로이트의 이

와 같은 작업은 '현대 프로이트' 학파로 발전되었으며 어떻게 사람들이 현실에 건설적으로 적응해야 하는지에 우선적인 관심을 두며 애착 이론과 신경과학의 최근 발달에 많은 영향을 받는다.

- **클라인 학파**는 무의식적 **환상**phantasies에 주요 관심사를 둔다[특히, 클라인식의 철자(일반적으로 쓰여지는 fantasy가 아닌 ph를 사용하였음)는 백일몽과 같은 의식적 수준의 상상과 다르다는 것을 의미한다]. 이러한 환상은 내적 추동들과 이들 내적 추동들이 접착하게 되는 '대상들'과의 관계들을 통해 생겨난다. 이들 대상들은 사람들이거나 사람의 일부분이다(엄마의 가슴은 일차적 대상이 된다). 추동들은 제5장에서 논의되는 프로이트 편에 기술된 삶과 죽음의 본능(추동)으로 나오며 사랑과 미움으로 나뉘게 된다. 클라인 정신분석을 특징짓는 중요한 측면은 '원초아'에 대한 강조이며 생애 가장 초기에 일어나는 '원시적'인 발달적 이슈들에 관심을 두는 것이다. 초기 발달적 이슈들은 관계지향적이기 때문에 종종 대상관계 이론으로 구분되기도 한다.
- **대상관계 이론**은 내적 추동보다는 사람들과의 관계를 형성하는 추동들을 우선시한다. 정신분석에서 관계적 측면이라고 불리는 측면을 발전시키는데 공헌하였는데, 대상관계뿐 아니라 전체 분석가들이 보다 '상호주관적intersubjective'이고 '대인관계적interpersonal' 방식으로 작업하는 것을 포함한다. 또한 최근의 미국 자기심리학 지지자들의 견해와 겹치는 부분이 존재한다. 이들은 생애 초기에 관계적 맥락에서 사람들이 어떻게 안전한 내적 구조물을 발전시키는가에 관심이 있으며, 이는 영국의 '독립학파'인 도널드 위니컷의 이론과 유사하다. 이들 관계지향적인 정신분석 학파들 사이의 유사점과 차이점들은 이 책의 후반부에 기술할 것이다.
- **라캉 정신분석**은 주요 이론 그룹들 중 가장 급진적이라는 점에서 두드러질 것이며 역사적으로 자아심리학과 대상관계 이론의 많은 가정에 반대를 해 왔었다. 라캉 분석은 많은 부분이 상당히 복잡한 공식을 따르는 자기 자신들만의 어휘와 이론적 개념을 만들어 왔다. 이와 같은 소개글에서 포함되어야 할 가장 중요한 주장들은 다음과 같다. 첫째, 라캉 분석은 임상적 장면뿐 아니라

문화, 정치, 사회과학으로의 보다 광범위한 세계에 대한 정신분석적 적용에 있어서 지대한 영향을 미쳐 왔다. 둘째, 정신분석을 '담화 실행practice speech' 면에서 집중하는 것이 기존의 보다 정서 지향적인 정신분석적 심리치료적 접근 방식과는 다른 획기적인 대안을 제시한다. 이러한 점에 중점을 두는 것은 무의식과 전이를 언제나 작동하며 어디서든 찾아보려 하면 발견될 수 있는 영구적인 '것들'로 보기보다는 임상적 만남의 산물인 것으로 이해하는 독특한 관점을 제시한다. 라캉 정신분석가들에게 미친 다양한 영향이 존재하지만 이는 다른 정신학파로부터 왔다기보다는 철학적이고 예술적인 경향이 있다.

물론 앞에 제시된 학파들만이 알아 둘 가치가 있는 유일한 정신분석적 접근들은 결코 아니다. 그러나 이들 이론적 학파들은 자아 적응, 대상관계, 추동 이론 그리고 전이와 해석의 다른 방식들, 무의식을 이해하는 상이한 접근법들을 포함하는 정신분석 안에서 일어난 주요 흐름과 논쟁의 연결망들을 대표하는 것들이다. 제1부의 나머지 부분에서는 프로이트에 의해 기술된 기본적 개념들을 기술할 것이며 이후에 최근의 이론들로 다시 돌아가 보다 자세히 설명할 것이다. 제3장에서는 정신분석이 과연 무엇인지 그리고 프로이트가 그의 새로운 과학을 발전시키면서 무엇을 성취하려고 했는지에 대해서 살펴볼 것이다.

요약

- 정신분석은 새로운 학문을 발전시켜 나가는 데 있어서 지적인 과제뿐 아니라 정서적이고 관계적으로 몰입하여 불붙은 전파와 불화의 격동의 역사를 가지고 있다.
- 다른 학문들도 유사한 패턴을 보이고는 있지만, 정신분석은 연구의 대상(무의식)이 분석가들 사이에서 그리고 특히 개인 분석이 핵심을 이루는 수련과정에서 실제로 재연되는 점에서 특이하다고 할 수 있다.
- 프로이트의 초기 이론 이후로 발전된 정신분석의 다양한 학파들은 서로 간에 강력한

경쟁의식을 가지고 있었다. 이러한 학파들 간에 여전히 매우 다른 시각이 존재하지만, 지금은 보다 조정적이고 생각들을 공유하는 방식으로 확실히 변화하고 있다.

- 주요 학파들의 뚜렷한 견해 차이가 드러나는 부분들은 자아 적응, 대상관계, 무의식적 환상, 정신분석적 치료의 기제를 비롯한 많은 다른 것들이 있다. 이러한 차이들이 상당히 잘 확립된 학파들(자아심리학, 대상관계, 클라인 학파 그리고 라캉 학파) 사이에서 존재하는 견해 차이로 잘 대변된다. 정신분석에 대한 다른 중요한 접근법들이 존재하지만, 언급한 학파들이 정신분석에 현재 존재하는 기본적인 이슈들에서의 차이점들을 설명해 주기에 충분하다.

제3장

프로이트는 무엇을 하려고 했는가

프로이트의 야망

이미 앞에서도 언급했듯이, 프로이트가 중요한 지적 · 문화적 인물로 대두된 것은 결코 단순한 과정이 아니었다. 그의 생애 동안 논쟁이 줄곧 따라다녔을 뿐 아니라, 프로이트의 사고과정이 모호해서 프로젝트는 항상 복잡하고 불확실했다. 과학인가, 예술인가? 사람들을 치료하기 위한 방법인가, 치료적 열망은 별로 없는 탐색적 절차인가? 프로이트 자신은 그렇다고 말한 것으로 알려져 있다. “우리는 두 가지 이유에서 분석을 시행한다. 하나는 무의식을 이해하기 위해서이고 다른 하나는 밥벌이를 하기 위해서이다”(Jacoby, 1975, p. 124). 이는 그가 사람들의 기분을 더 좋게 만드는 데 크게 매혹되지 않았다는 의미이다. 그가 하고 싶었던 것은 발견을 하고 큰 질문에 답을 하고 따라서 유명해지는 것이었던 것 같다. 『꿈의 해석』에 나온 기억에 대한 설명에서 ‘카운트 툰Count Thun’이라는 꿈으로 알려진 꿈에 대해 언급하면서 프로이트 스스로 정신분석을 하는 개인적 동기가 있음을 암시하였다. ‘7살 또는 8살’ 때 프로이트는 그의 부모님 침실에서 소변을 보았다고 하였다. 화가 난 프로이트의 아버지는 이전에 자신이 프로이트의 위대함을 예언했던 것과 상반되게 “얘는 커서 쓸모 없는 인간이 될 거야!”라고 말했다. 프로이트는 다음과 같이 언급하였다.

> 이는 나의 야망에 대한 큰 위협이 되었고 그 이후로 이 장면과 관련된 내용의 꿈을 아직까지도 반복해서 꾼다. 이는 내가 성취와 성공을 항상 열거하게 된 것과 관련되는데, 나는 마치 '아버지 보세요. 제가 커서 대단한 사람이 되지 않았나요.' 라고 말하고 싶어 하는 것 같다(Freud, 1900a, p. 216).

이 꿈과 그의 해석에 의하면 그의 성취의 주요 동력은 성적인 것이라기보다는(경쟁적인 남성적 힘과 관련된 이슈가 있었을 수도 있겠지만), 그가 '중요한 사람이 되었다는' 것을 보여 주기 위한 소망인 것처럼 보인다. 유명한 사람이 되기 위한 야망에 이끌려 왔으며 실제로 정확히 그렇게 되었다.

실제로 프로이트는 다른 무엇보다도 심리학에 헌신하기보다는 가능한 한 많은 분야에서 자신의 족적을 남기려고 하였다는 증거들이 있다. 그의 초기 관심사는 철학이었다. 1985년에 그는 친구 빌헬름 플리스Wilhelm Fliess에게 "나는 속으로는 나의 첫 번째 목표였던 철학으로 도달하기를 은근히 희망하고 있는 것 같아. 철학이야말로 내가 세상의 어디 끝에 서 있는지 모를 때 내가 하고 싶었던 학문이었거든."이라고 말하였다(Freud, 1895, p. 159). 심리학은 19세기 말까지도 철학의 한 분야인 것으로 여겨졌기 때문에 프로이트의 이와 같은 진술이 특별히 결단력 있어 보이지는 않는다. 그럼에도 불구하고, 후기의 작업에서 프로이트는 철학을 정신분석적 사고의 비실증적인non-empirical 경쟁자가 될 뿐 아니라 심리학의 좋은 기초가 된다고 언급하였다. 예를 들어, 그리스 철학자인 엠페도클레스Empedocles와 그 자신의 삶과 죽음 추동 이론과의 관계를 논의하면서, 프로이트(Freud, 1937, p. 254)는 "그리스 철학자의 이론이 우주에 대한 상상이고 우리의 것이 생물학적 타당성을 주장할 수 있는 것의 차이를 빼면 두 이론이 동일하다고 여겼을 뻔했다."라고 언급하였다.

과학으로서의 정신분석

앞 단락의 마지막에 기술된 프로이트의 인용문은 초창기 프로이트 때부터 현재까지 지속되어 온 정신분석을 둘러싼 일련의 문제들을 암시한다. 이 문제들은 정신분석이 과연 어디까지 과학이라고 여겨질 수 있는가 하는 질문으로 집중된다. 이에 대한 프로이트의 관점은 그의 새로운 정신분석 강의New Introductory 'Lecture' on The Question of a Weltanschauung에 표현되었는데, 내용이 애매모호하다. '세계관Weltanschauung'이란 "어떤 질문에도 다 답을 하고 우리가 흥미 있어 하는 모든 것이 제자리를 찾게 하는 최우선적인 가설들에 기반하여 우리 존재에 대한 모든 문제를 균등하게 해결하는 지적인 구조물이다"(Freud, 1933, p. 158). 이러한 식으로 (세계관을) 정의한 후, 프로이트는 다음과 같이 기술하고 있다. "내 견해로는 정신분석은 그 자체로 세계관을 창조할 수 없다. 또한 그럴 필요도 없다. 정신분석은 과학의 한 부분이며 과학의 세계관을 따를 수 있다"(p. 181). 정신분석은 "세분화된 과학이고 심리학의 한 분야"(p. 158)라는 이야기는 세계관에 대한 그 자체의 태도를 만들어 내기에 부적합하다는 말이다. 정신분석이 주관적인 문제들—프로이트의 말로 '정신 영역'—을 다루지만, "지적 능력과 마음은 비인간적인 것을 다루는 동일한 방식으로 과학적 연구의 대상이 되기 때문에, 정신분석이 과학의 한 분야라는 사실에는 변함이 없다"(p. 160). 정신분석이 공헌한 것은 소망이나 다른 무의식적 정신 사건들에 대해 과학적 방법과 하나의 견해를 적용했다는 점이다. 그러나 예술이나 종교가 하는 방식을 절대 정신분석에 적용할 수는 없다. 정신분석을 예술이나 종교를 분석하는 데 사용할 수는 있겠지만 말이다. 과학, 그리고 과학과 함께하는 정신분석은 위치를 확보하기 위해 (다른 대안적 설명과) 경쟁해야 하고 싸워서 이겨야 한다. "진실은 관대할 수 없고 어떠한 타협이나 제한도 수용할 수 없으며 과학적 연구는 과학이 속하는 인간 활동의 모든 측면에 관련되며 어떤 다른 힘이 과학의 어떤 부분이라도 통제하려고 한다면 이는 무차별한 비판을 받아야 한다는 것은 명백한 사실이다"(p. 160).

과학적 관점의 우월성에 대한 프로이트의 강한 의견을 고려해 보면, 정신분석에 대한 가장 큰 비판이 과학적 입지의 부족이라는 점은 아이러니하다. 한스 아이젠크(Hans Eysenck, 1985, p. 208)는 정신분석을 대놓고 비판한 사람이었는데, 프로이트에 대해 다음과 같이 선언하였다.

> 그는 의심할 여지 없이 천재이지만 과학적이지는 않았고, 선동가였으며, 확실한 증거도 없이 설득하려 하였고, 실험을 설계하지 않았고, 문학적 예술을 하였다. 그의 위치는 그가 주장했던 것처럼, 코페르니쿠스Copernicus나 다윈Darwin과 같은 선상에 있지 않았으며, 한스 크리스티안 안데르센Hans Christian Anderson이나 그림 형제Brothers Grim와 같은 동화 작가들과 같은 선상에 있었다.

20세기 인류학자 중 중요한 인물 중 하나인 어니스트 겔너(Ernest Gellner, 1985)에게 정신분석은 '신비한' 것이었다. 철학자 칼 포퍼(Karl Popper, 1959)에게는 정신분석의 기본 주장이 검증 가능하지 않거나 또는 적어도 '반증 가능하지 않기' 때문에 정신분석은 비과학적인 것이었다. 예를 들어, 해석은 틀렸다고 입증할 수가 없는데, 왜냐하면 해석이 틀렸다는 현상이 일어날 때마다(가령, 환자가 해석이 맞지 않다고 말하거나 또는 해석이 이루어진 후에 전혀 다른 주제로 빗겨 나가거나) 이 현상이 정신분석 원리에 의하면 저항의 형태로 해석될 수 있기 때문이다. 반면에 아돌프 그륀바움(Adolf Grünbaum, 1984)에게는 해석과 관련된 프로이트의 주장이 검증 가능한 것이었는데, 주장이 검증이 될 때는 증거가 부족한 것으로 밝혀진다는 것이다. 그륀바움의 주장은 정신분석이 암시의 형태로 행해지며 분석가가 설득하는 힘이 환자가 생각하는 방식에 직간접적으로 영향을 미친다는 정신분석에 대한 오래된 관점에서 비롯된다. 이는 때때로 치료적으로 도움을 주지만, 무의식의 존재 또는 해석의 정확성에 대한 정신분석의 주장이 사실임을 증명하는 증거로서는 근거가 부족하다.

설명과 원인들

과학적인 요소가 결여되어 있다는 정신분석에 대한 비난에 대해 무수한 반응들이 있는데, 사실상 실증 연구들이 정신분석의 많은 이론을 지지한다는 주장에서부터 정신분석이 과학이냐 아니냐에 대한 논쟁은 주요 핵심을 놓치게 만든다는 주장까지 다양하다. 한 가지 중요한 차이점은 **설명적이거나 인과론적 접근법**과 **해석적이거나 해석학적인 접근법** 사이에 있다. 프로이트는 자기 스스로를 전자를 추구하는 사람으로 보았는데, 이는 무의식의 개념이 달리 설명되지 않는 행동이나 경험을 이해하는 데 사용되었다는 점에서 그러하다. 꿈은 무의식적 소망이 가장된 형태로 표현된 것으로 설명될 수 있으며, 말실수는 수용될 수 없는 무의식적 충동 때문에 행해지고, 신경증적 증상은 무엇인가를 표현하고 싶은 충동과 표현하려고 할 때 발생하는 불안 사이의 미해결된 갈등에서 기인한다고 설명될 수 있다. 이들 각각의 경우에서 관찰된 행동(꿈, 말실수 또는 증상)의 기저에 있는 무의식적인 것을 밝히는 것은 단지 행동을 이해하기 위한 것이 아니라 원인을 밝히는 것이다. 꿈은 소망 **때문에** 꾸게 되고, 말실수는 충동 **때문에** 생겨나며, 증상은 갈등 **때문에** 발생한다. 현상의 무의식적인 근원을 밝히는 것은 현상을 설명하는 것과 마찬가지이며 현상의 원천을 제거하는 것은 현상을 제거하는 것과 마찬가지이다.

이처럼 심리적 사건들을 결정하는 데 무의식의 역할이 지대하다는 것을 설명하려는 것이 프로이트의 열망이었지만 이는 무수한 어려움이 따랐다. 한 가지는 프로이트 자신도 인식한 것이었는데 **과도한 결정주의**over-determination라고 명명된 것이었다. 이는 어떤 단일한 사건에는 다양한 원인이 있을 수 있다는 것을 의미한다. 프로이트의 설명에 의하면, 이는 무수한 무의식적인 원인들을 의미하지만, 어떤 것을 설명할 때 무의식적인 개념이 항상 필요할 수는 있지만 충분조건은 아니라는 것이다. 예를 들어, 꿈은 아동기의 해결되지 않은 무의식적인 불안을 자극하는 '실재 현실 세상의' 사건들에 대한 의식적인 걱정에 의해 설명될 수 있다. 그렇다면 의식적인 요인과 무의식적인 요인 둘 다 꿈을 일으킨 각기 다른 원인이 될 수 있다. 그러나 보다 중요한 것은 어떤 것을 무의식적으로 '느낀sense' 것이 꿈을 일으킨 정확한 원인이라기보다는 그것이 개인에게 '의미하는 것signifies'이 원인이 될 수도 있다는 것이다. 무의식적 소망이 직접적으로 꿈을 일으켰다기보다는 꿈은 무의식적 소망이 존재함을 보여 주는 것일 뿐일 수도 있다.

또한 '회고록적retrospective'인 설명과 '예측적prospective'인 설명 사이에 차이점이 존재한다. 전자는 어떤 것을 발생하게 만든 이전의 사건들을 규명하려고 하는 것이며 후자는 관심사에 있는 현상이 어떠한 결과를 만들어 내느냐에 관심이 있다. 해석의 역할을 생각한다면 이해가 좀 더 쉬울 것이다(해석에 대해서는 제17장에서 자세히 기술할 것이다). 해석에 대한 한 가지 관점은 이미 존재하는 어떤 것에 이름을 붙이는 것이며 사건에 대한 실제 원인을 말하는 것, 예를 들어 부모에게 거절당한 느낌이라든지 오래 전에 일어난 외상적 사건에 사로잡혀 있는 것이라고 할 수 있다. 이러한 것을 명명해 줌으로써, 해석은 말하자면 신경증 증상 같은 것의 실제 원인을 식별한다. 또 다른 관점으로는 해석을 사용할 때 어떤 일이 일어나는지 이것이 새로운 방식으로 문제를 생각하게 만드는지를 보는 것이다. 해석은 사건이 일으킨 무의식적인 반향을 탐색할 수도 있다. 예를 들어, 말실수가 화자로부터 무엇을 생각하게 만드는가와 같은 것이다. 이러한 관점은 해석이 반드시 '정확'해야 할 필요가 없다는 것을 의미한다. 개인이 지루하고 자기패배적으로 반복했던 익숙한 방식으로 존재하는 데에서 벗어나 보다 구체적으로 들어가고 복잡한 생각을 이끌 수 있도록 해석이 '생산적'이 되도록 하는 것이 보다 중요하다.

이러한 생각의 연장선상에서, 정신분석 기법은 해석학의 형태를 띄는 것으로 여겨져 왔는데, 다시 말하자면, 무의식에서 나오는 자료들을 해석하는 방법을 제공한다는 말이다. 이것이 현재 지배적인 관점이다. 인과론 모델보다는 약화된 것인데, 이것이 프로이트에게는 그렇게 달갑지 않았을 것이다. 무의식이 진짜 발견이라기보다는 좀 더 겸손하게 의미를 정교화하는 하나의 방법이라고 한다면 정신분석의 영향력이 지속될 것인가 하는 문제도 제시될 수 있다.

프로이트의 초자연주의적 측면

과학자로서의 프로이트는 실제로 프로이트의 한 측면이다. 이는 과학이 급진적으로 발전했고 이를 축하하는 분위기였던 19세기 중반 이후의 상황을 확실히 반영한다. 이 시기에 과학적 진보는 과거의 신경증에서 벗어나 새롭게 도약한 문명의 상태를 창출할 수 있었을 것이다. 프로이트 또한 이러한 희망을 공유하였다. 『환상의 미래Future of Illusion』라는 매력적인 제목을 붙인 종교에 대한 본인에 대한 생각을 기술한 저서에서 프로이트는 정신분석이 종교를 믿게 하는 충동에 대해서 파헤칠 것이며 종교를 초월하는 합리적인 과학이라고 분명히 밝히고 있다. 프로이트는 종교에 대해 줄곧 이러한 태도를 취하여 왔다. 그는 강경한 무신론자였고 종교에 대한 그의 관심은 종교가 신자들에게 미치는 영향에 대한 관심 때문이었지 종교를 실제로 믿어서 그런 것이 아니었다.

그럼에도 불구하고, 프로이트가 이성주의와 과학적 진보에 헌신적이었다고 해서 이것이 반드시 그가 다른 측면, 즉 비이성적이고 심지어는 초자연주의적인 것과 관련이 전혀 없었다는 이야기는 아니다. 이는 프로이트가 '정신분석적 과학'의 방법을 초자연주의(오컬티즘)적인 것이라고 여겨져 포기되었던 영역들에 상당 부분 적용하려고 한 것에서 알 수 있다. 이를 통해 이러한 영역들을 더 잘 이해하려고 시도하였다. 그러나 이러한 이유 이외에도 프로이트가 이에 대해 기술했던 저서에서조차 다른 의도가 또한 작용하고 있음을 알 수 있다. 예를 들어, 그의 저서인 『정신분석과 텔레파시Psycho-analysis and Telepathy』(1921)에서 프로이트는 초자연주의와 관련해서 정신분석이 무엇을 해야 하는지에 관하여 명확한 설명을 제공하고 있다. 그는 소위 말하는 '공신력 있는 과학'에서 초자연주의와 정신분석 모두 문외한으로 취급될 뿐 아니라, 두 영역 모두 정신과 영혼이라는 '인식되지 않는 특징들'을 이해하려고 한다는 점에서 연결점이 있다고 하였다. 이 두 분야의 유사점이 프로이트가 초자연주의에 관심을 가지게 만들 만큼 충분한 이유가 되었다는 것을 알 수 있다. 그러나 초자연주의와 정신분석의 차이 또한 상당한 것이었는데, '확증을 찾기 위한 확신에 찬 신봉자'와 비판적인 과학적 생각을 가지고 있는 '부정확한 물질론자'라는 차이에 기인한 것이었다. 프로이트는 또한 초자연주의가 주장하는 물질론적 현상에도 관심을 보이기도 하였다. 특히 프로이트는 텔레파시 현상이 진짜일 수 있으며 정신분석적 상황에서 발생하는 어떤 종류의 현상과 관련이 있다고 생각하였다. 1933년에 저술한 『새로운 정신분석에 대한 강의』에 실린 '꿈과 초자연주의'에 대한 강의 내용에서 이와 같은 프로이트의 관심을 엿볼 수 있다. 여기서 프로이트는 '어두운 면'에 끌리는 자신의 측면을 인정하였는데(p. 53), "초자연주의 발생에 어느 정도 기여한 기적현상에 나도 모르게 끌리는 점이 있는 것 같다."라고 밝히고 있다. 자신이 '사고-전이thought-transference'라고 일컬은 현상이 실재하기 때문에 텔레파시 또한 '객관적으로 가능한' 현상일 수 있으며 정신분석이 이것에 대한 설명을 제공해 줄 수 있을 것이라고 프로이트는 주장하였다. 대담하게 여기서 더 나아가, 프로이트는 텔레파시는 '계통발생적으로'(즉, 종의 기원 안에서) 의사소통의 가장 근원적인 형태일지도 모른다고 제안하였다.

> 텔레파시라는 개념에 익숙해지면, 그것으로부터 많은 것을 얻을 수 있을 것이다. 아직은 이 개념이 상상에서만 가능한 것이지만 말이다……. 텔레파시는 의사소통 양식의 가장 초기의 원시적 방법이었을 수 있으며 계통발생학적인 진화과정에서 감각기관이 감지할 수 있는 신호를 통해 정보를 제공하는 보다 나은 의사소통 양식으로 대치되었을 수 있다고 추정해 볼 수 있다. 그러나 이전의 방식이 배경에 남아 지속되어 왔을 수 있으며 특정 조건(예, 흥분에 찬 군중들)에서는 영향을 발휘하게 될 수도 있다. 이 모든 것은 아직 확실치가 않으며 풀리지 않는 수수께끼로 가득 차 있다고 할 수 있지만, 그것을 두려워할 필요는 없다(p. 55).

이를 통해, 우리는 프로이트가 모든 것을 과학적 근간 위에 놓으려는 소망과 간혹 과학적 진보에 위배되거나 과학적이지 않다고 여겨지는 것의 존재를 믿는 경향이 혼재되어 있었다는 것을 알 수 있다. 이것은 일탈같이 느껴질 수 있지만 텔레파시를 믿는 것은 전적으로 자신의 개인적인 관심이며 정신분석에 필요한 것이 아니라고 명확하게 표명함으로써 자신의 지지자들을 보호하려고 하기도 하였다. 그러나 전부는 아니지만 몇몇 초자연주의 현상들의 존재 가능성을 염두에 두었다는 것은 프로이트가 정신분석의 몇 가지 중요한 측면들을 보여 주고 있다고 자연스럽게 생각해 볼 수 있다.

정신분석은 초자연주의와 동일한 많은 주제를 다룬다—암시, 최면, 사고전이, 알 수 없는 힘에 이끌려 이상한 방식으로 행동을 하게 되는 것 등. 정신분석이 프로이트가 회원이었던 심령연구회(The Society for Psychical Research; Hinselwood, 1995)에서 출발하였다는 것은 우연한 일이 아니다. 사람들 사이(그리고 산 자와 죽은 자 사이)에 존재하는 '무의식적으로' 전달하는 힘의 영향력은 후기 빅토리아 시대의 주요한 관심사였다. 아마도 그 당시 과학지식의 발전 이면에 존재했던 상반된 측면을 보여 주는 것이라고 할 수 있다. 그 당시 사람들은 종교적 감각을 유지하는 동시에 과학적으로 이해할 수 없는 것들을 설명하기 위해 고군분투하였다. 심령학자들은 프로이트의 작업에 지대한 관심을 보였는데, 이는 그들의 이론을 보다 잘 설명할 수 있는 효과를 지니고 있기 때문이었다.

이는 보다 일반적인 문제와도 관련이 있다. 초자연주의에 대한 프로이트의 개방성은 쉽게 이해될 수 없는 것으로 여겨지는 것에 대한 개방성으로 이해되며 그가 살았던 시대의 정신과적인 수수께끼에 대한 접근법 중 하나라고 볼 수 있다. 예를 들어, 히스테리아는 많은 방식으로 기술하고 설명하였으나 어떤 것도 만족스럽지 않았다. 프로이트는 생각해 보기 어려운 것들에 대해 적극적으로 생각해 보는 태도를 보였다. 예를 들어, 남자 히스테리아도 존재할 수 있으며 히스테리아는 심리적 기원을 가지고 있고 아마도 성적인 것이 중요한 이유가 될 수 있다고 생각했다. 또한 히스테리아가 말하는 것들에 의미가 있을 수도 있다고 보았다. 아마도 그의 히스테리아에 대한 접근방법은 시작부터 정신분석을 둘러싼 긴장을 정확하게 보여 주고 있다고까지 말할 수 있을 것이다. 한편으로는, 겉으로 비이성적인 사건들로 보여지는 것들을 합리적으로 설명하려는 과학적인 태도를 보였다. 결과적으로, 무의식에 있는 것을 의식적으로 인식할 수 있게 하여 그것을 더 잘 이해하고 다루는 것에 목표를 두었다. 이는 과학이 다른 모든 자연 현상을 다루는 방식과 동일하다. 다른 한편으로는, 자연의 야생성에 대해 찬양하고 이를 작품을 통해 표현하는 낭만파 시인들처럼 히스테리의 소망과 환상을 자신의 글과 치료실 안에서 환자들이 표현할 수 있도록 공간과 목소리를 제공하였다고 할 수 있다. 프로이트는 램프의 요정인 지니를 램프에서 빼내서 온전하게 보려 했다고 할 수 있는데, 램프의 요정들이 일단 자유를 찾게 되면 그들을 통제하는 것은 절대 불가능해진다. 이처럼 정신분석이 초자연주의를 실행한 것은 아니지만 무의식이 인식되도록 애를 썼다는 점에서 프로이트는 인간의 비이성적인 측면의 중요성을 인식했음을 알 수 있다. 다음 장에서는 이러한 무의식이 무엇을 말하고자 하는지 다루어 보도록 할 것이다.

요약

- 프로이트는 정신분석을 내적인 심리적 사건들을 이해하기 위한 이성적인 질서를 부여하는 과학적 실행으로 만들기를 열망하였다.
- 정신분석을 과학이라고 주장하는 데는 큰 비판이 있어 왔으며, 특히 검증 가능성 또는 '반증 가능성'의 측면에서 비판을 받아 왔다. 무의식이 관찰 가능하지 않다는 점과 증거가 다루어지는 불확실한 측면에 있어서 특별한 문제가 있다. 피암시성과 저항은 정신분석을 과학으로서의 신뢰성에 의혹을 제기하게 만든다.
- 이에 대한 반응으로 정신분석을 '해석학적' 체계로 이해하려는 노력이 있어 왔는데, 원인을 밝혀내기보다는 해석을 통해 의미를 자세하게 파헤치는 데 더 관심을 두는 것이다. 이것은 프로이트가 선호하는 것은 아니었으며, 이러한 접근법에는 아직 논란이 있다.
- 프로이트는 과학에 헌신하였음에도 초자연주의적 현상에 대한 관심이 있었다. 이는 19세기와 초기 20세기의 다른 사상가들과도 맥락을 같이하는 것이지만, 정신분석과 관련된 독특한 측면도 보여 준다. 프로이트는 비이성적인 측면이 수면 위로 드러나게 만들려고 하였을 뿐 아니라, 비이성적 사건들에 대한 이성적 설명을 제공하려고

시도하였다. 이는 아직도 정신분석에 남아 있는 갈등이다. 정신분석은 무의식을 설명하고 통제하고자 하는 과학적 절차인가? 아니면, 무의식이 그 자체로 표현되게 만드는 수단인가?

제4장

프로이트의 무의식

무의식의 발견

누군가에게 '프로이트'에 대해 자유연상을 해 보라고 하면, 쉽게 떠오를 것이라고 예상되는 단어들은 '성'과 '꿈'일 것이며 아마도 소수는 '오이디푸스 갈등'을 떠올릴 수도 있을 것이다. 그러나 목록의 가장 위에는 '무의식'이라는 단어가 차지할 것이다. 프로이트의 정신분석이 두각을 나타나게 된 이유가 바로 무의식적 정신세계를 발견한 것에 있기 때문이다. 본질적으로 무의식의 발견 또는 발명은 프로이트의 임상작업에서 비롯되었다. 환자들이 어떻게 행동하는지를 관찰하면서 프로이트는 행동 이면의 생각들에 대해서 추정해 볼 수밖에 없었는데, 그렇게 하지 않으면 본인의 행동과 그 행동에 대한 이해나 인식 사이의 간극을 달리 설명할 수가 없었고, 뭔가가 숨겨져 있다고 생각할 수밖에 없었다. 이러한 '뭔가'가 바로 무의식, 또는 보다 정확하게는 무의식적인 생각들의 체계(무의식이라고 불리는 '장소'가 있는 것은 아니기 때문에)이다. 프로이트는 이러한 본인의 추론과정을 필연적 논리에 따른 것이며 자신이 반드시 원했던 결과는 아니라고까지 하였다. 프로이트는 "보통의 생각들이 정신세계에 영향을 미치듯이 매우 강력한 사고과정이나 생각이 정신세계에 영향을 미치는데, 이러한 것들이 단지 의식적으로 알게 되지는 못할 뿐이라는 것을 우리는 가정할 수밖에 없다."(Freud, 1923,

p. 14)라고 하였다. '가정할 수밖에 없다'라는 표현은 아마도 그가 환자로부터 들은 내용에 대해 이것 외에 다르게 설명할 방도가 없다는 것을 의미하는 것이며 따라서 관찰 가능하지 않은 것들의 존재에 대해 가정할 수밖에 없다는 것을 말한다. 이것은 바로 과학의 일반적인 관례이다(예, 중력의 힘을 우리가 볼 수는 없지만, 중력의 힘을 가정함으로써 관찰 가능한 다른 사건을 설명할 수 있으며 다른 현상 또한 예측하게 해 준다). 그러나 이는 또 다른 울림을 가지는데, 이는 무의식 세계의 특징과도 닮아 있다. 즉, 프로이트는 무의식의 존재를 가정하였지만 그러고 싶어 하지 않았고, 어쩔 수 없이 그렇게 하였다는 것이다.

무의식이 달갑지 않은 개념이라는 것은 정신분석에 대한 저항 논쟁과 정신분석의 역사에서 분쟁을 이해하는 데 유용하다. 무의식적 생각의 문제점은 누구도 그것을 잡아낼 수 없다는 것인데 오직 그것이 존재함을 유추해 볼 수밖에 없다. 왜냐하면 그렇지 않으면 나타난 현상의 의미가 통하지 않기 때문이다. 프로이트에게는 여기에서 '의미'라는 것이 무의식이 실제로 존재한다는 가장 유력한 증거였다. 『정신분석 입문Introductory Lectures on Psycho-Analysis』(1917a, p. 288)에서 프로이트는 "정신분석적 해석을 통해 신경증적 증상이 의미를 가질 수 있게 된다는 것이 바로 무의식이 존재한다는 것에 대한 강력한 증거이며 좀 더 부드럽게 말하자면, 무의식적 정신과정에 대한 가설이 필요하다는 증거라고 할 수 있다."라고 기술하고 있다. 여기서 '의미'라는 것은 특정한 종류의 의미를 말한다. 이는 단지 심리적 사건을 이해하게 해 줄 뿐 아니라, 사건의 인과론적 관계를 설명해 줄 수 있으며 따라서 변화를 유발할 수 있게 해 준다.

강박 사례

프로이트의 '증상의 의미'라는 설명 중에 나온 가장 유명한 예가 여기서 도움이 될 것 같다(Freud, 1917, pp. 261-263). 우연히도, 이 사례는 프로이트가 활동했던 사회적 상황을 잘 보여 주는데, 신부의 순결이라든지, 부부가 각방을 사용한다든지, 하인에게 기대되는 적절한 태도 같은 것이 언급되고 있다. 프로이트는 30세에 가까운 여성 환자가 보이는 강박증상과 강박증상에 이어 하루에도 몇 번씩 해야 하는 행동을 기술하였다.

> 그녀는 자기 방에서 옆방으로 뛰어 들어가서는 방 중앙에 위치한 탁자 옆의 특정 위치에 서서 종을 울려 자신의 하녀를 부른 후, 잔심부름을 시키거나 또는 별다른 지시 없이 방을 나가도록 한 후에, 다시 자기 방으로 뛰어 돌아갔다.

프로이트는 "이것이 심하게 정신적 고통을 주는 증상은 아니었지만, 굉장히 계산된 정교한 행동이라는 점에서 호기심을 자아낸다."라고 언급하였다. 프로이트가 환자에게 "왜 그렇게 행동하지요?" "그 행동이 무엇을 의미하지요?"라고 물을 때마다 환자는 "모르겠어요."라고 대답을 하였다고 한다. 그러던 중 어느 날, 프로이트가 환자가 가지고 있는 가장 크고 근본적인 의심을 줄이는 데 성공한 후, 그녀는 갑자기 답을 알아냈다.

> 10년도 더 전에 그녀는 자신보다 훨씬 나이가 많은 남자와 결혼을 하였는데, 결혼 첫날밤, 남편은 발기가 되지 않았다. 그날 밤 남편은 여러 번 자기 방에서 부인의 방으로 뛰어 들어와 시도를 하였으나, 번번이 실패하고 말았다. 다음 날 그는 화가 나서 침대 정리를 하러 온 하녀한테 "창피를 당하겠군."이라고 말을 하였고 방에 놓인 붉은색 잉크 병을 집어 들어서 침대시트에 부었는데 얼룩이 있어야 할 곳이 아니라 엉뚱한 곳에 부었다. 처음에는 환자의 이런 회상이 강박 행동과 무슨 관련이 있는지 이해가 되지 않았고 단지 이 방에서 저 방으로 뛰어다니는 것과 하녀를 부르는 것만 유사하다고 생각하였다. 이후 환자는 나를 두 번째 방에 있는 탁자로 데려갔으며 테이블보에 있는 큰 얼룩을 보여 주었다. 그녀는 자신이 탁자 옆에 서 있는 위치는 하녀가 그 얼룩을 꼭 볼 수 있게끔 하는 곳이라고 설명하였다. 여기서 결혼 첫날밤의 사건과 환자가 보이는 현재의 강박 행동과 밀접한 관련이 있다는 것은 의심할 여지가 없게 된다. 비록 알아내야 할 다

른 것들이 더 남아 있긴 하지만 말이다.

프로이트는 환자가 자신의 남편에게 동일시를 하였고 그녀의 의식ritual 행동에서 탁자와 테이블보는 침대와 침대시트를 대치하는 것이었다. "탁자와 침대 모두가 결혼을 상징하는 것이다. 하나가 다른 하나를 쉽게 대치할 수 있게 된다."라고 프로이트는 말하고 있다. 이것은 환자의 행동을 이해해 줄 수 있게 해 주며 여기에 덧붙여 프로이트는 그 행동의 의도, 즉 무의식적 심리적 소망을 충족시키려고 하는 것에 대해 주의를 기울였으며 이를 설명하였다.

> 이 행동의 핵심은 하녀를 불러들여 하녀의 눈앞에서 얼룩을 보여 주는 것이며, 남편이 하녀한테 창피를 당할 것이리고 말한 것과 빈대로 행동한 것이다. 따라서 그녀가 역할대행하고 있는 남편은, 얼룩이 있어야 할 곳에 있기 때문에 하녀 앞에서 수치심을 느끼지 않아도 될 것이다. 환자는 단순히 과거의 장면을 반복하고 있는 것이 아니라, 과거의 상황을 현재로 이어서 재현하고 있으며 이번에는 그 상황을 수정하고 실수를 만회하고 있는 것이다. 그러나 이렇게 함으로써 그녀는 또한 그날 밤 고통을 주었던 다른 것도 수정하고 있는데, 붉은 잉크라는 방편이 필요했던 바로 그 이유였던 남편의 발기불능이다. 따라서 강박 행동은 다음과 같이 말하고 있는 셈이다. '아니야, 그것은 사실이 아니야. 남편은 하녀 앞에서 수치심을 느낄 필요가 없어. 왜냐면 남편은 발기불능이 아니기 때문이지.' 강박 행동은 꿈의 방식과 마찬가지로, 현재 행동을 통해 위와 같은 소망을 충족시키고 있는 것이다. 즉, 남편의 과거의 불행과 관련해서 남편이 보다 우월한 위치에 있도록 만드는 의도를 가지는 것이다.

꿈이 무의식적 소망에 의해 동기화되듯이, 이 여성의 이상한 의식 행동을 결혼 첫날밤을 좋게 만들고 싶고 남편을 타인의 입방아로부터 보호하고 싶은 소망으로 설명하고 있다. 프로이트는 이 사례의 더 복잡한 측면을 기술하고 있지만, 여기서 중요한 점은 프로이트가 이러한 무의식적 소망에 대한 설명을 제공함으로써, 처음에는 '비정상적인' 행동처럼 보였던 것이 이해가 가능하게 만들어 주었다는 점이다. 이처럼 무의식은 심리적 현상에 대해 그럴듯한 서사적 이해를 제공하는 설명적 장치가 된다. 정신분석가들은 무의식의 가정 없이는 이해하기 힘든 너무 많은 현상이 존재한다고 주장한다.

무의식의 본성

프로이트에 의하면, 무의식은 다음과 같이 세 가지 방식 중 하나로 생각을 표현할 수 있다.

1. 의식적: 의식적으로 자각할 수 있는 생각들
2. 전의식적: 의식상에 있지는 않지만, 필요한 경우에 생각할 수 있는 생각들 (예, 알고 있는 단어들, 차를 어디에 주차해 놓았는지에 대한 기억)
3. 무의식적: 억압되어 있어서 접근하기 어려운 생각들

이러한 종류의 생각들은 또한 상이한 체계에 저장되어 있는데, 프로이트는 초기에 이를 'Cs. Pcs. 그리고 Ucs. 체계'라고 이름을 붙였다(이들 체계는 제7장에서 더 자세하게 기술할 것이다). 이들 체계는 각각의 체계의 법칙을 따른다. Ucs. 체계의 경우, 일상 생활을 규정짓는 통상적인 제한들과는 다른 식의 법칙을 가진다. "이 체계에는 부정도, 의심도, 확신도 없다."(1915c, p. 186)라고 프로이트는 기술하고 있다. 무의식은 시간의 제약도 받지 않으며, 모순을 피할 필요도 없고, 정상적인 현실 감각과 판단과정 또한 필요 없다. 무의식적 생각들이 상대적으로 검열을 덜 받고 표현된 꿈이 바로 좋은 예인데, 꿈에서는 과거, 현재, 미래가 혼합되어 있으며 모든 불가능한 것들이 가능한 것으로 경험된다. 어떤 것도 가능하지만, 무의식적 개념들도 그들만의 법칙을 따른다. 즉, 소망과 의도를 표현하며 상징들을 비교적 예측 가능한 방식으로 사용한다. 달리 말하

면, 무의식은 직접적인 방식으로 알기 어렵다는 것이다. 어떤 면에서는 신에 대한 종교적 관점과 무의식이 많이 다르지 않을 수도 있는데, 정신분석은 무의식을 오로지 소극적인 방식으로만 알 수 있다고 주장한다. 무의식은 불쑥 튀어나온 말이나 실수로 한 행동, 꿈 또는 증상에서 그 영향을 볼 수 있다. 정의상 무의식은 의식적으로 접근이 가능하지 않으며, 규범에서 벗어난 '다른 것' 그리고 강한 '부정'으로 기능하는 것으로 정의되기 때문에 오로지 2차적인 방식으로만 알 수 있다. 우리가 그것을 기술하려고 하는 순간 그것은 빠져나가며, 우리는 무의식적 개념이란 이성적이지 않다거나 시간이나 논리에 구속을 받지 않는 것이라고밖에 말할 수가 없게 된다.

이러한 개념들이 모두 모호하고 불가사의한 이야기처럼 들릴 수 있다. 그러나 다행히도 프로이트의 무의식 개념에 대한 다른 부분도 있다. 주요한 점은 무의식은 역동적 체계라는 것이다. 필요할 때마다 의식상에서 제거하여 무의식적인 장기저장소에 단순히 보관할 수 있는 그런 체계가 아니라, 능동적인 심리적 작용력으로 이루어지는 체계이다. 프로이트의 무의식은 동기적 체계라고 할 수 있는데, 심리적 동요나 불안을 유발하는 생각들이 표현되는 것을 억압하는 반대세력('억압'이라고 보통 불린다)에 의해 저지된다는 점에서 그러하다. 이는 억압이 무의식을 유발한다는 의미가 된다. 어떤 생각들은 완전히 표현될 수 없지만 매우 큰 중요성을 지니기 때문에 그것이 저장될 수 있는 장소나 상태가 있어야 한다. 프로이트는 "억압된 것은 무의식의 원형이 된다."(1923, p. 15)라고 적으면서 어떻게 무의식적 재료가 그것의 의식적 진입을 막는 과정이나 힘에 의해 능동적으로 의식으로부터 배제되고 있는지를 강조하고 있다. 즉, 이 모델은 무의식적 생각들(주로 소망)이 표현되는 것을 적극적으로 억누르고 있으며 어떤 이유로든 용납하기에는 너무 위험하기 때문이다. 반대하고 억압하는 힘은 이러한 무의식적 생각들에 작동하여 계속해서 이들을 억제하려고 한다.

무의식이 역동적 활동의 공간이라는 시각은 이러한 생각에 기반한 이론과 치료를 일컫는 용어로 정신역동을 사용하게 하였다. 정신역동 접근법에는 상당히 다양한 분파가 존재하지만, '깊은 수준'에서 작용하는 무의식적 생각이 존재한다는 개념에 동의한다. 이것은 심리적 기능의 '표면'에서 직접적으로 관찰될 수는 없지만, 언제나 표면으로 뚫고 나오려는 길을 모색하고 있다는 것을 의미한다. 의식적 자각을 피해 몰래 작동하지만 능동적('역동적')이며 방출되기 위해 애쓴다. 억압된 무의식적 재료는 파괴되지 않았으며 그 자체로 생명력과 형태를 띠며 긴장을 방출한다. 이는 무의식이 그 힘을 잃게 된다는 것이 아니라 오히려 반대로, 어떤 생각들은 의식의 조명으로부터는 숨겨져 있지만, 다루기가 점점 어려워지면서 특정한 방식으로 계속해서 새어 나오거나 뚫고 나오게 된다. 이것이 바로 외상적 기억과 같이 깊게 억압된 생각이 사건이 발생한 지 몇 년이 지나서야 강력한 영향을 발휘하게 되게 되는 이유이다. 왜냐하면 이러한 생각은 숨겨져 있기 때문에 적절하게 다룰 수가 없기 때문이다.

프로이트는 오히려 무의식적 재료가 현실성이나 사회적 바람직성과 같은 제약을 고려하는 의식적 재료보다 더 강력하게 발달하는 편이라고 보았다. 무의식적 재료는 이들 제약으로부터 해방될 수 있는 '어둠 속에서 증식된다'(Freud, 1915c, p. 149). 이는 더욱 자극적일 수 있지만 보다 불안을 유발하기도 한다. 예를 들어, 프로이트가 "본능의 대변instinctual representative"이라고 표현한 신경증(생물학적 추동에 대한 심리적 표현을 의미)이 '표현되는 것에 있어서 극단적인 형태를 띠게 되는데, 어떤 식이냐면, 신경증환자에게 본능들은 생소하게 여겨질 뿐 아니라 비정상적이고 위험한 세기를 가진다고 해석되고 제시된다'(Freud, 1915c, p. 149). 꿈과 악몽은 환상이 과장되어 표현되는 것을 보여 준다. 어떤 생각이 무의식에 있다는 바로 그 사실이 그 생각을 더욱 강하고 통제하기 어렵게 만든다.

무의식과 작업하기

이 모든 것이 확실하게 시사하는 바는 한 개인을 온전히 이해하기 위해서는 행동의 무의식적인 근원을 추적할 필요가 있고, 일단 이것이 이루어진다면 그 개인이 무의식적인 생각을 의식적으로 인식할 수 있게 해 줄 수 있으며 적어도 아주 끔찍한 상황에서 벗어날 수 있게 도와줄 수 있게 된다는 것이다. 프로이트 본인은 이러한 과정에 그렇게 낙관적이지 않았다. 초창기 시절에, 1895년에 조셉 바우어와 공동 집필한 『히스테리아에 대한 연구』에서 그는 상상적인 환자와 겪는 어려움에 대해서 기술하고 있다.

> 왜 선생님은 나의 병이 나의 상황과 내 인생의 사건들과 관련이 있다고 말씀하시는 거죠? 이것들은 바꿀 수가 없는 것들인데 그렇다면 선생님은 나를 어떻게 도와줄 수 있다는 것인가요?

프로이트의 대답은 치료의 한계에 대한 매우 분명한 진술을 담고 있다.

> 운명이 바뀌는 것이 내가 당신의 병을 경감시키는 것보다 당신에게 훨씬 편한 일이 될 것이라는 것은 확실합니다. 그러나 당신의 끔찍한 불행을 일상에서 경험할 수 있는 평범한 불행으로 바꿀 수만 있다면 그것만으로도 상당한 혜택이 있을 것이라고 나는 확신합니다(Breuer & Freud, 1895, p. 305).

말년에 프로이트는 이와는 상당히 다른 이야기를 한다. "우리가 예상했고 주장했던 것과 달리, 분석을 받은 개인과 분석을 받지 않은 개인 사이에 아주 큰 차이가 없다고 해도 우리는 그것에 대해 놀라지 말아야 한다"(Freud, 1937, p. 383). 이러한 한계들은 분석이 바꿀 수 없는 외적 환경에서 비롯되기도 하고, 또한 사람들이 무의식적인 갈등에 사로잡혀 지속적인 실수를 계속해서 반복하려는 추동을 가지는데 이러한 추동의 강한 힘에서 비롯되기도 한다. 정신분석은 도움을 줄 수 있지만, 오랫동안 자신이 존재해 왔던 방식과 행동해 왔던 방식으로부터 벗어나게 하는 것은 쉽지 않은 과제이다. 심지어 겉으로 보기에는 자기 파괴적 행동일지라도 본인이 상상하기에는 더 끔찍한 상황으로부터 자신을 보호하는 방식일 수도 있다.

변화를 일으키는 것에 대한 어려움에도 불구하고, 무의식적 생각은 말로 표현되는 것에 저항하지만 그것에 이름이 붙으면 다루기가 더 쉬워지는 특징을 지니고 있다. 프로이트는 "의식적 생각과 무의식적 생각과의 차이는 전자는 어떤 것을 표현하는 것이고, 동시에 그것과 연결된 언어로 표현하는 것인 반면에, 무의식적인 표현은 어떤 것을 표현하는 것으로만 이루어져 있다는 것이다."라고 주장한다(Freud, 1915c, p. 201). 무의식적 생각은 언어의 영역 밖에 존재하며 매개되지 않은 '사물과 같은' 방식으로thing-like 작용한다. 이것이 바로 사람들이 무의식적 생각에 대해 가지고 있는 감각이다. 그것이 무엇인지는 잘 모르겠지만, 내 안에서 그것이 작동한다고 사람들은 종종 느낀다. 바로 이런 것이 리들리 스콧 감독의 〈에일리언〉(1979)에 우리가 끌리는 이유 중에 하나일 수도 있다. 우주에 기이하고 사악한 것이 존재한다고 하지만, 사실은 우리 안에 존재하는 이상하고 사악하며 낯선 부분의 외적인 반영일 수도 있다. 그러나 일단 이러한 내적인 '사물들'에 이름이 붙여지면, 의식의 조명을 받을 수 있는 가능성이 주어진다. 이런 식으로 이런 것들을 더 명확하게 보게 되고 언어로 통제하고 표현할 수 있게 되면, 더 이상 무의식에 있지 않게 된다. 무의식에 있는 것을 기술하기 위한 적절한 단어를 발견하고 그것을 자신 마음대로 할 수 있다는 것을 강조하는 것이 바로 정신분석이 '이야기 치료talking cure'라는 별명을 갖게 된 이유이기도 하며 때때로 왜 심리치료가 효과가 있는지를 설명하는 것이기도 하다.

프로이트는 이후의 이론에서 마음의 구조를 이루는 '원초아' '자아' 그리고 '초자아'라는 용어를 사용하였는데, 여기서 앞에 언급한 부분을 명확하게 표현하고 있다. 이 '구조 모델'은 프로이트가 이전에 의식, 전의식, 무의식을 구분한 개념과 쉽게 연결이 되지 않고 복잡하기 때문에 제7장에서 더 자세하게 기술할 예정이다. 간단히 이야기하자면, 자아(자아는 라틴어식의 번역으로 프로이트의 'Ich', 즉 '나'보다 더 낫다고 생각하여 이렇게 번역한 것임)는 지각과 의식을 담당하는 곳이며 원초아('Es' 또는 '그것It')는 무의식적 추동과 충동 같은 것들이things like impulses 존재하는 구조이다. 초자아는 우리들 안에서 죄책감의 정신적 에너지 소비를 결정하는 판결과 처벌을 내재화한 것이다. 프로이트는 이러한 명명법을 사용하면서, 치료의 목적은 생각들을 하나의 구조에서 다른 구조로 바꾸는 것이라고 흥미롭게 기술하고 있다(Freud, 1933, p. 80). 그는 정신분석의 의도는 "자아를 강화시켜서 초자아로부터 보다 분리되도록 하는 것이며 이는 지각의 장과 조직 자체를 넓혀 주고 원초아의 부분을 새롭게 재편하도록 해 줄 것이다."라고 말하고 있다. 그는 또한 "원초아가 있는 곳에 자아도 있을 것이다. 이것은 문화의 작용이다. 조이데르 해(네덜란드 북쪽 해안의 얕은 만으로, 지금은 둑으로 바다와 차단됨)의 배수공사와 유사한 원리이다."라고 했다. 여기서 바다의 물을 빼낸 이유는 인간이 사용하기 위함이며 이것이 바로 '문화의 작용'이라고 할 수 있다. 유사하게, 무의식도 배수될 수 있으며 더 나은 표현으로는 의식으로 그 통로를 돌릴 수 있다는 것이다. 이렇게 함으로써 에너지는 보다 인간의 활동, 즉 '문화'를 위해 사용될 수 있다. 정신분석은 제한이 있더라도 이러한 것을 가능하게 해 주는데, 무의식에 목소리를 부여함으로써 그것이 가능하게 된다. 이는 일상의 규칙에 항상 도전하게 되지만 동시에 무의식적 생각들이 보다 더 잘 다루어질 수 있게 해 주며 '교양 있는' 욕망이라는 용어로 표현될 수도 있는 그런 것으로 변화될 수 있게 해 준다.

따라서 프로이트에 의해 그려진 무의식은 중요하고 강렬한 정서적인 생각들을 보유하고 있는 강력하고 능동적인 상태이다. 여기서 한 가지 의문점이 생길 수 있는데, 무엇이 이것들을 동기화하여 사람들의 삶에 지장을 줄 정도의 에너지를 발휘하도록 '연료를 공급하는가' 하는 것이다. 프로이트의 생각으로는 무의식의 근원에는 생물학적 추동이 있다고 하였는데 이것은 정신분석 이론에서 보다 논쟁적인 측면이 되었다. 이에 대해 프로이트가 의미한 바가 무엇인지 다음 장에서 더 자세히 다루도록 할 것이다.

요약

- 무의식은 심리적 현상을 이해하기 위해 사용된 설명적 개념이다.
- 행동을 일으키는 무의식적 소망을 발견하는 것은 그 행동을 설명했다는 것이며 의식

적 통제를 통해 보다 수정될 수 있게 되었다는 것을 의미한다

- 무의식은 또한 그 자체의 속성을 가진 체계로, 의식상의 합리적 사고와는 다른 성격을 지니며, 주로 음적(의식적 사고의 특징이 결여된 상태)으로 정의된다.
- 프로이트의 무의식 개념의 핵심 특징은 역동성이다. 무의식적 생각들은 표현을 위해 표출되려고 하지만 반대의 힘에 의해 의식 밖으로 밀려나 있다. 무의식적 생각들의 역동적 특징은 그것이 어떻게 인과적인 영향을 미칠 수도 있는지를 설명해 준다.
- 무의식적 생각들은 단어라기보다는 '사물' 같은 것things으로 경험되며 그것들을 표현할 때는 그런 식으로 느낀다라고 표현된다. 이것은 치료에서의 정신분석적 관점과도 관련이 되는데, 정신분석 치료의 목적은 무의식적 생각들에게 목소리를 부여함으로써 그것들이 의식상으로 드러나고, 따라서 보다 더 잘 다루어지고 개인과 문화에 발전적으로 사용되도록 하는 데 있다.
- 프로이트는 이러한 치료적 목표가 얼마나 성공적으로 달성될 수 있는가 하는 것과 관련해서는 비관적이었다.

제5장

성, 공격성, 삶과 죽음

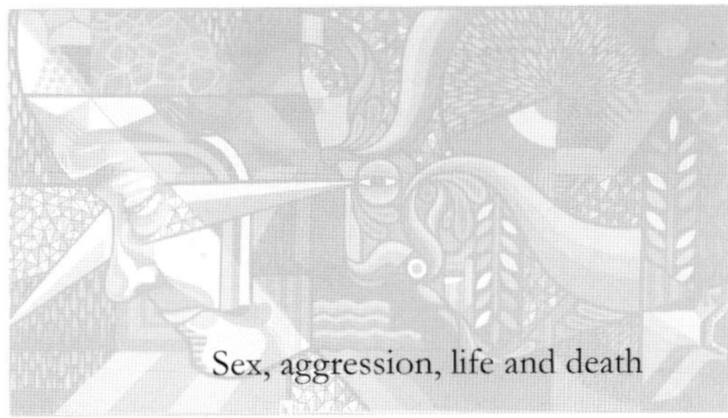

Sex, aggression, life and death

무엇이 우리를 계속 가게 만드는가

추동이라는 개념은 무의식의 지배하에 있을 때 어떻게 느껴지는가를 기술하는 데 있어서 즉각적으로 와닿게 만들어 준다. 우리는 때로 우리의 의지와 상관없이 어떤 것을 하도록 '이끌리는' 것 같은 때를 경험한다. 우리는 무엇인가를 파괴하고 싶은 충동을 느끼거나 분노감에 휩싸이거나 사랑에 빠지거나 아니면 피할 수 없는 슬픔에 압도되는 경험을 할 수 있다. 이러한 것들은 내 의지에서 벗어난 것이라는 느낌을 준다. 이러한 감정들, 충동들은 외적인 조건에 대한 필연적인 반응이라기보다는(물론 그럴 수도 있지만), 내부에서 오는 압박감에서 기인하는 것일 수 있다. 추동의 성질과 중심적 역할에 대한 프로이트의 생각은 이론적으로 그가 살았던 당시의 사고 방식에 잘 부합되며 그로부터 나온 것이라고 할 수 있다. 어떤 것을 하도록 강제하는 경험이라는 이 '현상학적인' 요소는 정신분석이 관심 있어 하는 부분과 매우 근접하다.

무엇이 추동인가? 초기에 프로이트의 글을 번역한 번역가들이 독일어인 'trieb'를 '본능instinct'으로 번역하긴 하였지만 추동은 '본능'과는 다르다. 본능은 환경적 자극에 대한 자동적인 반응과 같은 것이다. 특정 활동 영역에 국한된 생물학적으로 결정된 반응이다. 그러나 추동은 기본적인 생물학적인 힘이 항시 작용하면서 마음의 심리적 활동에 영향을 미친다. 1915에 출간된『초심리학 metapsychological』이라고 불리는 일련의 논문에서 프로이트는 추동에 대한 두 가지 다소 상이한 정의를 제시한다.『본능과 그 변화Instincts and their Vicissitudes』(독일원문에서는 Triebe Und Triebschicksale이라는 제목)에서 프로이트는 추동을 "정신과 신체 사이의 경계선"이라고 정의내리고 있으며(Freud, 1915a, p. 122), 정신에서 작용하는 어떤 것처럼 여겨질 수 있다고 가정하였다. 이것은 추동 그 자체가 심리적 실체를 띤다고 보았다는 것을 시사한다. 그러나 같은 시기에 집필한 그의 저서『무의식The Unconscious』에서는 추동과 추동을 상징화한 생각과의 차이를 명확하게 구분하고 있다.

> 본능(추동)은 결코 의식의 대상이 될 수가 없다. 본능을 표상화한 생각만이 가능하다. 뿐만 아니라, 무의식에서조차도 본능은 생각 이외의 방법으로는 표상될 수 없다(Freud, 1915c, p. 177).

이러한 불일치는 신체와 정신(또는 오늘날 신경과학 연구의 틀 안에서 이야기하자면, 두뇌와 정신)이 정확하게 어떻게 연결되어 있는지에 대해서 프로이트가 확신을 가지지 못했다는 것을 보여 준다. 달리 말하자면, 이것은 무의식이 무엇이고 의식이 무엇인지 사이에 복잡한 관계가 존재함을 반영한다. 아마도 이에 대한 가장 만족스런 방식의 생각은 개인 안에 작동하는 기본적인 생물학적 욕구들이 존재하며 이것들이 심리학적이고 행동학적인 방식으로 표출된다는 것일 것이다. 이렇게 표출되는 일부는 의식화되며 일부는 무의식에 남아 있을 것이다. 따라서 가장 유명한 예를 들자면, 진화과정을 통해 발달되어 온 성sexuality과 관련된 환상과 행동을 일으키는 추동이다. 따라서 이것을 '성적' 추동이라고 명명하는 것은 합당하게 보이지만, 핵심은 이것이 개인의 의식적 무의식적 삶에 다양한 방식으로 표현되는 생물학적 경향성tendency이라는 점이다. 이 추동에 대한 '순수한' 표현은 아마 찾기 어려울 것이며 성적 환상은 기저에 있는 추동과 같은 것일 수는 없다. 왜냐하면 성적 추동의 표현은 사회화 과정과 광범위한 개인적 경험에 의해 영향을 받기 때문이다. 그러나 모든 활동은 이러한 추동에 적어도 부분적으로라도 영향을 받는다. 그렇다면 무엇이 성적으로 만드는가? 이것이 바로 프로이트 학파의 도식의 가장 심오하고 논쟁적인 요소 중 하나이다.

성적 추동

프로이트는 초기부터 정신적 삶의 근원은 갈등에 있다고 생각하였다. 상이한 힘들 간의 갈등만이 사람들이 스스로를 곤궁에 빠트리는 것을 설명할 수 있다고 보았다. 성적인 충동들이 다른 힘들과 갈등에 놓여 있지 않다면 무엇하러 히스테리 증상들을 통해 성적 욕망을 대치해서 표현할 필요가 있다는 말인가? 프로이트에게는 이러한 '다른 힘들'이 단지 성적으로 억압적인 사회에 의해서만 생겨난 것이 아니라 개인의 내적인 것에 의해 생겨난 것이라고 보았다.

그의 정신분석 경력 전반에 걸쳐 프로이트는 주요한 두 종류의 추동 사이에서 갈등이 생겨난다고 보았다. 비록 이들 추동이 정확하게 무엇인지에 대해서는 1920년에 급격한 수정을 하였지만 말이다. 초기의 이분화된 추동은 '성적 추동'과 '자아-보존' 추동이었고, 프로이트는 이를 '사랑과 배고픔'이라고 대략적으로 번역하였다. 그리고 이러한 구분은 정신분석에서 상당히 오랫동안 유지되었다. 이들 두 요소들은 형식적으로는 동일한 위치를 차지하였지만, 사실상 초기 정신분석에서 대부분의 관심은 성적 추동에 있었다. 여기서의 핵심 주장은 성은 정신세계 이면에 존재하는 기본적인 추동이라는 것이었다. 인간 행동과 무의식적 갈등의 근원이 바로 성적 에너지와 성적 추동이라는 것이다. 성은 생물학적인 것에 뿌리를 두지만, 이것은 단지 생물학적인 것으로만 설명되지 않는다. 즉, 성적 추동은 종을 유지하는 것에 필요한 정도보다 더 과할 수도 있기 때문이다. 정신분석에 의하면, 성은 재생산보다는 쾌락에 의해 작동된다. 프로이트는 이러한 주장이 정신분석을 반대하는 이유 중에 하나라고 보았는데, 확실히 정신분석이 성적 쾌락을 인간의 갈등의 핵심이라는 생각을 고수하고 이것에 비판하는 생각을 틀렸다고 거부한 것은 사람들을 극과 극으로 나누게 만들었다.

> '성'에 대한 개념과 동시에 성적 본능은 재생산 기능으로만 분류할 수 없는 다른 많은 것들을 포함하는 범위까지 확장되었다. 그리고 이것은 금욕적이고 점잖거나 또는 단지 위선적일 뿐인 세계에서 적지 않은 파장을 만들어 내었다(Freud, 1920, p. 51).

성적 위선에 대한 프로이트의 반대는 정신분석을 사회적 관습과 대립되는 위치에 놓으면서 사회적 비난에 대처했던 초기의 방식이었다. 비록 그 당시를 특징지었던 성에 대한 관심을 증폭시키지는 않았지만 말이다.

성은 이처럼 재생산에 대한 추동이 아니라 추동이 표현될 방법을 찾게 되어 일종의 황홀감의 형태로 방출된 쾌락을 나타내는 용어라고 볼 수 있다. 이는 프로이트가 열거한 추동의 요소들로 가장 쉽게 이해될 수 있는데, 프로이트는 추동의 요소는 '압박감', 추동의 '목적', 추동의 '대상' 그리고 추동의 '원천'을 포함한다고 기술하였다.

추동의 요소들

프로이트는 『본능과 그 변화Instincts and their Vicissitudes』에서 본능의 구성요소들에 대해 명확한 설명을 제공하고 있다(1915a, pp. 122-123).

- **압박**은 '추동이 대표하는 힘의 양이나 요구의 정도'이다. 단순히 추동이 어떤 것이냐를 특징짓는 것으로 이는 정신세계에 작용하는 힘이다. 이 힘의 강도는 원칙상 수량적인 것이다.
- 추동의 **목적**은 '오로지 본능의 원천에서 자극의 상태를 제거함으로써 얻어질 수 있는 모든 상황에서의 만족'을 말한다. 기본적으로, '만족'은 유기체에

서 상승된 긴장이 줄어들 때 나타난다. 이러한 생각은 성적 모델에는 잘 부합되지만, 호기심이나 자극 추구 행동으로 특징지어지는 운동이나 다른 문화적 활동과 같은 인생의 다른 측면들에 적용할 때는 설득력이 떨어진다. 여기서 '긴장'이 증가한다는 것은 쾌락적일 수 있다. 프로이트의 틀에서는 그가 '목적-억제적'이라고 이름 붙인 추동의 형태가 있는데, 이것은 '본능적 만족을 추구하는 방향으로 가다가 억제되거나 방향을 틀어 버리게 되는 경우'를 말한다. 이는 긴장의 감소가 완전히 이루어지지는 못했으며 충분하지는 않지만 어느 정도의 만족은 가져왔다는 것을 의미한다. 예를 들어, 우정은 성적 추동의 목표-억제적인 형태라고 할 수 있다. 이것은 성적 추동에 의해 동기화되지만 반드시 성적 행위로 연결되지 않는다. 이는 추동의 '목적'이 사회적 또는 심리적 이유로 억제되었기 때문에 부분적인 만족만 얻을 수 있게 된다는 것을 의미한다.

- 추동의 **대상**은 후기 프로이트 정신분석 이론에서 관심이 증가되었던 부분이다. 이것은 외적 세계와 연결된 추동의 요소이며 따라서 개인이 맺고 있는 관계—이것이 바로 정신분석에서 주로 말하고 있는 부분이다—를 고려할 가능성이 높아진다. 프로이트에 의하면(Freud, 1915a, p.122), 대상은 "본능적 목표를 달성하게 해 주는 것이다. 이는 처음에는 본능적 목적과 연결되지 않았다가 본능적 만족이 가능해지는 결과를 통해 점차 역할을 맡게 된다". 이러한 정의는 의도적으로 추상적인 면이 있다. 대상은 반드시 타인이나 타인의 부분일 필요는 없으며 심지어는 외적인 사람에게로 향할 필요도 없다. 대상은 쉽게(그리고 종종) '자기 자신의 신체 일부분'이 될 수도 있다. 대상은 추동에 의해 발생되는 긴장이 완화되는 결과에 따르게 되며, 인생 전반에 걸쳐 대상은 변화되고 다양화된다. 대상에게 추동이 너무 강하게 집중되면 이것은 '고착'이 되며, 끊임없이 이전의 발달 단계에서 대상을 통해 욕구를 충족시켰던 방식으로 돌아가는 것은 '퇴행'이다. 그러나 여전히 어떤 대상들, 예를 들어 어머니나 어머니의 가슴은 압도적인 중요성을 가지기가 쉽다. 정신분석적인 가정은 이러한 대상들이 어떤 때는 충족시켜 주고 어떤 때는 그렇지 못할 경우,

신뢰하기 어려워지게 되며 정신 병리가 생겨날 수가 있게 된다는 것이다. 예를 들어, 산후우울증을 겪는 어머니는 아기에게 활기차고 만족스러운 경험을 주기가 어렵고('만족을 주는 가슴') 아동으로 하여금 방치되었거나 사랑받지 못한다고 느끼게 만들거나 또는 아이가 어머니를 흥미 있게 만들거나 보상을 주거나 양순한 아이가 되어서 어머니를 활기 있게 만드는 것이 아이의 임무라고 느끼게 만들 수도 있다. 만약 이러한 상황이 오랜 시간 동안 지속된다면, 이것은 아동이 스스로를 전혀 사랑하지 못하는 사람이 되게 만들며, 친밀한 관계는 언제나 실패로 돌아갈 것이라는 공포를 가지게 만들 수 있다.

- 마지막 요소인 **원천**은 추동에 대한 생물학적 기원과 연관되어 있다. 프로이트(Freud, 1915a, p. 123)는 "본능의 원천에 대한 연구는 심리학의 범위에서 벗어나 있다."라고 언급하였다. 여기서 그가 의미하는 바는 원천은 추동의 생리학적인 특징이라는 것이다(그는 그것이 '변치 않는 화학적 성질'이지 않을까 추측하였다). 그는 이것(생리적인 요소)과 생각으로 정신 세계에 들어오는 것에 기반한 완전히 심리학적인 것을 구분하였다. 심리적인 것만이 우리가 알 수 있는 것이다. 그럼에도 불구하고, 추동의 신체적인 위치 또는 추동의 핵심은 중요하며, 프로이트 학파의 발달 이론에서 이것은 성적 추동이 조직화되는 방법들에 대한 설명을 제공한다. 첫 번째 단계는 **구강기**로, 성은 빠는 것과 무는 것과 연결된다. 두 번째 단계는 **항문기**로, 즐거움을 느끼는 것이 배설하는 기능에 집중된다. 그리고 마지막 단계는 **남근기**와 **성기기**로 성적 기관들이 성 생활에서 보다 핵심이 된다. 각각의 경우에서 추동은 성적 추동으로 동일하며 구체적인 화학적 변화에서의 원천 또한 일관적이다. 그러나 성 추동이 신체적으로 어디에 위치하는냐와 어떠한 사회적 형태를 띠는가 하는 것은 달라질 것이다.

다른 추동

추동에 대한 이러한 성질과 요소들은 성에만 굉장히 초점이 맞추어져 있지만, 프로이트는 성 추동에 반대하는 힘이 항상 작용하고 있음을 주장하는 데 애를 썼다. 이것은 그가 성적인 욕망을 자유롭게 표출하게 되었을 때 쾌락보다는 파괴로 이끌 수 있기 때문에 그러한 표현을 위협하는 어떤 것이 있다고 가정하였기 때문이다. 따라서 그는 배고픔과 목마름을 포함하는 개인의 지속적인 생존을 보장하는 '자아 보존적' 추동이라고 불리는 추동 집단의 존재를 제안하였다. 이러한 추동의 집단은 불안 또는 사회적 거절이라는 위험한 상황에 놓이거나 자아가 불안에 위협당하는 것을 막기 위해 성적 추동에 저항하는 방식으로 작동한다. 성적 추동과 자아-보존 추동 사이의 갈등은 억압을 이끌어 내며 어떤 종류의 소망이 무의식 '안에' 자리 잡게 만든다. 한 예로, 이것이 바로 꿈이 발생하는 이유가 된다. 무의식적 소망들을 위장된 형태로 표현하게 함으로써 그것으로 인해 자연적으로 발생될 수 있는 결과들을 피하면서 수면을 보호한다(자아 보존을 위해 필요한 것). 신경증적 증상들도 이와 유사하다. 신경증적 증상들은 두 가지 추동들이 절충해서 나온 것이다. 성적인 욕망이 부분적으로 충족이 되긴 하지만 불행히도 어떤 종류의 추동도 만족시킬 수는 없다. 예술적 창작과 같은 다양한 창작 활동 또한 성적 충동이 위장된 형태로 표현된 것이며, 말하자면 이는 공공장소에서 자위행위를 하는 것보다는 사회적으로 용인되는 방법이다.

성적 추동과 자아-보존 추동들이 대립한다는 것에는 명확하고 단순한 논리가 존재하기는 하지만, 1914년에 이르러 프로이트가 그의 이론을 발전시키던 시기에 문제가 생겨났다. 첫 번째 주요 난관은 자기애에 대한 개념을 발달시키는 과정에서 비롯되었다. 이것은 성적 추동의 반대자라고 여겨지는 자아가 성적 충동으로 가득 차게 되고 성적 욕망의 대상이 될 수 있다라는 것을 시사하는 일련의 관찰들로부터 생겨났다. 우리는 아마 자아가 '자기 자신을 사랑한다.'라고 말할 수 있을 것이며 이것이 바로 '자기애적'이라는 이름을 붙이게 된 이유이기도 하다. 만약 그렇다면, 이 '리비도'(성적 에너지)가 자아를 채우게 되고, 따라서 자아가 성적 추동에 반대한다고 볼 수 없게 된다. 성적 추동과 자아-보존 추동의 구분은 결과적으로 사라질 위험에 처하게 되었고 이것과 함께 프로이트의 전체 이원 모델(dualistic model) 또한 그렇게 될 운명에 처해졌다.

이는 제1차 세계대전에 참전했던 병사들이 보이는 외상적 신경증 현상(정신분석 형태의 치료를 통해 굉장히 성공적으로 치료가 되는 경우가 가끔 있었다)과 전쟁이 일으킨 전반적인 파괴를 프로이트가 고찰하면서 더욱 복잡해졌다. 여기서 프로이트는 과학과 이성주의가 유아증과 미신적 비이성주의를 이길 것이라는 관점을 가졌었다는 점을 상기할 필요가 있다. 전쟁 동안에 서구문명의 심장에서 비이성적인 파괴주의가 비정상적으로 분출된 현상은 그의 희망과 어느 정도는 그의 이론까지 타격을 주었다. 그러나 다른 측면에서는 비이성주의의 분출은 바로 무의식 이론이 설명하고자 하는 것이기도 하였다.

전쟁 외상은 프로이트를 초기 이론으로부터 다른 방향으로 이끌었다. 왜냐하면 전쟁 외상은 어떤 것들은 단지 쾌락을 가져오기 때문에 추구되는 것이 아니라 오히려 반대되는 이유로 그렇게 됨을 보여 주기 때문이다. 때로는 사람들은 가장 끔찍했던 경험들을 붙잡고 있으며 꿈이나 또는 일상의 삶에서 이를 반복하는 듯이 보인다. 어쩌면 이것은 사람들이 그러한 경험들을 숙달하려고 하거나 이해하려고 하기 위한 것일 수도 있지만, 어떤 이유이든 사람들이 거기서 쾌락을 발견하는 것 같이 보이지는 않는다. 이러한 관찰들을 종합해서, 프로이트는 1920년에 새로운 이론을 도출하였는데, 두 종류의 추동은 성적 추동과 자아-보존 추동이 아니라, 삶의 추동(성적 추동과 자아-보존 추동 모두를 포함)과 죽음 추동이라는 것이다. 즉, 한 측면에는 삶을 정교화하고 가꾸려는 힘이 있어서 새로운 것을 창조하고 복잡하게 만들려고 하며, 다른 측면에는 파괴와 해체를 향한 경향성이 있어서 개인을 '피안nirvana'과 같은 상태로 사라지게 만들려고 한다는 것이다.

죽음 추동

추동에 대한 새로운 이론은 『쾌락의 원칙을 넘어서Beyond the pleasure principle』(1920)라는 책에서 탄생하였다. 정신분석은 추동의 목적이 쾌락의 형태로 경험되는 만족이라고 제안하였다. 그러나 신경증적 행동이나 꿈에서 정서적으로 괴로운 내용들이 재출현하는 것이 반복해서 관찰되곤 한다. 여기서 프로이트는 자신의 손자의 놀이를 예로 제시한다. 이 예는 자주 언급되는데, 이후 정신분석가와 심리치료사가 아동 발달에 대한 연구를 하기 위한 방법으로 유아 관찰에 관심을 가지게 만든 한 원천이 되기도 하였다.

프로이트는 한 살 반쯤 된 아이가 엄마에게 밀접한 애착을 형성한 착한 아이였지만, 손에 잡히는 작은 물건들을 방구석이나 침대 밑 같은 곳으로 집어 던져서 다시 찾는 데 애를 먹게 만드는 난처한 버릇을 가끔씩 보인다고 기술하였다. 이러한 행동을 할 때 아동은 '오-오-오-오'라는 소리를 크게 길게 뱉어 내면서 흥미와 만족의 표현을 보였다. 프로이트와 아동의 어머니인 소피(프로이트의 딸 Sophie)는 '오-오-오-오'가 독일어로 'fort'이며 '갔다'라는 뜻이라는 것에 서로 동의하였다. 이후 프로이트는 이러한 가설을 확증하게 해 주는 관찰을 한다.

> 아이는 실이 감겨 있는 나무로 된 실타래를 가지고 있었다. 아이는 그것을 바닥에서 끌고 다니면서, 예를 들면 마차인 것처럼 끌고 다니며 노는 것을 전혀 생각하지 못하였다. 대신 아이는 실타래에 연결된 끈을 통해 실타래를 들어서 커튼이 쳐진 요람의 끝에서 매우 솜씨 좋게 그것을 던졌다. 그렇게 그것이 시야에서 사라졌을 때, '오-오-오-오'라는 표현을 내뱉었다. 그러고 나서 잡고 있는 실타래 끈을 당겼고 실타래가 다시 나타났을 때, 기쁨에 찬 '다(da, there: 거기)' 소리를 내며 환호하였다. 이것은 사라짐과 돌아옴으로 이루어진 게임의 완성이 되었다. 보통은 아동이 그 게임 자체를 지치지 않고 반복하는 첫 번째 행위만을 목격하였는데 더 큰 즐거움은 두 번째 행위와 연결되어 있다는 것이 확실하였다(Freud, 1920, p. 15).

프로이트는 이 게임에 대하여 다양한 질문을 하고 있지만, 아동이 (놀이를 통해) 엄마가 떠나는 것을 반복하는 것이 아이에게 즐거움을 주지 않는 상황이라는 측면에 가장 관심을 두었다. 프로이트는 아동이 자신이 통제할 수 없는 상황(엄마가 자신을 떠나는 것)에 대해 자신이 그것을 다룰 수 있다는 환상을 갖기 위해(실타래를 자신의 통제하에 둠으로써) 그러한 상황을 연출하였다는 첫 번째로 가능한 설명에 만족할 수 없었다. 어쨌든 불쾌한 것들로 스스로를 괴롭히는 사람들에 대한 상당히 많은 증거가 존재한다. 예를 들어, 외상적 꿈은 생각보다 흔하며 이는 프로이트의 꿈이란 소망 충족을 위해 형성된다는 그 자신의 유명한 가설에 위배된다. 밤마다 상당히 불안을 야기시키는 꿈을 반복해서 꾸는 상황에 처해졌을 때, 과연 거기서 어떠한 소망이 충족된다는 말인가? 프로이트가 명명한 '**반복하려는 충동**compulsion to repeat'은 종종 결코 쾌락을 가져다준 적이 없었고 심지어 '오래 전에 억압이 된 본능적 충동들에게조차도 결코 만족을 준 적이 전혀 없었던' 재료들을 불러일으킨다(Freud, 1920, p. 20).

이러한 관점에서 프로이트는 행복을 추구하는 것과 다른 것을 추구하는 다른 힘이 존재할지도 모른다는 것을 고려할 수밖에 없게 되었다. 도처에 전쟁이 남긴 죽음 흔적을 살펴보면 유기체를 영면의 상태로 돌림으로써 만족을 추구하는 추동이 존재한다는 생각이 설득력이 있어 보이는데, 이것을 조금 과장하면 논리적 결론에 도달할 수도 있다. 인간의 성생활 관찰을 통해 생명의 물질을 보존하고 그것들을 합쳐서 더 큰 단위로 만드는 것을 목표로 하는 추동이 존재한다는 것을 밝혔다. 이제 '이러한 단위들을 분해해서 태고의 무기체적 상태로 돌리려는 또 다른 반대되는 본능'이 있다는 것이 또한 명확해졌다(Freud, 1930, p. 118). 이것은 완벽한 휴식 상태이고 존재하지 않음의 상태(nothingness)이며 모든 긴장과 원치 않는 자극으로부터 해방이 되는 상태, 즉 죽음의 상태이다.

죽음 추동에 대한 이러한 생각에 대해서는 매우 큰 논란이 존재하는데, 왜냐하면 사람들이 본질적으로 '나쁘다'고 여기는 타고난 파괴성 또는 '원죄'를 의미하는 것처럼 보이기 때문이다. 어떤 분석가들은 이 개념을 받아들였지만(예, 멜라니 클라인의 저서에서 초기 발달은 이 개념에 바탕을 두고 있다), 다른 분석가들은 타고난 파괴성이 있다는 개념을 꺼렸으며 그보다는 파괴성을 삶에서, 특히 초기 인생에서 좌절이나 실망의 결과로서 나타나는 것으로 이해하려고 하였다. 또한 이것 말고도 해결해야 할 다른 쟁점도 있다. 프로이트가 죽음 추동을 가지고 온 것은 사람의 심리에는 두 가지 반대되는 추동들이 작용하고 있다는 이론을 고수하기 위해서였다. 그러나 보다 자세히 그것을 들여다보면 프로이트가 과연 여기서 성공했는지 의문이 든다. 삶의 추동과 죽음 추동 모두 에너지 감소를 통해 만족을 추구한다. 전자의 경우에는 추동의 목표를 달성하기 위해 대상을 추구함으로써 이루어지는 것이며 후자의 경우에는 비활동 상태로의 회귀를 통해 긴장감을 제로로 만듦으로써 이루어지는 것이다. 여기서 추동의 기본 기능은 프로이트가 이전부터 항상 주장했던 것과 변함이 없다. 즉, 긴장 감소를 추구하는 것이다. 이는 또한 죽음 추동이 근원적이라는 것을 시사하기도 한다. 프로이트는 "모든 삶의 목표는 죽음이다."라고 기술하고 있으며(Freud, 1920, p. 38), 삶이란 유기체가 자신이 선택하고 싶은 방식으로 죽는 것을 가능케 하는 긴 우회도로 같은 것이라고 하였다. 따라서 실제로는 두 개의 반대되는 추동이 존재하기보다는 하나의 추동은 파괴로 향하고 다른 추동은 파괴로부터 벗어나서 삶으로 향하려고 하는 것이 된다.

각자 죽음 추동의 개념을 무엇이라고 생각하든지 간에 그리고 두 개의 추동이 존재하든지 아니면 단지 하나의 추동이 존재하든지 간에 프로이트의 이론은 아마도 심리현상에 확실하게 존재하는 어떤 특정 현상을 기술하고 있다고 보여진다. 즉, 사람들은 자신의 주변에 존재하는 모든 것을 파괴하려는 강한 경향성을 마주하는 가운데에서 뭔가를 이루기 위해 고군분투한다는 것이다. 죽음 추동 개념은 개인을 다루는 데 있어서 중요한 것이며 고질적인 사회적 갈등을 다루는 데 있어서도 중요하다. 또한 이는 프로이트 이론이 다루려고 하는 또 다른 쟁점들을 강조한다. 그러한 쟁점들에는 다음과 같은 것이 있다. 마음이 내재된 추동으로부터 이처럼 강력한 압박감에 지배당하는데 어떻게 안정감을 유지할 수 있을까? 평화를 파괴하려고 끊임없이 위협하는 무의식적 충동들을 방어하기 위해 사람들은 어떠한 책략들을 사용할까? 이는 방어기제에 대한 정신분석적 설명으로 이어지는데 다음 장에서 이에 대해 다루도록 하겠다.

요약

- 추동은 어떠한 생각과 행동들의 출현을 통해 심리적으로 드러나게 되는 생물학적 힘이라고 여겨진다.
- 추동의 요소들은 압박감, 목적, 대상과 원천이다. 이들 중 가장 중요한 요소는 추동의 목적이며 이는 긴장의 감소를 통해 만족을 추구하는 것이다. 대상은 긴장 감소를 이끌게 해 주는 개체이다.
- 프로이트는 서로에게 반대하는 두 집단의 추동들이 존재한다고 시종일관 주장하였다. 그 두 집단이 무엇인지에 대해서는 이후에 수정을 하였다.
- 처음에는 성적 추동과 자아-보존 추동 간에 갈등이 있다고 보았으며 성적 추동은 쾌락을 추구하지만 자아-보존 추동은 개인을 위해로부터 보호하는 것을 추구한다고 보았다.
- 자기애와 관련된 이론의 발전에서 어려움에 직면하고 외상의 반복적 출현을 관찰하면서 프로이트는 그의 이론을 변경하였으며 삶의 추동과 죽음 추동의 반대 작용을 제안하였다.
- 이 이론이 얼마나 만족스러운지에 대해서는 의문이 제기되지만, 죽음 추동의 개념은 분석가들과 사회이론가들 사이에 논쟁거리가 되고 있는 자기 자신과 타인을 향한 파괴성의 많은 예를 다루고 있다.

제6장

억압과 다른 방어기제들

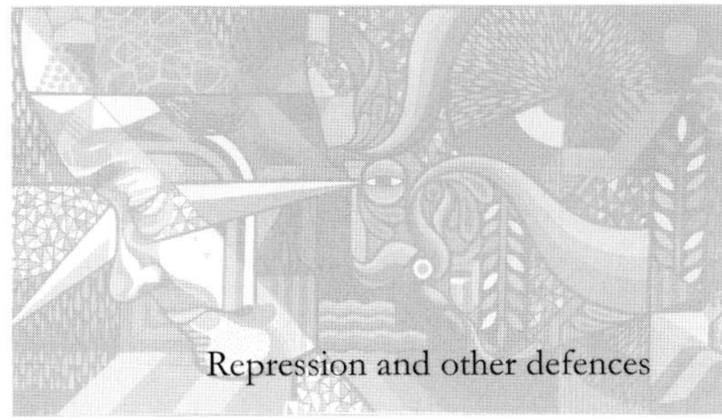

Repression and other defences

위험으로부터 보호하기

이전 장에서는 사람들이 어떻게 무의식적인 충돌들의 총력으로부터 스스로를 보호하면서 어느 정도의 만족감을 달성하는지에 대한 문제를 제기하였다. 이 장에서는 정신분석이 이에 대해 제시하는 기제들을 기술할 것이다. '방어기제'라는 제목 아래 삶을 보다 활기차게 만드는 데 매우 중요한 역할을 하는 광범위한 심리적 책략들을 기술할 것이다.

자기-보호는 흔히 위험에 대한 유기체와 인간의 기본적이고 자동적인 반응으로 여겨진다. 어떻게 보호를 할 수 있는 것인가? 종종 회피 행동을 취함으로써 위험을 물리치거나 모면하게 된다. 이러한 종류의 회피 행동은 효과적일 수 있지만, 위험할 수도 있는데, 왜냐하면 위험이 구체적으로 나타날 때까지 기다려야 하기 때문이다. 따라서 위험(공격)은 미처 도망가기도 전에 효력을 발휘할 수 있다는 위험부담이 있을 수 있다. 공격이 구체화되기 전에 방어체제를 가지게 된다면 더 나은 방법이 될 것이다. 이를 위해서는 여전히 위험요소를 밝혀내야 하긴 하지만 위험을 느끼기 전에 이루어질 것이다. 일단 이러한 방어체제를 구축하고 나면, 이는 영구적으로 지속되는 경향이 있다. 여기에는 이점이 있다. 공격이 있을 경우를 대비해 항상 미리 준비할 수 있으며 방어체제는 잠재적인 침략을 지연시킬 수 있다. 그러나 영구적 방어체제는 또한 약점도 지닌다. 이것들은 좋은 상태로 유지되어야 하기 때문에 에너지와 돈(군대나 다른 물리적 방어력의 경우에)이라는 비용이 많이 들게 된다. 이것들은 또한 점차 경직될 수 있고 구식이 될 수도 있으며 여기에 필요한 자원들을 차라리 다른 곳에 사용하는 것이 더 나을 수도 있다. 특히 방어체제는 끊임없는 공포 신호를 보냄으로써 갈등을 해결하기보다는 갈등을 유지하게 만들 수 있다. 이는 또한 창의적으로 앞으로 나아가기 힘들게 만들 수도 있다.

정신분석에서 방어체제란 지각된 위험을 막는 정신적 행위이다. 이러한 위험은 외부로부터 올 수도 있지만, 보통은 내적인 위험이다. 몇몇 생각(예, 환상이나 소망 또는 외상적 기억)들은 자아에게 위험한 것으로 경험이 되며 이러한 이유 때문에 이것을 방어하려고 한다. 이 체제의 한 가지 특이성은 방어체제가 진짜이긴 하지만, 개인은 그것이 작동되고 있다는 것을 인식하기가 매우 어렵다는 것이다. 왜냐하면 심리적으로 이야기하자면, 우리가 위험을 인지하게 된다는 것 자체가 이미 의식상에 들어왔다는 것이며 이것 자체가 바로 심리를 불안하게 만들고 교란시킨다. 만약 위험이 무의식적 생각으로부터 나온다면 그러한 생각은 무의식에 남아 있는 상태로만 다룰 수 있을 것이다. 그것을 인식하는 순간 또는 그것에 대한 방어체제가 작동하고 있다는 것을 알아채는 순간 그 생각은 이미 마음에 영향을 끼치게 되어 버린다. 논리적으로 생각해 보면, 이것은 바로 보안 기관이 국가 안보에 대한 위협을 다루는 방식과 같다. 국가 안에 사는 국민들의 관점으로 보자면 위험이 광범위하게 지각되기 시작되면 사기가 저하되고 공포가 생기게 된다. 따라서 보안 기관은 그 위험을 차단하려고 할 뿐 아니라 그렇게 하고 있다는 것을 어느 누구도 모르게끔 비밀리에 하려고 할 것이다. 이와 비슷하게 심리적 방어기제도 위험 그 자체가 무의식에 남아 있도록 관찰하는 자아의 관점으로부터 비밀리(무의식)에 작동한다. 이러한 방식으로만 자아가 평온을 유지할 수 있다.

군사적 방어와 마찬가지로 심리적 방어도 실패할 수 있는데, 특히 지나치게 경직될 때 그렇다. 여기서 문제는 새로운 상황을 어떻게 다루는가 하는 것이다.

이러한 새로운 상황은 새로운 관계라든가 요구들과 같은 '외적'인 것일 수도 있고, 나이 들어 가는 것이나 의존적이 되는 것 또는 병에 걸리는 것과 같은 '내적'인 것일 수도 있다. 방어들은 어떤 상황에서는 매우 잘 작동할 수도 있고 또는 상당한 시간 동안 잘 작동할 수도 있지만, 점차로 뒤떨어지게 되고 새로운 상황에 맞지 않게 지나치게 경직될 수도 있다. 예를 들어, 심리적으로 취약한 부모에게서 자라난 아이는 분노를 표현하는 것이 자신이 의지하는 부모를 손상시키는 것이라는 환상을 가지고 있을 경우, 화를 내지 않도록 방어하는 것이 도움이 될 수 있다. 그러나 나중에는 이러한 방어가 역효과를 낼 수도 있는데, 강한 감정을 자극하는 사건들을 다루기 어렵게 만들 수 있다. 모든 구체적인 상황을 설명하자면 많은 소제목이 필요할 것이고 그만큼 복잡하지만, 이것과 관련될 수 있는 시나리오에 대한 개략적인 '사례'는 다음과 같을 것이다.

우울한 부모를 둔 아이는 자신이 환영받지 못한다고 느끼고 짐이 된다고 느낄 수 있다. 이러한 감정은 아이의 마음 안에 화를 불러일으키는데, 아이는 이것을 결코 표현할 수 없거나 스스로도 인식할 수 없게 된다. 이는 만약 아이가 분노감을 표현한다면 부모들이 무너지게 되고 결국 자신을 버릴 것이라는 무의식적인 믿음 때문이다.

이후에 이 아이가 어른이 되었을 때, 친밀한 관계가 결국 틀어지게 되고 자신은 결국 버림받게 되는 상황에 놓이게 된다. 그녀에게 이러한 상실은 너무 크게 다가오고 어릴 때 부모에게 마음속으로 품었던 것과 유사한 분노 감정을 일으키게 된다. 오랫동안 이러한 분노를 느끼는 것을 허용하지 않았다는 것은 그것을 스스로에게조차도 감춰 왔다는 의미이다. 그렇지만 이러한 과정은 완벽히 성공적일 수가 없으며(왜냐하면 결국 분노감은 자신에게 속한 것이기 때문이다), 그녀는 죄책감을 느끼기 시작한다. 분노의 감정은 그녀의 마음 안에서 수용될 수 없고 파괴적일 수 있기 때문에, 자신이 이러한 감정을 품고 있다는 것을 희미하게나마 인식하게 되면, 그녀는 자신이 나쁜 사람이 틀림없다고 믿게 된다.

그 결과, 분노감은 자신을 떠난 사람에게 표현이 될 수가 없고 분노감에 대한 처벌로서 분노감이 자신의 내부로 향하게 된다. 이러한 무의식적인 '스스로를 향한 적대감'

이 바로 우울증이다. 따라서 방어는 여전히 효과적으로 작동하게 되지만(다른 사람에게 분노를 느끼지 않기 때문에), 그러나 자기-파괴적인 것으로 확연히 드러나게 된다.

보다 일반적으로 말하면, 방어체제는 생존에 필요한 것이지만 그것이 너무 경직되고 과도해지면 증상들을 발전시킬 수 있으며 심리적 성장을 방해할 수 있다. 어떠한 증상이 발생하는가 하는 것은 구체적으로 어떤 종류의 방어기제가 사용되느냐에 따라 달라질 것이며 다음에서 이에 대해 기술하도록 할 것이다.

억압

방어기제란 위협이 되는 무의식적인 생각들을 차단하여 의식에 어떤 흔적을 남기지 않는 무의식적인 심리과정으로 정의될 수 있다. 방어기제와 의식의 관계에 대한 정확한 기술이기는 하지만, 방어기제가 자아를 무의식적인 생각으로부터 보호한다는 말과는 완전히 동일하지는 않다. 왜냐하면 방어기제 자체가, (1) 무의식적이며, 동시에 (2) 자아의 속성이기 때문이다. 이 부분은 프로이트가 1923년에 '자아, 원초아 그리고 초자아 사이의 구조적 구분'을 제안했을 때 더욱 명확해진 부분이다. 프로이트는 자아가 무의식적 방어(국가 보안을 비유함으로써 보안장치 같은 것이라고 함)를 동원함으로써 무의식의 원초아와 초자아의 요소로부터 스스로를 보호한다고 주장하였다. 이처럼 프로이트의 추동 이론에 따르자면, 무의식은 스스로에게 반기를 드는 셈이다. 성적 추동은 자아-보존 추동에게, 그리고 죽음 추동은 삶에 헌신하는 추동에게 말이다.

모든 방어기제의 과제는 개인으로 하여금 '무의식적'으로 벌어지고 있는 것을 모르게 한다. 이는 다양한 방법으로 이루어질 수 있지만, 프로이트에 의하면, 첫 번째 원리는 억압이다. 이는 가장 일반적이면서도 동시에 가장 광범위한 방어기제이며 무의식적 충동이 인식되는 것을 막는 모든 방어적 활동을 일컫는 광범위한 용어라고 이해해도 될 듯하다. 사실상, 프로이트는 정신분석의 많은 부분을 억압의 행위와 억압된 자료들로 정의하였다. "우리는 무의식의 개념을 억압의 이론으로부터 입수하게 된다."라고 그는 적고 있다(Freud, 1923, p. 15). 억압은 완전히 무의식적인 것과 단지 전의식적인 것 사이를 구분해 준다(제4장 참고). 프로이트는 "우리는 두 종류의 무의식을 가지고 있다는 것을 알게 된다. 하나는 잠복해 있지만 의식화될 수 있는 것이며 다른 하나는 억압이 되어 있으며 애쓰지 않고서는 스스로가 의식화할 수 없는 것이다."(Freud, 1923, p. 15)라고 말했다.

만약 억압된 것이 그렇게 중요하다면 그것이 정확하게 무엇일까? 우선 주목할 것은 프로이트가 사용한 용어에 많은 혼동이 있다는 점이다. 한 가지 문제는 억압이라는 이 용어가 무의식적 실체 또는 내용, 즉 의식에서 배제된 무의식적 생각과 그러한 생각을 무의식에 계속 두려는 과정 모두를 억압으로 지칭하고 있다는 점이다. 여기서 어려운 점은 언어적인 것이 아니라(억압은 억압된 생각을 만듦), 그보다는 개념적인 것이며 최소한 강조의 문제라는 것이다. 억압된 것이 마치 사물과 같은 성격을 지닌 것처럼 암시할 때 억압 그 자체의 본질적인 특성으로부터는 관심이 멀어진다. 즉, 끊임없이 돌아가는 역동적 과정 말이다. 국가의 방어체제가 효과적으로 작동하려면 굳건하게 유지되고 순찰을 지속적으로 돌아야 되는 것처럼, 억압도 마찬가지로 지속적으로 작동하는 능동적 과정이다. 만약 한 순간이라도 느슨해진다면 무의식적인(억압된) 생각은 역동적이고 능동적이기도 해서 의식으로 뚫고 들어올 것이다. 요약하면, 정신분석은 무의식적인 정신 과정들이 역동적이며 이는 억압된 것과 억압적인 활동 그 자체에도 적용된다고 가정한다. 혼동을 가져오는 두 번째 이유는 프로이트가 '억압'을 다음의 두 가지 방식으로 사용하였기 때문이다.

1. 무의식을 만들어 내고 유지시키는 정신적 과정에 대한 일반적인 용어로 사용. 이는 억압이 때로는 '방어'라는 용어와 교체 사용된다는 의미이며 이는 마치 모든 방어기제가 억압된 생각을 만들어 내는 같은 구조를 가지고 있는 것

처럼 느껴지게 한다. 한편으로는 이렇게 하는 것이 타당해 보이는데, 왜냐하면 모든 방어기제는 자아가 마음을 괴롭히는 무의식적 생각들을 인식하지 못하게 하는 데 그 목적이 있기 때문이다. 그러나 이러한 목표를 달성하는 각기 다른 방법들을 구별하는 데 실패하고 있다.

2. '어떤 것을 외면하고 의식으로부터 멀리하려는'(Freud, 1915b, p. 147) 기능을 가진 구체적인 유형의 방어기제를 일컫는 데 사용. 이것은 다른 종류의 방어기제와는 다른데, 예컨대 어떠한 생각을 반대되는 생각으로 전환시키는 방어기제도 있다. 이와는 달리 억압은 '동기화된 망각하기'의 형태로, 한때 알았던 것을 더 이상 알지 못하지만 시야의 '아래'나 밖에 존재하고 있는 것이다. 2002년에 미국의 국방부 장관이었던 도널드 럼스펠드Donald Rumsfeld는 그 유명한 분류체계를 사용하였는데, '알려진 것을 아는 것, 알려졌지만 모르고 있는 것, 그리고 모르는 것을 모르는 것'이었으며, 이것은바로 억압을 일컫는 것이기도 하다. 우리는 실제로 어떤 것을 무의식적으로 '알고 있지만' 그러한 지식으로부터 우리 스스로를 방어하고 있다. 럼스펠드의 진술과 직접적으로 연관된 이러한 정치적인 예가 바로 미국이 이라크 전쟁에서 자신들이 얼마나 폭력적일 수 있는지에 관한 사실들을 억압했던 방식이다. 슬라보예 지젝Slavoj Žižek이 지적했듯이(Žižek, 2006a, p. 137), 아부 그라이브 교도소 사건Abu Gharaib scandal[1]의 충격은 "어디에 가장 큰 위험이 있는지를 보여 준다. 그것은 '알려졌지만 모르고 있는 것'에 있다. 부인된 신념들, 추정되는 생각들 그리고 외설적 행위를 우리는 모르는 척하고 있지만 그것들이 우리의 공적인 가치의 배경을 형성하고 있다". 억압의 임상적 예는 수년 전에 성적 학대를 당한 사람들이 어떻게 그 사실을 잊어버리게 되고 심지어는 그 사실을 말해 줘도 믿지 못하는지를 보여 준다. 왜냐하면 그러한 경험에 대한 기억이 의식으로부터 굉장히 깊게 감춰져 버렸

1) 이라크전 당시 미군이 미군이 이라크 포로들을 수감했던 Abu Ghraib 교도소에서 미군이 이라크 포로들에게 고문과 성폭행을 감행한 사건.

기 때문이다. 기억에 대한 억압은 아마 그것이 생존하기 위한 유일한 방법이라고 느껴졌을 것이며 그것을 드러내는 것은 복잡하고 어려운 과제일 수 있다.

일차적 억압과 이차적 억압

프로이트는 일차적 억압과 이차적 억압을 구별하였다. 전자는 기본적 추동이나 그것에 대한 정신적 표상에 따라 작동하는 것이다. 이는 추동에 연결된 생각들이 너무나 불안감을 주기 때문에, 그것들이 인식되기도 전에 억압이 된다는 것을 의미한다. 즉, 프로이트에 의하면 마음 안에는 항상 무의식적으로 남아 있는 영역이 있으며 억압이 맨 처음부터 작동하였던 곳이다. 더 나아가, 엄중한 안보기관이 가장 큰 '적'과 내통했다고 여겨지는 사람들을 공격하듯이 억압 또한 일차적으로 억압된 것과 연결된 생각들을 공격한다. 일차적으로 억압된 것은 그것과 연관된 생각들과 가까워지게 되며 이들 또한 억압된다.

이차적 억압은 프로이트가 '후천적 억압'이라고 불렀던 '진정한 억압'으로 처음에는 의식상에 있었던 자료가 성격에 가하는 위협 때문에 점차로 억압이 되는 것을 말한다. 이것이 보통 억압으로 이해되는 개념이다. 즉, 무엇인가가 일어났고 이것은 굉장히 정서적으로 괴로워서 그것과 관련된 모든 기억을 잃게 만든다. 그러나 몇몇 힘든 사건의 표상은 무의식 '안'에 남아 있어서 지각의 경계를 뚫고 들어와서 악몽이나 때때로는 심리적 장애의 증상으로 나타나기도 한다.

이러한 두 가지 유형의 억압은 자아가 무엇을 방어하는 것인가와 관련된 질문을 제기한다. 이것에 대한 프로이트의 관점은 변화하였지만, 그의 경력의 대부분 동안에 그는 성적 욕망이 정신 생활에 고통을 주는 주요 요소이고 이것이 막혀서(억압이 되어서) 정신적 긴장을 증가시키고 더욱더 불안을 유발하게 되는 것이라고 믿었다. 따라서 억압은 불안을 유발하고 이것은 더 많은 억압이 필요하다는 것을 의미한다. 정신분석적 치료가 근본의 무의식적 갈등을 효과적으로 다룰 수 있게 사용된다면 달라지겠지만 말이다. 이후에 프로이트는 (1926년의 저서『억제, 증상과 불안』에서) 이 개념을 뒤바꾸었는데, 즉 그는 어떤 생각들은 엄청난 것을 급박하게 요구함으로써 자아를 압도해 버릴 것 같은 위협을 주기 때문에 견딜 수가 없게 되며 이것은 자아에게 불안을 유발하고 따라서 억압이 필요할 수밖에 없게 된다고 하였다. 즉, 불안이 억압의 결과가 아니라, 억압의 근원이라고 이후에 밝히고 있다. "이전에 내가 믿었던 대로 억압이 불안을 만들어 내는 것이 아니라, 불안이 억압을 만들어 내는 것이었다"(Freud, 1926, p. 108). 이러한 설명에서 불안이 억압된 성적 에너지 때문에 생겨난 것으로 더 이상 보고 있지 않았다. 대신 자아의 해체 불안이 억압을 발동시키는 것이다.

억압이 붕괴될 때

억압은 항상 매끄러운 과정은 아니며 압박이 항상 차 있기 때문에 저항을 항상 성공적으로 막지도 못한다. 프로이트는 이것을 '억압된 것의 귀환'이라고 불렀다. 밀쳐내 버린 자료들은 때때로 스며 나오는데 아마도 자아가 집행하는 검열의 힘이 수면 중에 약해지거나 또는 자아에게 가해지는 혼란이 지나치게 커질 때 그러할 것이다. 때때로 이것이 주는 영향이 비교적 작을 수도 있다. 예를 들어, 꿈에서 억압된 자료들에 의해 대체로는 크게 손상받지 않을 만큼 충분한 검열이 남아 있을 수도 있다. 비슷하게, 농담은 억압된 무의식적 생각들이 크게 해를 가하지 않는 수준에서 작동하게 만들 수도 있다. 그러나 억압적인 체제에는 심각한 불쾌감을 줄 수 있으며, 프로이트 심리학에 대한 지식이 널리 퍼져 있기 때문에 누군가가 다른 사람을 겨냥한 공격적인 농담을 할 때 사람들은 그 의도를 의심하게 되는 경우도 있다.

때때로 위기가 발생할 때, 예를 들어 무의식 삶의 격동적 에너지를 억제할 수 있는 유일한 방법이 그것의 일부를 신경증적인 증상의 형태로 표현하도록 허용하는 경우가 있을 수 있다. 이것은 긴장을 어느 정도 방출할 수 있게 해 주지만,

자아가 이제 다음의 두 가지 문제에 직면하여 싸워야 함을 의미한다.

- 이전처럼 자아는 추동 및 그것과 연관된 자료의 요구를 감당해야 한다.
- 여기에 덧붙여 이제는 증상이 형성됨에 따라 추동의 일부가 왜곡되었지만, 여전히 동요를 일으키는 방식으로 표현되고 있기 때문에 이러한 요구들과 자아는 또한 투쟁을 벌여야 한다.

자아가 이것을 다루는 시도 중에 하나는 증상에 적응하는 것이다. 이는 신경증적 요소에 익숙해지고 그것들을 통제하기 위해 노력함으로써 추동들이 표현될 여지를 너무 많이 주지 않으려고 하기 위함이다. 그 결과는 '정상적' 신경증의 정도로 나타날 수 있으나, 이것은 또한 이러한 증상들을 앓고 있는 사람들이 변화를 하게 되면 더 큰 어려움이 발생할 것이라는 두려움 때문에 변화에 저항한다는 것을 의미하기도 한다. 이 상황은 억압에서 완벽한 성공을 하거나 원초아의 비현실적인 요구를 온전하게 그리고 아무런 제약 없이 흡수해야만 좋아질 수 있다. 그러나 이러한 상태는 정신 건강에 대한 대체수단이 될 수 없으며 신경증(자아가 추동을 희생하고 현실을 선택)의 특징이거나 정신병(자아가 추동과 한편이 되어 현실을 무시)의 특징이 될 수 있다.

청소년기에 증가하는 성적 충동을 감당하기에는 너무나 신앙심이 깊은 청소년이 있다고 가정해 보자. 그는 이러한 생각들에 의해 오염되었다고 느끼고 억압을 통해 이러한 생각들을 전적으로 부인하게 된다. 그러나 이것들은 여전히 존재하고 있고 오염이라는 감정을 느끼게 한다. 따라서 그는 더욱 절실하게 기도를 하게 되고 자기 몸을 더욱더 자주 씻게 된다. 종국에는 기도와 몸 씻기가 감당이 되는 수준을 넘어서게 되었다. 음식을 먹기 전과 후에 손이 벗겨질 정도로 심하게 씻고 화장실에 갈 때마다 한 시간씩 목욕을 하게 된다. 기도는 결코 위안을 가져다주지 못했으며 집중이 흐트러질 때마다 기도를 처음부터 다시 시작해야만 했다. 그는 이런 식으로 매일을 보내야만 했다.

심리치료는 방어를 충분히 감소시켜서 그가 성적인 충동을 인식할 수 있게 되고 그것을 이해할 수 있게 도와주는 것을 목표로 한다. 그러나 그의 현재 생활이 조금 더 편안해지게 되고 강박증상이 완화될 때마다, 그는 치료를 그만두게 된다. 그는 기저에 있는 성적 갈등을 다루는 것이 너무 괴로워서 증상을 그저 견딜 수 있는 수준 정도로만 유지시키는 것으로 타협하는 것을 택하게 되는 것이다.

프로이트에게 억압은 무의식적 충동의 자유로운 표현을 견딜 수 없는 사회적 환경에서 살아가기 위한 필수적인 과정이며 또한 불안을 유발하는 생각들을 개인이 견딜 수 있게 해 주는 것이다. 균형 잡힌 성격은 무의식이 요구하는 것을 충분히 다룰 수 있고 그것을 사회적으로 수용할 만한 방식으로 표현될 수 있게 만들며 결과적으로 개인이 만족감을 느끼고 인생을 즐길 수 있게 해 준다. 그러나 이러한 균형은 언제나 불안정하다. 어떤 사람들은 타고난 기질적 요인 때문에 또는 아동기의 좋은 환경 덕분에 회복탄력성을 가지고 있을 수 있고 잘 극복할 수 있지만 어떤 사람들은 억압 때문에 자신의 인생이 힘들게 느껴지고 취약해질 수 있다.

다른 방어기제들

억압과 방어는 때로는 서로 교체하여 사용되지만, 많은 분석가는 방어기제들을 구별하는 것에 흥미롭게 몰두하였다. 더 중요한 것은 사람들은 자신들을 특징지어 주는 방어기제들을 선호하는 경향이 있다는 것이다. 때로는 실제로 채택하는 방어기제가 그들의 '성격'으로 굳어지기도 한다. 상이한 심리적 장애들은 다른 종류의 방어기제에서 기인한다. 예를 들어, 억압은 신경증적 장애의 근원이 되는데, 현실에 대한 비교적 현실적 평가를 할 수 있지만, 성적 · 공격적 충동을 다루는 데 어려움이 있다. 반면, 정신증은 현실을 인식하는 것을 완전히 거부하거나 '내적'인 충동과 생각들을 외부로 투사하여 마치 그것들이 외적 세계에 존재하는 것처럼 믿는 절대적인 부인의 형태와 연결이 된다.

방어기제들을 가장 영향력 있는 방식으로 범주화한 사람은 안나 프로이트였다(1936). 그녀의 사고는 자아 기제들을 다루는 중요성을 강조하였고 핵심 문제는 다루기 힘든 무의식적 과정에 의해 지나친 방해를 받지 않으면서 개인이 사회적 세계에 적응하는 것에 있었다. 그녀의 관심사는 추동 발달 단계와 관련해서 자아 기능이 발달적으로 어떻게 드러나는가 하는 것과 추동과 그것의 부산물들을 가두는 데 사용되는 많은 상이한 방법들에 있었다. 안나 프로이트에 의해 기술된 흔한 방어기제들과 기타 방어기제가 다음에 기술되어 있다.

- 퇴행: 이는 발달상 이전 단계에서 기능하던 방식으로 회귀하는 것을 말한다. 극단적인 의존성의 상태가 종종 형태상 '퇴행적'이라고 일컬어진다. 이것은 방어적인데 왜냐하면 이러한 방어기제는 개인으로 하여금 먼 과거에 성공적으로 불안을 다루었던 방법으로 도피함으로써 또는 거기에 고착됨으로써 정서적 동요를 일으키는 어떤 것을 회피하게 하기 때문이다.
- 반동 형성: 이것은 무의식적 생각과 반대되는 것을 주장함으로써 그러한 생각을 방어하려는 매우 흔한 기제이다. 시기에 찬 적대감을 방어하기 위해 극단적으로 예의 바르게 행동하는 것이 흔히 나타나는 예이다. 또한 소심함과 과도한 불안을 방어하기 위해 위험한 행동을 추구하거나 열등감을 방어하기 위해 다른 사람을 괴롭히는 행동을 하는 것도 그러한 예이다.
- 부인: 무어와 파이어(Moore & Fire, 1990)는 이것을 "무의식적으로 사건의 일부분 또는 사건의 전체 의미를 부인하는 원시적이고 초기의 방어기제"라고 정의한다. 부인은 사람들이 그들의 행동의 의미를 보기를 거부하는 과정(예, Cohen, 2001)에 관심을 가진 사회학자들과 사회심리학자들에 의해 기술된 방어기제이다. 부인은 때로는 생각이 의식으로 들어오는 것을 아예 차단해 버릴 수도 있는데('그것은 일어나지 않았어.') 이때 억압의 방어기제와 병합된다. 그러나 때로는 어떤 것을 겉으로는 수용하는 것으로 보이지만('그래, 내가 그것을 했어.') 그 사건의 중요성이나 의미를 인식하기를 거부하는 방식으로 나타날 수도 있다('단지 살짝 밀었을 뿐이야.' '그것은 단지 사고였을 뿐이지. 내가

죽이려는 의도는 없었어.').

- 투사: 라플랑쉬와 폰탈리스(Laplanche & Pontalis, 1973, p. 349)는 투사를 "성질들, 감정들, 소망들 또는 심지어 '대상들'이 주체 안에 있다는 것을 인식하기를 거부하거나 그 자신으로 받아들이기를 거부하고 자기 자신으로부터 제거하여 다른 사람이나 다른 것에 위치시키는 식으로 작용하는 것"이라고 정의하고 있다. 투사는 또한 편집증에서 나타나는 것과 같이 굉장히 원시적인 방어기제로 이해될 수도 있고 또한 미신과 같은 보다 '정상적인' 양식으로 이해될 수도 있다. 아내에게 화로 가득 차 있는 남편이 아내가 자신에게 공격적이라고 지각하는 경우가 그러한 예이다. 또 다른 예로 정신병 환자가 외부에서 들리는 목소리를 듣지만 사실 이것은 자신의 내적인 생각을 표현하는 경우이다. 투사는 매우 흔해서 멜라니 클라인의 발달 이론의 근간을 이룬다. 이것은 종종 자신이 함께 있는 사람에 의해 어떤 감정(예, 불안)을 '느끼게 된' 것을 깨달을 때 쉽게 인식할 수 있다.
- 전치: 이것은 하나의 생각이나 대상에 연결된 감정가를 받아들이기에 더 수월한 다른 것으로 바꾸었을 때 발생한다. '고양이를 발로 차는 것'이 흔한 예이다. 가까운 사람들 또는 자신이 의지하고 있는 사람들(부모, 고용주 등)에 대한 분노감을 인식할 수 없는 사람들은 다른 사람에게 대신 '화풀이'를 하는 경우가 종종 있다. 프로이트는 이를 무의식이 작동하는 기본적인 방식으로 보았고 특히 꿈에서 잘 보인다고 하였다. 이것은 분석적 치료에서도 나타나는데 환자가 치료자를 '마치' 부모인 것처럼 대하는 것이 그것이다.
- 승화: 이것은 매우 중요한 방어기제이며 프로이트에 의하면 창의성에 기본이 되기도 한다. '승화하는' 또는 기분을 고양시키는 많은 활동이 사실상 직접적으로 표현될 수 없는 성적 충동에 의한 것이라는 것이다. 기본적으로, 추동에서 얻는 에너지는 사회적으로 수용받는 방식으로 방향을 돌릴 수 있으며 이는 개인에게 부분적인 만족을 가져다주고 문화를 발전시킬 수 있다. 예술은 사회적인 승인을 받은 방식으로 추동을 표현하는 것이다. 승화는 문화의 발전에 매우 중요하며 동시에 또한 사회와 그 사회에 속한 개인들이 추동에 직

접적으로 노출되는 것을 막아 주는 역할을 한다.

- 공격자와의 동일시: 이것은 어떤 개인이 공격에 시달리게 되는 상황과 관련된 것이다. 이러한 상황에서 야기되는 불안을 다루는 방식으로 무의식적으로 공격자의 특질을 띠게 되는 것, 즉 '동일시'하게 된다. 이는 공격자를 이상화하거나 공격자처럼 됨으로써 이루어진다. 예를 들어, 끊임없이 괴롭힘을 당하는 사람들은 자신보다 약한 사람들에게 동일한 방식으로 행동할 수 있다. 공격자와의 동일시는 왜 고통을 겪은 개인들이 때로는 고문한 사람을 찬양하며 다른 사람들에게 고통을 주는지 이해하는 데 유용한 개념이다. 또한 비행 청소년과 범죄자들이 보이는 행동들 그리고 군대와 경찰에서 나타나는 현상들을 설명하는 데도 도움이 된다.

이 외에도 다른 많은 방어기제가 존재한다. 이들 모두에게 공통적인 것은 무의식적 자료가 확실하게 시야에서 벗어나거나(예, 억압) 또는 사회적 질서의 요구와 양립하면서 남아 있거나(예, 승화) 한다는 것이다. 이들은 자아가 손상을 받지 않고 보호하는 기능적 역할을 하지만, 방어기제가 지나치게 강하거나 너무 광범위하게 퍼져 있거나 지나치게 경직되면 역기능적이 될 수 있다. 방어기제들은 대체로 무의식에 있기 때문에 종종 다른 무의식적 생각들이 그러하듯이 강박적이고 강렬한 특징을 지닌다. 즉, 우리는 욕망에 사로잡히는 것과 마찬가지로 방어기제에 사로잡힐 수 있다. 예를 들어, 강박적인 환자들은 종종 타협을 완고하게 거절하는 특징을 지닌다. 이것은 부분적으로는 정서적 동요를 가져오는 공격적 충동 또는 성적 충동들을 방어하기 때문이기는 하지만, **경직성**rigidity에 방어적으로 몰입되어 있는 것이 그들의 인생을 실제로 지배하고 있기 때문이기도 하다. '내적 세계'가 너무 취약하여 친밀감을 유지하기 힘든 개인은 무차별적으로 이성을 밝히는 태도를 취하는 반동 형성기제를 통해 친밀감에 대해 방어하려고 한다. 여기서도 기저에 깔린 취약성보다는 강박적인 성적 활동이 '문제'가 된다. 이러한 경우에서 정신분석의 과제는 종종 어떠한 방어기제가 작동하는지를 밝히고 이것들을 포기하게 함으로써 갈등이 유발하는 불안에 마주할 수 있도록 도와주는 것이다. 몇몇 분석가들은 이것을 천천히 해야 한다고 하며 다른 분석가들은 방어기제 밑에 깔린 불안을 가능한 한 빨리 알려 줌으로써 환자가 그것을 무서워할 필요가 없다는 것을 보여 줘야 한다고 말한다. 어떤 경우든지, 무의식적 갈등이 잘 다루어지려면 자아를 손상시키지 않는 선에서 방어기제가 해결될 수 있어야 한다.

요약

- 자아는 무의식적 생각으로부터 위협을 경험하며 이는 불안을 유발하기 때문에 그러한 위협으로 스스로를 방어해야만 생존할 수 있다.
- 방어기제를 통해 이것을 달성할 수 있는데 방어기제 자체도 무의식적이다.
- 방어기제의 기능은 무의식적 생각을 의식으로부터 배제시키는 일이다.
- 방어체제는 자아를 보호하지만, 이것들은 경직될 수 있고 제한적일 수 있어서 심리적 문제를 야기할 수 있다.
- 억압은 프로이트에게 있어서 주된 방어기제이다. 그는 종종 억압을 방어기제 전반을 일컫는 데 사용하였지만, 이것은 '동기화된 망각'이라는 구체적인 의미를 가진다.
- 많은 유형의 방어기제가 있다. 사람들은 각기 다른 방어기제를 사용하는 것에 의해 성격이 나뉘며 어떤 방어기제들은 특정 심리학적 장애에서 특히 눈에 띄기도 한다.
- 정신분석은 종종 사람들의 방어기제를 벗겨 내서 그 밑에 있는 무의식적 갈등이 분석에서 다루어질 수 있도록 하는 것에 목표를 둔다.

제7장

마음의 구조: 원초아, 자아, 초자아

마음의 모델

이전 장들에서 우리는 무의식적 충동들과 방어기제 사이의 긴장된 상호작용 속에서 어떻게 마음이 작동하는지를 배웠다. 이제 우리는 마음이 어떻게 구조화되는지에 대해서 배울 것이다. 프로이트의 마음에 대한 이해는 복잡하며 계속해서 발전해 나가는 것이었다. 이러한 발전은 때로는 급격한 변화로 이어졌지만 프로이트는 이후에 이론이 수정되어 나왔을 때조차도 이전 이론을 유지하려는 경향이 있었다. 아마도 이것은 무의식이 이전의 생각과 환상이 더 이상 현실을 반영하지 않은 지 오래되었을지라도 그것을 유지하고 싶어 하는 것과 비슷한 양상이다. 프로이트의 이론의 경우에는 이것이 문제를 야기시켰는데, 이후에 만든 이론적 틀이 이전 것과 대립되었으며 어떠한 것은 이전 이론을 대폭 수정하였기 때문에 이전 이론 자체가 존립에 문제가 되는 상황이었기 때문이었다. 대표적인 예가 추동 이론이다. 제5장에서 기술한 1920년 저서인 『쾌락의 원칙을 넘어서서Beyond the Pleasure and Principle』에서 프로이트는 서로 대립관계라고 규정했던 성적 추동과 자아 추동을 '삶의 추동'이라는 이름으로 같이 분류하였던 반면에, 새로운 추동(죽음)은 반대되는 추동으로 가정하였다. 이는 이전의 개념과 지나치게 다른 설명이었다. 그럼에도 불구하고, 프로이트 이론은 마치 어떤 것도 수정이 되지 않았던 것처럼 계속되었고 이는 혼동을 가져왔으며 이후에 많은 논쟁을 불러일으킬 여지를 만들었다. 많은 정신분석가(예, Guntrip, 1973)는 죽음 추동을 완전히 무시하였으며 이것을 일탈이라고 보았고, 다른 분석가들(특히, 멜라니 클라인의 추종자들)은 죽음 추동을 그들의 작업에 있어서 주춧돌이라고 여겼다.

그러나 프로이트의 방법의 이점은 우리가 이론의 느슨한 부분을 전부 엮으려고 애쓰지만 않는다면, 개념들이 서로 항상 깔끔하게 맞아떨어지지는 않을지라도 인간 심리학의 복잡하고 모순적인 영역에 어떤 중요한 것이 있음을 보여 준다. 우리는 심지어는 프로이트의 설명에서의 모순이 그의 정신이 건강한 상태였음을 보여 준다고 말할 수 있을 것이다. 그는 종종 성마르고 독단적이기는 했지만, 항상 불확실함 속에서 살 수 있었으며 관찰에 직면하여 그의 이론을 수정하고 다듬었고 진실임을 확신할 수 없었을 때는 상상적인 추측을 던지는 모험을 할 수도 있었다. 이것은 이론들이 보수적이고 신중하고 완벽히 논리적이기를 선호하는 사람들에게는 문제를 야기하는 것이었지만 모든 것을 온전하게 포함하는 이론을 과연 창조할 수 있을까 하는 가능성에 의심을 품는 사람들에게는 영감의 근원이 되었다.

프로이트가 마음에 대해 제공한 상이한 설명을 이해하기 위한 관습적인 방법 중 하나는 각각의 것들을 분리해서 보되, 인간 기능에 대한 문제를 다루고 있는 겹치는 관점들 또는 '모델들'로서 보는 것이다. 프로이트의 작업에 대여섯 개의 모델들이 발견된다고 보통 이야기한다(Jahoda, 1977). '무엇이 정신체계를 가동시키는가?' 하는 질문은 **경제성 모델**economic model이며 정신적 에너지의 변화를 추적한다. 추동과 추동이 일으키는 갈등에 대한 작업은 **역동 모델**dynamic model이라고 보통 불리며, 성적 발달의 다양한 단계를 거쳐 가는 아동의 여정을 기술하는 부분은 **발달 모델**developmental model로 분류된다. 이러한 모델들은 종종 유사한 문제들을 다루지만, 다른 관점에서 조명한다. 이처럼 역동적 모델은 성적 추동과 자아 보존 추동들 사이의 갈등을 추적하는 방법을 제공하는 반면에, 발달 모델은 이것이 아동이 거쳐가는 일련의 단계들에서 어떻게 실제로 펼쳐지는가를 보여 준다.

두 가지 가장 흥미로운 모델들은 **지형학적 모델**topographical model과 **구조 모델**structural model이다. 마음의 '지형학'은 마음이 의식적이냐 아니냐 하는 것을 우선적으로 다룬다. 마음의 '구조'는 이러한 자료들이 '어디에' 속해 있느냐 하는 질문을 다룬다. 프로이트는 이 구조가 뇌의 실제 신경해부학적 특징들 위에 표시되기를 소망하였다. 그는 뇌과학이 어떻게 발달하는지 그리고 이에 따라 이론을 어떻게 수정할 필요가 있는지에는 관심이 있었지만, 마음 지도의 정확성에 대해서는 크게 신경 쓰지 않았다. 제11장에서 간략하게 기술하겠지만, 프로이트의 이러한 관심은 최근 신경과학과 정신분석 사이의 관련성에 대한 연구와 '신경정신분석학'이라고 불리는 세부 학문의 탄생(예, Solms & Turnbull, 2022)으로 이어지고 있다. 그러나 구조 모델을 발전시키는 데 있어서 프로이트의 주요 관심은 생각과 생각을 담고 있고 다루고 있는 마음이라는 '기관agency' 사이의 차이를 가장 잘 이론화할 방법을 찾는 것이었다. 특히 우리가 여기서 볼 수 있는 것은 의식 수준의 중요한 차이를 포함할 뿐 아니라, 각 개인이 가지는 자기 '지각'을 기술하는 방법을 제시하는 것을 목표로 하는 복잡한 모델의 출현이라는 것이다. 우리가 구조 모델이라는 용어를 어떻게 사람들이 스스로를 경험하는지에 대한 설명이라고 대략적으로 이해한다면 구조 모델은 중요한 측면에서 '현상학적'인 것이라고 할 수 있다. 앞으로 알게 되겠지만, 이는 또한 정신분석에서 '내재화'와 타인과의 동일시에 대한 개념에 기반한 보다 관계 중심적으로 접근하는 길을 열어 주었다. 이는 이후에 클라인, 위니컷과 비온과 같은 '영국 학파' 정신분석가들에 의해 발전되었다.

무의식 체계와 그것의 협력체계들

프로이트는 항상 어떤 한 생각이 유지될 수 있는 상태와 이러한 상태들이 조직화되는 방법(마음의 구조) 사이를 구별하였다. 그의 첫 번째 주요한 견해는 의식, 전의식 또는 무의식에 있는 생각들 사이의 차이에 대한 것이었으며 그는 이 것을 '시스템 Cs., Pcs. 그리고 Ucs.'로 명명하였으며 이것들은 이들 생각들이 작동하는 방법에 관한 것이었다(제4장에서 이것에 대해 언급하였다). 의식적 생각들은 언제라도 생각할 수 있는 것들이며, 전의식적 생각들은 따로 저장되어 있지만 떠올릴 수 있는 생각들이고(예, 어떤 단어를 알고 있지만 지금 당장은 사용하고 있지 않고 있거나 바로 기억으로 떠올릴 수는 없는 경우) 무의식적 생각들은 억압되어 있는 것들이다. 이러한 상태들 각각은 상이한 방식으로 조직화되어 있다. 그의 주요한 저서인 『무의식The Unconscious』(1915c)에서 프로이트는 전의식 체계(system Pcs.)에 많은 강조점을 두었으며 이 체계가 어떻게 의식적 기억, 언어, 현실 검증력과 같은 중요한 기능을 포함하고 있는지를 기술하고 있다. 그는 이 것을 '현실 원칙'이라고 명명하였다. 그는 또한 전의식 체계(system Pcs.)가 다른 두 체계들이 서로 의사소통이 이루어지게 만들고 이들에 대한 검열 과정이 이루어지는 곳으로써 다른 체계들을 어떻게 중재하고 있는지를 강조하였다. 즉, 억압과 다른 방어기제가 작동하는 주요 '장소'가 바로 전의식 체계(system Pcs.)이다. 무의식 체계(Ucs.)의 파생물은 초기 억압 단계를 우회하여 전의식(Pcs.)에서 특정 '강도'에 도달할 수 있지만, 여전히 의식으로 나아가는 데 방해를 받을 수 있다. 따라서 억압은 반드시 무의식과 의식 사이에서만 발생하는 것이 아니고 무의식과 전의식을 지배하는 체계들 사이, 그리고 또다시 전의식과 의식 사이에서도 발생할 수 있다.

무의식은 또한 또 다른 필수적인 사실을 포함하는데, 언뜻 보면 이것은 정신분석 탐색이 추구하는 정신과 위배되는 것처럼 보일 수 있지만 수년 뒤에 프로이트가 구조 모델을 다시 생각하게 되는 과정이 출발하는 계기를 만들었다. 이것은 프로이트가 언급한 다소 놀라운 주장과 관련이 있는데, 프로이트는 어떤 것이 의식적이든 무의식적이든 그것이 마음의 조직화를 설명하는 데 가장 중요한 요인은 아니라고 하였다. 프로이트는 "의식은 다른 체계들이나 억압과 그렇게 단순한 관계에 있지 않다. 실상은 심리적으로 억압된 것만이 의식으로부터 차단된 유일한 것이 아닐 뿐 아니라 자아를 지배하는 몇몇 (무의식적) 충동들도 있다."라고 기술하고 있다(Freud, 1915c, p. 192). 그가 여기서 말하려는 요지는 무의식적 요소들은 모든 정신 구조에서 발견될 수 있기 때문에, 마음을 단순하게 의식적 재료나 무의식적 재료가 어디에 '저장'되어 있느냐에 따라 구분하는 것은 별 의미가 없다는 것이다.

실제로 프로이트가 그의 구조 모델을 발전시킨 방식에서 중요한 부분은 마음의 어떤 부분을 보호하기 위해 어떤 충동을 방어하려고 하는지 그리고 그것을 위해 무엇이 작동하고 있는지를 고려할 수 있게 해 주는 것이다. 여기서 프로이트의 형식적인 구조 모델을 기술하기 전에 관련 요소들을 다시 한번 상기시킬 필요가 있을 것 같다.

- **자아**: system Cs.(의식 체계)를 포함하고 있는 핵심 구조이며—의식의 부분—따라서 정서적 동요를 일으키는 무의식적 충동으로부터 보호가 필요하다.
- **방어기제**: 자아를 방어하기 위한 책략들이며 무의식적이다. 프로이트의 초기 모델에서는 이것들이 system Pcs.(전의식 체계)에서 작동하였으나 이후의 이론에서는 자아의 일부라고 주장하였다.
- **억압된 것**: 추동의 무의식적 파생물 또는 이차적으로 억압된 생각들(예, 외상의 기억들)로서 의식과 자아로부터 숨겨져 있다.

아마도 여기서 가장 중요한 개념은 방어기제들이 자아(프로이트의 다른 용어로는 system Pcs.)에 속해 있지만 무의식적이라는 것일 것이다. 이는 어떻게 무의식이 소망(무의식) 대 방어(무의식)의 형태로 그 자체에 반대할 수 있는지를 설명하는 이론적 틀이 있어야 한다는 것을 의미한다. 이를 설명하기 위해 프로이트가 고안한 특정 이론적 틀은 일상생활의 언어와 우리가 스스로를 생각하는 방식에 굉장히 큰 시사점을 남겼다.

자아와 원초아

프로이트의 독일어로 된 용어와 1920년대부터 1950년대에 걸친 영어 번역 사이에 차이가 있다는 것을 먼저 짚고 넘어갈 필요가 있다. 의식적 자기를 기술하기 위해 프로이트는 'das Ich', 즉 '나'라고 지칭하였다. 프로이트는 우리들 각자는 생각과 감정이 처리되는 의식의 중심에 있다는 감각을 이끌어 내고 있다. 이러한 평이한 개념을 '자아'라고 번역하게 된 결정은 정신분석을 이러한 일상의 양식으로부터 고의적으로 멀어지게 만들었으며 겉으로 보기에 더 '과학적'인 것처럼 만들었지만 또한 보다 생경하게 만들기도 하였다. 자아는 경험이라기보다는 형식적 체계가 되었다. 이와 유사하게, 'das Es'는 'id'(라틴어)라고 번역되었는데 이것은 실제로는 '그것'이라는 의미이다. 원초아는 원시적이고 억압된 무의식적 충동들로 가득 차 있어서 '우리'의 부분을 차지하고는 있지만 우리의 일부로 받아들여지지 않은 부분이다. 우리의 지식과 통제가 제한되어 있는 그 어떤 것이 우리의 많은 부분을 차지하고 있는 셈이다. '초자아'는 사실상 '내 위에 존재하는 것over-I'(das Uber-Ich)이며 위에서 우리를 내려다보는 것이고, 판단하고 비난하며 죄책감이라는 감정을 불러일으키는 내적인 기관이다.

그의 초기 저서에서 프로이트는 '자아'라는 용어를 의식적 자기를 지칭하는 것으로 주로 사용하였다. 그의 개념은 자아가 마음의 능동적인 부분이고 인생의 시작부터 어떤 형태를 가지고 존재하였으며 자아 보존 추동의 에너지를 가지고 있다는 것이었다. 자기애에 대한 이론을 발전시키고 난 후에도 그는 여전히 자아를 정신적 에너지의 주된 근원으로 여겼다. 그는 "자아는 리비도의 진짜 본연의 저장고이며……. 리비도가 대상으로 확장되는 것은 오직 이 저장고에서 시작된다."라고 기술하였다(Freud, 1920, pp. 51-52). 그러나 저서 『자아와 원초아The Ego and the Id』(1923)에서 프로이트는 이러한 관점을 수정하였다. 흥미롭게도 그의 새로운 이론 형성의 원천은 적어도 '과학적'인 것 못지않게 철학적이고 문학적인 것이었다. 그는 우리가 종종 우리를 넘어선 힘들에 의해 '살아가게 되는' 통찰을 표현하기 위한 방법을 찾고 있었던 것처럼 보인다.

> 우리는 자신은 순수 과학과는 아무 상관이 없다는 주장을 헛되이 하는 한 작가의 개인적 동기로부터 비롯된 제안에서 많은 것을 얻을 수 있다고 생각한다. 그 작가는 게오르그 그로덱George Groddeck인데 그는 우리가 자아라고 부르는 것이 본질적으로 삶에서 수동적으로 행동한다는 것을 계속해서 주장해 왔으며, 그의 표현에 의하면 우리는 알지도 못하고 통제도 불가능한 힘들에 의해 '살아가게 된다'(Freud, 1923, p. 362).

이것은 '원초아(id)'에 대한 소개글로 '원초아', 즉 '그것'은 억압된 것과 근본적인 추동들의 근원지이다. 이것은 에너지의 근본 원천이며 무의식적 추동과 충동이 흘러나오는 곳이다. 이것은 우리가 선택했다고 생각할 틈도 없이 어떤 행위를 하도록 강요하며 이것의 내용은 무의식에 있고 감춰져 있다. 따라서 소외의 화신이며(소외 그 자체) 우리 각자가 우리 안에 있는 '다른 누군가'에게 사로잡혀 있게 만든다. 그러나 원초아 안에 있는 모든 것은 무의식적이지만, 무의식적인 모든 것이 원초아는 아니다. 자아와 원초아 안에서 두 번째로 새롭게 창조된 것인 초자아인데(뒤에 바로 논의할 것이다), 자아와 초자아 또한 무의식적 재료를 포함하고 있다. 원초아의 창조와 함께 자아에 대한 프로이트의 개념은 상당히 극적으로 변화하였다. 자아는 이제 원초아로부터 나온 것으로 보이며 다음과 같은 두 가지 주된 방법으로 발달된다고 여겨진다.

- 자아는 지각과 의식이 위치하는 곳이다. 이것은 현실 경험을 하게 됨에 따라 점차로 보다 복잡해지게 된다. 이는 세상에서 무엇이 허용되고 무엇이 적절한지를 판단하여 무의식적 요구들을 조절한다.
- 자아는 또한 대상과의 경험들을 '흡수taking in'하여 발달하게 된다. 이러한 과정은 일반적으로 내재화라고 부르는 과정을 따르게 된다. 내재화는 아기가 익숙한 물리적 사건들을 본으로 삼아서 이루어진다. 이것은 자아가 초기 인생에서 기본적인 경험들을 전형적인 예paradigm로 채택하여 그러한 경험을 자신의 일부로 받아

들이면서 (신체가 수유를 통해 자라듯이) 자아를 형성하게 되며 (신체가 노폐물을 체외로 배출하듯이) 불편감을 일으키는 경험들은 제거하는 것을 의미한다.

자아는 이처럼 지각적이고 신체적인 자아이다. 지각 기관의 근거지로서 자아는 실질적 현실에 위배되는 무의식적 소망을 검증함으로써 개인과 그 개인을 둘러싼 물리적 환경과의 관계를 중재한다. 어느 정도까지 정신분석이 일반심리학이 될 수 있는가 하는 것은 바로 자아가 세상에 대한 인지와 의식적 이해를 관장하는 범위까지일 것이다. 더 나아가 프로이트가 자아를 내재화를 통해 발달하는 것으로 본 관점은 생애 초기부터 자아 안에 내재되기 시작하는 사회적인 어떤 것이 있다는 것을 의미한다. 특히 모든 인간들이 경험하는 피할 수 없는 상실을 마주하여(예, 어머니로부터의 분리) 자아는 상실한 대상에 대한 표상을 흡수하여 자신의 일부로 만든다. 이처럼 자아는 상실한 욕망과 포기한 대상들의 근거지가 되며 이것들에 집중되었던 원초아가 만들어 냈던 정신적 에너지를 같이 흡수하게 된다. 이에 대해 프로이트는 다음과 같이 기술하고 있다(1923, p. 29). "자아의 성격은 단념한 대상의 카텍시스cathexes(정서적 몰입)의 침전물이며 이것은 대상 선택의 역사를 포함한다는 것을 가정할 수 있게 해 준다." 이것이 의미하는 바는 자아가 외부 세계에서 가치 있게 생각하고 사랑했던 것들을 동일시함으로써 대부분 형성되며 이는 성격의 구조적 발달의 견본template이 된다는 것이다.

초자아

구조 모델의 세 번째 요소는 초자아로서, 초자아 또한 환상이 불러일으킨 특정 경험들을 내재화함으로써 발달한다. 몇몇 중요한 경험들이 '자아 이상'으로 설정이 된다. 여기서 일어나는 과정은 오이디푸스 콤플렉스(다음 장에서 다룰 개념)의 결과에 달려 있지만, 핵심은 아이가 아버지가 요구한 금지를 받아들여 도덕적 양심의 기준을 세울 뿐 아니라 무의식적인 이상의 기준을 설정함으로써 자신의 생각들과 행동을 판단하는 '내적인 기관'을 발달시키게 된다는 것이다. 이것은 초자아이며 '자아 위에 있는 것'으로 그것의 내용은 무의식적이며 당근과 채찍, 그리고 이상과 처벌의 원리로 작동한다. 아마도 이러한 개념이 출현한 19세기의 가부장제와 아동 양육방식을 추측해 본다면, 초자아는 아동이 실제 권위자에게 복종을 강요받았던 것과 같은 방식으로 내적인 권위자에 강요된 복종이라고 여겨졌을 것이다. 자아는 초자아를 기쁘게 해 주고 사랑을 받으려고 애쓰지만 초자아의 요구와 비난에서 도망칠 수가 없다. 초자아는 비도덕적인 원초아와는 대조적으로 '심하게 도덕적(super-moral)'이며 잔인하다. 따라서 자아는 개인이 정신적으로 온전하고 잘 적응하도록 책임을 지는 역할을 수행하느라 고통을 겪는다.

> 우리는 이러한 자아가 세 명의 주인에게 봉사하는 불쌍한 존재라고 볼 수 있는데 따라서 세 가지 위험에 처해 있다고 볼 수 있다. 즉, 외부 세계로부터의 위험, 원초아의 리비도로부터 오는 위험, 그리고 초자아의 엄격함으로부터 오는 위험이다 (Freud, 1923, p. 56).

초자아는 도덕성의 보증인이며 개인의 안전을 보장해 주지만 심리적 고통의 근원이 된다. 초자아는 대체로 지나치게 강하며 실제 세계에서 요구하는 범위를 벗어난다. 이는 단지 사람들이 잘못한 행위에 대해서만 벌을 하는 것이 아니라 소망하는 것조차도(심지어는 자신이 이러한 소망을 품고 있는지를 인식하고 있지 못할 때조차도) 벌을 하며 끊임없이 평가를 하는 기관이다. 초자아의 내용은 무의식적이지만 결국에는 우리를 평생에 걸쳐 괴롭히고 자극한다.

프로이트의 자아-원초아-초자아의 모델은 실제 세계에서 영향을 미치는 복잡한 무의식적 생각들을 마음이 다루기 위해 무엇을 해야 하는지에 대한 이해를 제공한다는 점에서 유용하다고 볼 수 있다. 무의식적 생각들이 끊임없이 작동하며 요구를 하고 자아는 이들과 현실 사이에서 중재를 해야 개인이 지나치게 고통받지 않게 된다. 무의식적 생각들은 도덕관념이 없으며 방종할 수 있다. 규범을 유지하는 것은 초자아의 과제이지만, 이로 인해 개인은 지나치게 제약을 받게 된다. 이는 왜 사람들이 종종 스스로에게 갈등을 느끼는지 그리고 왜 착한 사람들이 죄책감에 괴로워하는지를 설명해 준다. 이들은 초자아의 엄격함 덕분에 '착한' 것이다. 달리 말하면 왜 그들의 선량함이 스스로가 나쁘다고 느끼는 것을 막아 주지 못하는 지를 설명해 준다. 구조 모델은 또한 여러 가지 복잡한 문제들을 기술하는 언어를 제공해 준다. 예를 들면, 어떻게 애도가 일어나는지, 왜 어떤 사람들은 양심이 없는지 그리고 본질적인 문제로, 어떻게 우리가 우리 자신을 '타인'이라고 느낄 수 있는지를 설명해 준다. 그러나 우리가 이러한 문제들에 들어가기 전에 우리는 프로이트 이론의 가장 유명한 주장에 대해서 다룰 필요가 있다. 그것은 우리 각자는 오이디푸스 콤플렉스를 거쳐 가게 된다는 것이다.

요약

- 프로이트는 정신 활동을 이해하기 위해 다수의 관점과 '모델'을 사용하였다. 이들 중 두 가지가 여기서 기술되었다. '지형학적' 모델은 생각들이 존재하는 의식, 전의식, 무의식 상태를 다루며 '구조' 모델은 이러한 생각들이 심어져 있는 심리적(그리고 아마도 신경해부학적) 체계를 기술한다.
- 구조 모델은 '의식 체계(system Cs.), 전의식 체계(Pcs.). 그리고 무의식 체계(Ucs.)'를 구별하는 것에서부터 출발하였고 이후에 그 유명한 자아, 원초아 그리고 초자아의 세 가지 조직으로 발전되었다.
- 구조 모델과 지형 모델은 완전히 부합되지 않는다. 원초아는 추동이나 경험에 의한 반응으로 형성된 억압된 자료들이 있는 곳이기 때문에 원초아에 있는 모든 것은 무의식적이다. 초자아 또한 대부분 무의식적이지만 양심의 어떤 요소는 의식적이다.

자아는 지각 기관이며 의식이 일어나는 장소이지만 이것은 또한 무의식적인 방어기제를 포함하기도 한다. 방어기제는 다른 무의식적 생각들로부터 자아를 보호한다.

- 자아는 현실과의 상호작용과 상실한 대상을 내재화함으로써 형성된다. 초자아는 오이디푸스 콤플렉스의 결과에서 비롯된 동일시를 통해 형성된다. 이것은 양심과 죄책감의 근원이 된다.

제8장

오이디푸스, 남성성, 여성성

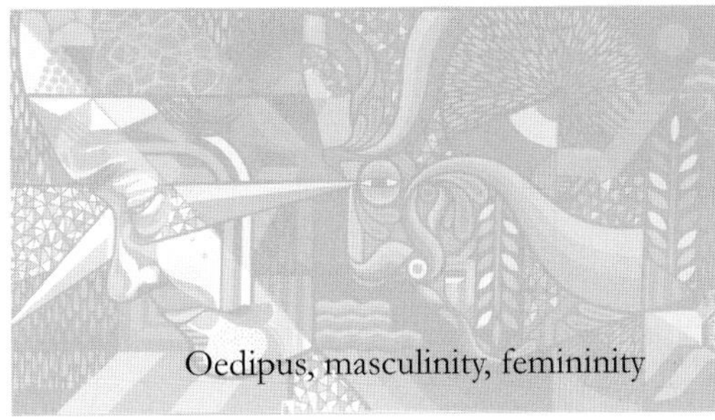

왜 오이디푸스인가

프로이트는 오이디푸스 왕의 이야기를 현대 사람들에게 다시금 대중화시키는 데 그 누구보다도 공헌한 사람일 것이다. 사실상 그는 이보다 더한 일을 하였다. 그는 이것을 가장 중요한 심리적 '콤플렉스'의 근간으로 만들었고 개인 발달의 기본 토대이며 '문명'(사회의 구조적 질서를 의미)의 핵심으로 이해하였다. 그는 소포클레스의 고대 연극인 〈오이디푸스 왕, 렉스Oedipus Rex〉가 후대에도 지속적으로 정서적 영향을 미치는 이유는 이 이야기가 인간이 가지는 보편적인 무의식적 소망을 건드리기 때문이라고 보았다. 이 무의식적 소망을 프로이트는 근본적인 것으로 이해하였는데, 이는 (남성적 시각에서) 아버지를 죽이고 어머니를 성적으로 소유하고자 하는 소망이다. 연극에서 오이디푸스는 정확하게 이처럼 행동하였고 비극적인 결말을 맞이하였다. 프로이트는 이러한 발상을 모든 아이들의 인생에서 일어나는 것을 설명하는 데 사용하였을 뿐 아니라 전체 문명의 발달에 대한 모델로서 사용하였다. 프로이트가 생각하기에 문화가 성립하게 된 조항은 아들들이 서로 단결하여 태초의 폭군인 아버지를 죽이고 아버지가 소유했던 모든 여자(어머니들)를 이제 아들 무리가 통제하지만 그들 전부는 죄책감으로 가득 차게 된 것이다. 근친상간의 금기와 성에 대한 규제는 이로부터 비롯된 것이며 사회에서 가지는 보편적인 구조를 만들어 내게 되었다. 이러한 발상은 정신분석의 발달에 엄청나게 중요한 영향을 미쳤고 여전히 정신분석에서 가장 광범위하게 공유되는 개념 중 하나이다. 어떤 분석가들에게 '오이디푸스 콤플렉스'는 보다 논란이 되는 개념이 되었고, 최근에는 특히 정신분석의 이론에서 이 개념을 정신분석 이론의 중심에서 몰아내려는 움직임이 있어 왔다. 사회과학에서는 이러한 개념이 정신분석이 미개하다는 증거로 정신분석을 반대하는 데 종종 인용되어 왔을 정도로 당황스러운 것으로 여겼다. 비록 적어도 과거에는 이 개념을 비유적으로 사용하는 것이 상당히 널리 퍼져 있었음에도 말이다. 대중 문화에서 오이디푸스 콤플렉스는 기껏해야 농담거리였다.

만약 그렇다면, 왜 오이디푸스 콤플렉스에 대한 개념을 이제 와서 신경을 쓰는 것일까? 이 개념은 원래 이야기에 완전히 충실하지도 않다. 프로이트판 이야기에서는 (남자)아이의 어머니에 대한 욕망과 아버지에 대한 적대감을 강조한 반면, 원래 이야기는 의도된 유아살인의 행위에서 출발하는데, 오이디푸스의 아버지는 아이가 장래에 아버지 자리를 차지할 것이라는 경고를 받고 아이를 죽이라는 명령을 한다. 프로이트는 젊은 경쟁자들이 자신의 위치를 뺏으려고 계획하고 있다는 것에 집착하였는데, 이는 그가 오이디푸스 이야기를 이해하는 데 크게 영향을 미쳤다고 추측해 볼 수 있다(실제로 많은 사람이 그렇게 생각하였다). 프로이트는 관계를 맺는 데 스스로가 갖는 어려움을 보기보다는 그 어려움에 대한 비난을 다른 사람에게 돌리고 싶어 했던 것 같다.

그럼에도 불구하고, 오이디푸스 콤플렉스에 대한 프로이트의 몇몇 생각들을 아직까지 추구하는 데는 두 가지 이유가 있다. 첫째는 이 개념이 정신분석적 사고의 많은 부분에 기초가 되었고 오이디푸스 콤플렉스에 대한 지식 없이는 그러한 사고들을 따라갈 수가 없기 때문이다. 둘째는 보다 논란이 되고 있지만, 이 개념이 개인의 심리, 사회, 그리고 문화에 대한 중요한 어떤 것을 다루고 있다는 생각이 있다. 물론 이 개념을 너무 곧이곧대로 받아들여서 모든 사람이 부모와의 관계에서 이러한 경험을 한다고 주장하는 것이라고 생각하면 안 될 것 같다. 그러나 은유로 보든 아니면 사회와 문화가 어떻게 개인에게 영향을 주는지에 대한 추상적 설명으로 받아들이든, 우리 모두가 타인에게 부과된 제한에 직면하게 되었을 때 무슨 일이 일어나는지에 대한 강력한 설명을 응축해서 제시한다고 볼 수 있다. 이것은 또한 우리가 밀쳐 내고 그 자리를 대신 차지하고 싶은 사람들과 또한 애정 어린 관계를 유지하고 싶은 욕구를 어떻게 다루는지에 대해서도 이야기하고 있다.

오이디푸스 콤플렉스

오이디푸스 콤플렉스는 남자아이의 관점에서 가장 잘 기술된다. 이것은 프로이트에 의해서 명확하게 개념화되었기 때문이며 그의 여성 발달에 대한 이해는 뒤쳐졌고, 후에 이론에 끼워 넣었으나 많은 여성 분석가들이 지적했듯이 여성 발달에 대한 설명은 서툴고 충분치가 않았다. 그리스 비극으로 〈오이디푸스 왕〉을 인간의 사회화의 모델로 선택했다는 사실 자체가 이러한 사실을 명백히 보여준다. 이는 여자(어머니)를 포상으로 여기고 아버지와 아들 사이에서 죽일 듯한 경쟁을 벌이는 이야기이며 그 중심에는 권위와 힘(남자로서의 능력)의 문제가 존재한다. 신뢰, 충성심 그리고 진실성과 같은 문제들을 다루며 여성이 주인공인 다른 그리스 이야기들도 있다. 가장 강렬한 이야기 중 하나인 소포클레스의 〈오이디푸스 왕〉의 후속작인 〈안티고네〉는 윤리에 관한 최근의 탐색 과정에서 핵심적 인물로 이용되기도 하였다. 그러나 프로이트는 이 이야기에 관심이 없었다. 그에게는 남성의 발달 순서가 패러다임(전형적인 양식)을 정하는 것이었으며 여성의 발달 과정은 단지 그것으로부터 갈라져 나오는 것으로 보았다.

제5장에서 기술하였듯이, 프로이트의 인간 심리학에 대한 이해는 생물학적 추동에 근거를 둔 것이었다. 이들 중에 가장 중요한 것은 언제나 성적 추동이었으며 이는 출생부터 작동하지만 아동이 성숙해 가면서 다양한 방식에서 보여지는 행동으로 관찰될 수 있다. 초기의 성은 추동에 의해 발생된 긴장을 쾌락을 추구하면서 방출하려 하며 이는 구강을 통해 표출된다고 이해된다. 이들은

점차로 항문기적 충동, 남근기적 충동, 그리고 성기기적 충동과 연합되거나 그것들로 부분적으로 대치된다. 이것이 정신분석적으로 의미하는 바는 신체의 다른 부분들이 쾌락을 줄 뿐 아니라, 성의 상이한 측면들이 '성격'의 전면으로 나타나게 된다는 것이다. 예를 들어, 구순기의 깨물고 빠는 행위 안에는 상당한 공격성이 내포되어 있으며 이것이 인생 전반을 통해 빈정댐과 신랄함의 성격적 성향으로 유지될 수도 있다. 항문기는 내보내는 것과 보유하는 것 사이의 역동에 초점이 맞추어져 있으며 여기에도 자체적 공격적 요소가 포함되어 있다. 남근기의 성은 (거칠게) 밀어붙이며 소유욕이 강한 측면이 있는데 여기에는 또 다른 중요한 측면도 존재한다. 구순기와 항문기 단계에서 유아는 그의 충동을 '부분 대상'에게서 추구한다고 이해되며 외부 환경과의 초기 접촉에서 마주하게 되는 기본적인 환상은 가슴과 성기와 관련된 것이다. 약 세 살 무렵 남근기 단계에 이르면(클라인과 같은 정신분석 학자는 이 시기를 더 이르게 보았다) 아동은 자신의 대상들을 점차로 보다 '전체적인 대상(어머니, 아버지)'으로 인지적으로 통합할 수 있게 된다. 가슴은 욕망의 대상으로 계속 남아 있지만 이제는 이것이 어머니의 일부로 경험되며, 남근은 아버지와 밀접하게 관련되면서 위협으로 경험될 수도 있다. 이는 바로 그 유명한 오이디푸스 상황으로 이어지게 된다. 남자아이의 욕망은 이제 확실하게 어머니를 향하지만 아버지가 자신의 열정을 방해하고 그리고 그 아버지는 자신보다 훨씬 강한 힘을 가지고 있다는 것을 인지하게 된다. 이것은 '쾌락 원칙'이 '현실 원칙'에 위배되는 예이며 아동의 일부분은 타협을 하도록 요구받게 된다. 프로이트는 왜 아동이 어머니를 성적으로 갈망하면 안 되는지에 대한 타고난 이유는 없다고 하였다. 어머니는 결국 그때까지 그의 성적인 만족(구순기적, 항문기적)의 원천이었기 때문이다. 따라서 '자연스럽게' 그의 성적 욕망은 근친상간적이다. 그러나 아이 안에 심어져 있는 (엄마-아빠-나) 가족 관계로 축약되는 사회적 세상의 관점에서 볼 때 이러한 욕망은 옹호될 수 없으며 비도덕적인 것이 된다. 따라서, 난생 처음으로, 아버지로 대표되는 사회적 세계는 "안 돼. 이것은 결코 네가 넘어서는 안 되는 선이야. 이러한 소망은 충족될 수 없어."라고 말을 한다. 아동의 '자연스러운' 근친상간적 욕구는 무엇이 성적 대상으로 허용될 수 있고 허용될 수 없는지를 결정하는 관습을 고려하지 않고 작동하는데, 이것은 '인위적non-natural'이지만 인류 보편적으로 나타나는 근친상간의 금기에 의해 반대에 부딪히게 된다. 이러한 금기는 근친상간적 욕망을 사회적 형태로 구조화시킨다.

이러한 금지의 중심에 있는 심리적 기제와 그 효과는 아동의 발달에 매우 중요하다. 이들 기제는 거세 콤플렉스, 억압과 동일시로 가장 잘 요약될 수 있다.

거세 콤플렉스

어머니에 대한 남자아이의 욕망과 그로 인한 아버지에 대한 적대감은 이제는 경쟁자가 된 아버지가 자신을 해할 것이라는 상상을 낳게 된다. 이러한 위협은 반란을 꿈꾸는 아동이 가지고 있는 어떤 측면보다 훨씬 강력한 힘을 가지고 있는 사람에게 공격을 받을 수도 있는 것으로 경험된다. 그 어떤 측면이 무엇인가? 이것은 그의 성적인 측면을 말하며 이제 이것은 그의 남근에 집중이 되어 있다. 따라서 남자아이는 그의 성적 능력에 대한 공격적 위험을 경험하게 되고 이것은 '거세 콤플렉스'로 알려져 있다. 남자아이는 이것에 압도되며 아버지에 대한 자기 자신의 공격성을 투사(즉, 스스로 견딜 수 없는 공격성을 자기 안에서 몰아내어 아버지에게 집어넣음)를 사용하여 방어하게 됨에 따라 더욱 악화된다(그렇지만 아이는 아버지에게 적대감뿐 아니라 사랑의 감정을 동시에 느낀다). 이러한 방식으로 아버지는 점차 더욱더 위협적인 존재가 된다. 아이는 아버지가 어머니에 대한 경쟁심 때문에 자신에게 적대적이라고 믿을 뿐 아니라, 아버지가 자신이 투사한 공격적 환상을 가지고 있다고 믿는다. 약한 아이가 힘이 훨씬 센 성인 남자로부터 이런 수준의 공격성에 맞설 수 있는 방법은 결코 없으며 대신 아이는 모든 것을 다 괜찮게 만들려는 유화정책을 사용하게 된다.

억압과 동일시

정신역동적으로 이러한 유화정책은 두 가지 방식으로 효과를 발휘할 수 있다. 첫째, 어머니에 대한 아동의 욕망은 이제 억압되고 이것은 물론 이러한 욕망을 포기하는 것을 의미하지만, 무의식적 위치로 '강등'되며 의식적 접근이 거부된다. 둘째, 남자아이는 아버지와 동일시한다. 이는 아동을 아버지와 '같은 편'에 위치하게 하며 이는 또한 남자아이가 보다 질서 정연하고 수용되는 방식으로 아버지의 위치를 차지하게 된다는 생각을 아이가 가질 수 있게 되는 것을 의미한다. 예를 들어, 자신 입장에서는 어머니와 견줄 수 있는 아내를 아버지의 입장에서 발견한다는 것이다. 이처럼 그의 욕망을 포기하는 데 대한 보상을 발견하세 되는데, 즉 언젠가는 성적인 힘과 권위가 그의 것이 된다는 생각이다. 이러한 모든 것은 이전 장에서 기술한 새로운 질서, 즉 초자아에 의한 감시하에 이루어진다. 초자아는 무의식에서 일어나지만 개인의 소망을 계속해서 검열하며 어떠한 금지된 활동이 일어나지 않도록 감독할 뿐 아니라 사회의 통념에 어긋나는 생각들조차도 의식에서 배제되도록 단속을 한다. 프로이트는 이에 대해 다음과 같이 말한다(Freud, 1930, p. 124). "문명은……. 개인 안에 감시하는 기관을 만들어 놓음으로써 공격성에 대한 개인의 위험한 욕망을 무력화하고 지배하게 되었다. 이는 마치 정복된 도시 안에 주둔군을 배치하는 것과 비슷한 이치이다." 이는 본질적으로 모든 개인이 사회 안에서 만나는 모델이다. 즉, 욕망은 권위에 의해 대립되고, 권위는 내면화되어 자신의 일부가 된다.

양적(positive), 음적(negative) 콤플렉스

오이디푸스 콤플렉스의 고전 모델에서 한 가지 특징은 프로이트가 오이디푸스 콤플렉스에 두 가지 형태가 있다고 제안하였고 그것을 '양적인' 그리고 '음적인' 것이라고 불렀다는 데 있다. 양적인 오이디푸스 콤플렉스는 앞에 바로 기술했던 것이며(반대 성의 부모에 대한 사랑과 동일 성의 부모에 대한 질투심), 음적인 것은 동일 성의 부모에 대한 사랑과 반대 성의 부모에 대한 질투심으로 특징지어진다. 한 개인에게서 나타나는 실제 오이디푸스 콤플렉스의 온전한 모습은 양적, 음적 콤플렉스를 모두 포함하며 동성애와 이성애 모두의 가능성을 가진 다채로운 특징을 가진다. 라플랑쉬와 폰탈리스(Laplanche & Pontalis, 1973, p. 284)는 "이성애와 동성애적인 작용에 관해서 단순히 그것을 경쟁상황에서의 결과로 기술하기보다는 온전한 오이디푸스 콤플렉스 형태에서 나타나는 복잡성에 대해 기술함으로써 프로이트는 (남자아이의 경우) 아버지를 향한 양가 감정이 존재함을 명확하게 밝히고 있다."라고 언급하였다. 이러한 복잡성은 발달사를 단지 '엄마를 사랑하고 아빠를 미워하는' 시나리오로 단순화시키지 않고 균형적인 시각을 가질 수 있게 도와준다. 그리고 비록 프로이트의 추종자들이 항상 동의한 것은 아니지만, 프로이트의 사고에서는 동성애가 (일반적인 시각보다) 정상적인 것으로 여겨진다.

심리사회적 모델?

이러한 모델을 심리적인 동시에 사회적인 것으로 생각해 보거나 이 두 가지 관점을 '심리사회적' 관점으로 통합시켜 보는 것은 흥미로운 일이 될 것이다. 심리학적 이론으로서 이것은 많은 단점을 가지는데, 특히 이론이 가정한 욕망과 경쟁의 패턴이 보편 타당하게 존재함을 밝히는 것은 매우 어려운 일이었다. 그러나 인지 이론이나 애착 이론과 같이 아동의 인지 발달이나 정서 발달에 대한 보다 온건한 설명에서 제공해 주지 못하는 초기 아동 발달에서 나타나는 정서적 강렬함에 대해 이 이론은 밝혀 주고 있다. 오이디푸스 콤플렉스의 개념을 통해 정신분석은 아이들이 깊은 열정, 절망, 흥분, 그리고 성적 생동감, 그리고 공격성의 감정을 한꺼번에 보여 주며 이러한 감정들이 그들의 인생에서 가장 중요하며 가장 의지하고 있는 사람들에게로 향하는 방식에 대해 적극적으로 이해하려고 하였다. 사회적으로 오이디푸스 콤플렉스의 구조는 아동의 전지전능하며 억제할 수 없는 욕망에 대한 사회적 제약을 반영한다. 사회가 제대로 기능하려면 법과 규제가 시행되어야 한다. 욕망은 생산적인 형태로 변형되어 표현되어야 하며 개인보다 더 큰 외부의 구조는 언제나 이렇게 만든다. 오이디푸스적인 아버지는 사회가 욕망의 표현과 관련해서 무엇을 허용하며 성차와 관련해서 남자가 어떠하고 여자가 어떠한지를 보여 주는 표상이라고 할 수 있다. 한 종류의 동일시가 남자아이에게서 촉진되고(우리가 앞에서 살펴봤듯이) 다른 종류의 동일시가 여자아이에게서 촉진된다.

심리사회적으로, 우리가 이것을 사회적 · 심리적 요소를 모두 포함하는 관점으로 이해한다면 오이디푸스 콤플렉스 개념의 공헌은 어떻게 '외부에 있는 것(법과 사회의 구조)'이 개인의 '안(마음의 심리적 구조)'에도 있게 되는지에 관한 것을 보여 준다는 점이다. 타인의 존재 없이는 누구도 존재할 수 없다. 초자아는 관계적이고 사회적인 구조로부터 나오며 이 구조에 다시 피드백을 제공한다. 아동은 이 구조 안에서 자신이 앞으로 될 '사회적 주체'의 종류에 영향을 미친다. 아마도 가장 명확하게 이것을 설명하는 방법은 어떻게 언어가 작동하는지에 대해 생각해 보는 것이다. 언어는 라캉 분석에서 특히 핵심이 되는 개념이기도 하다. 언어는 그 자체의 규칙을 가지고 의사소통하는 구조로서 인간 사회의 일부가 되기 위해서라면 모든 사람이 사용해야 한다. 어떤 사람도 자기만의 언어를 창조하거나 단어의 의미를 자신이 의미하는 것으로 바꾸거나 할 수 없다. 정신병자로 몰릴 위험을 감수하지 않는다면 말이다. 따라서 언어는 어떤 개인도 전적으로 소유할 수 없는 사회적인 것이다. 달리 말하면, 사람들은 언어의 사용자이며 그들의 경험은 언어를 극적으로 개량할 수도 있어서 상대적으로 빠른 시간 안에 언어가 변화될 수도 있다(기술 발달이나 은어의 경우 한 세대나 한 세대가 체 안 되는 시간 안에 언어를 변화시킬 수도 있다). 언어는 또한 개개 화자들의 의도와 의미를 전달하기 위해 표현적으로, 시적으로 그리고 미묘한 방식으로도 사용될 수 있다. 이처럼, 사람들은 언어의 지배를 받는 동시에 언어의 주체이거나 대리인이다. 언어는 또한 문화적인 동시에 심리적이다. 라캉주의자들에게, 그리고 다른 정신분석가들에게도 오이디푸스 콤플렉스는 이 복잡한 심리사회적 구도가 본격적으로 작용하기 시작하는 순간일 수 있다. 우리가 무언가를 할 수는 있지만 모든 것을 우리 뜻대로 가질 수는 없다는 사실을 깨닫게 되는 때이다.

여성의 오이디푸스

프로이트의 설명의 큰 문제점은 그가 여성의 성적 발달을 무시했다는 점일 것이다. 이는 1920년대 후부터 그를 비판해 왔던 사람들에게 맹렬하게 지적당해 왔던 점이며 프로이트 자신도 어느 정도는 인정했던 부분이다. 여성성에 대한 『새로운 강의New Introductory Lecture』(1933)에서 프로이트는 "이것이 내가 여성성에 대해 이야기할 수 있는 전부이다. 이는 확실히 불안전하고 단편적이며 적절하게 들리지 않을 때도 있을 수 있다."라고 말했다. 그는 맞는 소리를 하고 있다.

많은 사람들은 '엘렉트라 콤플렉스'라는 (융이 만든) 용어를 오이디푸스 콤플렉스와 병행하여 사용하기는 하지만(이는 여자아이는 아버지를 욕망하고 어머니와 경쟁한다는 것을 의미한다), 프로이트는 오이디푸스 콤플렉스를 두 성 모두에게 사용하는 것을 선호했다. 남자아이와 여자아이가 모두 타협하는 것을 배워야 하는 것은 아버지의 권위에 의한 구조적 힘이며 유아기적인 사랑의 첫 번째 욕망의 대상인 어머니를 포기해야 하는 일이다. 그러나 이것이 작동하는 방식은 성의 해부학적 차이와 이 차이에서 기인한 심리적 복잡성 때문에 항상 다를 수밖에 없다. 여기서 남자아이와 여자아이 모두 심리적으로 '양성애적'이며, 프로이트에 의하면 남성성 여성성의 구별은 절대적이지 않으면서 주로 능동적이고 수동적인 성적 목표에 의해서만 구분한다는 점을 주목해야 한다. 능동적 목표는 남성적인 것이며 수동적인 것은 여성적이다. 이러한 이분화는 성과 성 지향성 그리고 성 정체성에 대한 이론에 많은 혼란을 가져왔으나, 적어도 정신분석가들이 생물학적 성과 자신의 정체성을 '남성적'이냐 혹은 '여성적'이냐 하는 것 사이의 구분을 자유롭게 해 준 면이 있다.

아무튼 정신분석이 해부학적 성과 심리사회적 성을 생산적으로 구별해 주는 것으로 이해할 수 있는 측면이 있긴 하지만, 프로이트가 여자아이가 남자아이의 성기관을 시각적으로 더 매력적인 것으로 지각한다는 것을(여자아이가 자신의 남근기적 중심에 있는 음핵보다는 남자아이의 남근이 더 크고 시각적으로 더 드러나는 것으로 지각) 강조했다는 점은 이러한 차이를 착각하게 만들었으며 성적 차이를 지나치게 결정된 것으로 만들었다. 얼마 지나지 않아 정신분석가들은 남자아이가 자신의 성적 정체감을 찾는 데 더 어려움을 겪는다고 주장하였는데, 왜냐하면 남자아이는 그가 잘 알고 있는 강력한 대상(어머니)과 '탈동일시'를 해야 하며 대신에 신비스럽고 위협적이며 종종 부재한 아버지에게 남성성의 근거를 두어야 하기 때문이다. 그러나 프로이트는 더욱 어려운 발달 과정을 겪어야 하는 것은 여자아이라고 보았다. 그 이유는 여자아이는 남자아이에게는 요구되지 않는 두 가지 정서적 이동을 다루어야 하기 때문이며 이것은 고통스러운 상실을 포함한다고 하였다. 첫째는 자신의 '남근', 즉 음핵에 대한 남근기적 남성적 초점을 포기해야 하며, 둘째는 어머니를 향한 욕망을 아버지에게로 옮겨야 한다.

프로이트에 의하면 양성 모두 초기의 성적 활동에 있어서 능동적이다. "어린 여자아이는 어린 남자아이와 같다라는 것을 우리는 이제 인정해야 한다"(Freud, 1933, p. 118). 그러나 남근기 발달 단계에 이르면, 남자아이는 그의 성생활이 남근에 집중이 되는 반면, 여자아이의 성감대는 음핵에 집중이 된다. 프로이트에 의하면, 이것은 계속해서 유지될 수가 없다. "여성성의 변화와 함께, 음핵은 완전히 또는 부분적으로 그것의 민감성과 중요성을 질에게 넘겨줄 수밖에 없다." 여자아이는 성적 자극을 음핵에서 충족시키려고 하면서 남자의 남근에 비해 그것이 얼마나 작은지를 인식하게 되고 바로 이 부분 때문에 성적 기관으로서 열등하다고 여기게 된다. 이러한 추측은 실제로는 맞지 않지만 프로이트와 많은 다른 분석가들은 그것이 반드시 그렇다고 여겼다. 이것은 여자아이가 열망과 부정적 정서를 혼재해서 가지고 있게 만든다고 보았다. 여자아이는 성적 만족을 제공하는 데 있어서 자신의 성기의 상대적인 비효율성과 연결해서 세상에서 자기 자신이 열등하다는 전반적인 지각을 발전시키게 된다. 여자아이는 그녀 자신에 대한 이미지에 비추어 자신을 그렇게 창조한 어머니에게 분노감을 느끼고 아버지와 남자 형제가 소유한 진짜 성기에 대해 갈망에 찬 시기심을 발달시킨다. 남자아이와 마찬가지로 여자아이 또한 아버지가 가진 성기만한 크기의 성기를 가지고 싶어 하며, 따라서 아버지처럼 되고 싶어 하고 그의 자리를 차지하고 싶어 한다. 그러나 그녀는 타고난 해부학적 차이 때문에 이러한 방식으로는 남근을 '소유'할 수 없다는 것을 깨닫게 되고 따라서 아버지와의 동일시에 자신의 미래를 기반으로 삼을 수가 없게 된다. 대신에, 그녀의 동일시는 양가적인 것이 된다. 그녀는 불완전한 어머니를 경멸하며 자신마저 그렇게 만든 어머니를 미워하는 동시에, 아버지를 갈망하고 어머니의 자리를 차지하며 남자의 세계에서 매력 있는 여자가 되기 위해 어머니를 동일시하고 어머니와 경쟁하게 된다.

남근 선망

여기서 프로이트 이론에 대해 한 가지 주목할 점은, 여성의 경우 남자아이의 발달에 대한 설명에 완전히 대칭적인 형태는 아니지만 역행한다는 점이다. 남자아이의 거세 콤플렉스는 오이디푸스 콤플렉스의 결과로서 생겨난다. 남자아이는 처음에는 어머니에게 욕망을 느끼고 아버지에 대해 경쟁심을 느끼며 이러한 결과로 아버지의 공격에 의해 손상을 입었다는 환상을 가지게 된다. 그러나 여자아이는 먼저 자기 자신이 '이미 거세당해서' 성기가 없다고 인지하고, 이러한 이유 때문에 오이디푸스 상황에 들어가게 된다. 여자아이의 욕망은 아버지의 힘을 나눠 가지기 위해 어머니를 쫓아내고 그 자리를 차지하는 것이다. 프로이트에 의하면 이것이 바로 여자아이들이 자신의 어머니에 대해 무의식적으로 강력한 적대감을 가지게 되는 이유였다. 이는 또한 정상적인 이성애적 여성성에 필요한 성적인 대상이 어머니로부터 아버지로 옮겨 가게 되는 근원이 된다. 이러한 성적 욕망의 오이디푸스적인 재배열이 실패하게 되면 이는 여성 동성애나 신경증의 결과를 낳게 될 수 있다. 마지막으로, 남근에 대한 여성의 욕망은 포기되어야 하며 '고대의 상징적 등가'에 따라서 아기에 대한 욕망으로 대치되어야만 한다. 프로이트는 "여성이 어머니가 되어서 아기에 대한 소망이 현실에서 충족이 되고, 특히 그 아기가 남자아이라서 그렇게 바라던 남근을 가지고 있다면 어머니의 기쁨은 굉장할 것이다."라고 말하였다(Freud, 1933, p. 128).

남근 선망이 이미 논쟁적인 이론 중에서도 가장 논란이 많은 부분이라는 것은 그리 놀라운 일이 아닐 것이다. 그중에서도 특히 프로이트는 여성들이 남성들보다 도덕 관념이나 양심이 덜 발달한다고 하였는데, 그 이유는 남자들의 초자아는 아버지의 권위와 금지를 동일시하고 욕망을 강하게 억압하게 된 결과로 형성되지만, 여자들은 아버지로부터 돌아서는 과정에서 그러한 주요한 구조적 변화를 겪지 않기 때문이다. 여자들은 앞으로 남근을 가질 수 없으며 대체물을 찾아야 한다는 사실을 점차로 받아들이는 수밖에 없다(대체물을 찾는 것은 질투심과 조종적인 성격을 더욱 조장하는 전략이 된다). 이러한 설명은 남근 선망과 함께 많은 분석가의 분개를 자아냈는데, 이들 분석가들은 여성 분석가들뿐 아니라 남성 분석가들도 있었으며, 이들은 여성 심리를 특징짓는 것은 무엇인가가 결핍되어 있다는 무의식적인 감각에 기반하는 게 아니라고 생각하였다. 그 결과로, 다양한 대안적 설명들이 제시되었고 그중 하나가 앞부분에서 언급된 의견이었다. 즉, 어머니가 가장 강력한 초기 대상이라면 남자아이 여자아이 모두 어머니에게 동일시하게 되며 이는 무엇인가를 포기해야 되는 것은 여자아이가 아니라 남자아이라는 것이다.

오이디푸스에 대한 반응들

오이디푸스 콤플렉스와 남성 발달 및 여성 발달과 연관된 이야기는 많은 세월을 거쳐 굉장히 많은 부가설명들과 여러 가지 반응을 이끌어 냈다. 그것들 중 몇 가지를 살펴보자.

- 부모들에 대한 공격성이나 경쟁심이 초기 인생에서 흔히 나타나는 특징인 것은 확실하지만, 프로이트에 기술된 종류의 구조들에 대한 경험적 증거들은 매우 제한적이다.
- 오이디푸스 모델에서는 아버지에 대한 이미지가 단지 금지하는 역할만을 하는 것으로 지나치게 제한되어 있다. 사실상 아버지가 규제하고 권위적일 수도 있지만 다정하고 허용적일 수도 있듯이, 사회 또한 개인에게 자신의 욕망을 덜 만족스러운 통로로 변화시키라는 명령도 내리지만 어떤 것을 가능하게 만들어 주기도 한다.
- 오이디푸스적인 모델은 임상장면에서는 매우 유용할 수 있는데, 경쟁심, 소외감, 동일시와 잘못된 대상을 향한 욕망과 같은 환자들이 자주 기술하는 반복적인 패턴들을 이해할 수 있게 해 준다.
- 환상과 현실 사이의 갈등의 드라마적 요소를 가진 오이디푸스 콤플렉스의 구조적 측면은 개인의 욕망이 어떻게 조절되고 문화의 제약으로 인해 어떻게 발현되는지를 탐색하는 사회 이론에 영향을 주었다.
- 여성의 거세 콤플렉스에 대한 개념과 남근 선망은 프로이트 시대상과 그 당시 이루어졌던 성역할 논의와 관련된 많은 측면들에 대해 프로이트가 보수적인 시각을 가지고 있음을 보여 준다. 프로이트가 말한 여성의 거세 콤플렉스와 남근 선망은 실제 해부학적 차이에 의해 결정된 성차가 아니라, 기껏해야 가부장적 문화에서 여성들에게 일어난 것을 정확하게 기술한 것이라고 이해될 수 있을 것이다.
- 양성애에 대한 개념은 '양적' 그리고 '음적' 오이디푸스 콤플렉스를 구별해 주는 데 있어서 중요하다. 이들 개념들은 해부학적 성을 심리사회적 성과 구별해 주며 무의식적 추동과 사회적 동일시가 서로 상호작용하여 한 개인이 성적으로 존재하는 방식을 창출하는 보다 미묘한 방식을 이론화할 수 있게 해 주었다.
- 거세 콤플렉스는 항상 어떤 것이 부족하다는 사람들에게 널리 퍼진 감정들을 강력하게 보여 주며, 이 점 때문에 우울증과 상실에 대한 유용한 상징이

되었다.

이 모든 반응은 오이디푸스 콤플렉스의 추상적 형태가 사회적 영역과 개인적 영역이 어떻게 상호작용하여 성과 성 구별에 대한 복잡한 구조를 만들어 내는지를 생각하게 해 준다는 점에서 여전히 유용함을 지니고 있다고 요약될 수 있겠다. 개별 아이들이 프로이트가 기술한 대로 사랑과 미움의 신비스러운 일련의 과정들을 겪을 수도, 그렇지 않을 수도 있겠지만, 우리 모두는 우리의 욕망을 작은 부분으로 나누어, 견딜 수 있고 격려받을 수 있으며 정제될 수 있도록 만들어야 한다. 그리고 우리 모두는 우리의 욕망에 대한 환경의 저항을 다루어야 하며 그러한 욕망을 충족시켜 주는 기회를 우리 관계 속에서 찾아야 한다.

요약

- 오이디푸스 콤플렉스는 프로이트 이론의 핵심이지만 논쟁적인 요소이다.
- 양성애 개념과 '양적' 그리고 '음적' 오이디푸스 콤플렉스의 기술 때문에 상당히 복잡하기는 하지만, 기본적으로 성적 구조와 정체성 구조에서의 남녀 차이를 구분한다.
- 이론은 어떻게 성적 추동이 어머니를 향하지만 그 이후에 아버지에 의해 차단되는지 그리고 이것에 의해 야기된 위협감과 불안감이 (거세 콤플렉스의 형태로) 어떻게 해결되는지를 보여 준다.
- 남자아이의 경우에는 해결은 억압과 아버지에 대한 동일시 그리고 무의식적 양심에 대한 내적 구조물인 초자아의 창출을 통해 이루어진다.
- 여자아이의 경우에는 오이디푸스 콤플렉스가 어떻게 해결되는지 덜 명확하다. 여자아이는 거세에 대한 인지(남근의 결여)로 인해 거세 콤플렉스 상황으로 내몰리며 이는 아버지의 파트너가 되려는 욕망과 어머니가 열등하게 느껴져 거절하는 결과를 낳는다. 그러나 아버지를 놓고 경쟁하면서 어머니를 동일시하게 된다.
- 남근 선망에 대한 개념은 환영받지 못하였다. 그 이유는 이것을 사회적으로 조장된

성차의 역동(여성들을 억압)으로 이해하기보다는 타고난 불변의 것으로 만들었기 때문이다.

제9장

정신병리: 무엇이 우리를 슬프게 (그리고 미치게) 만드는가

심리치료로서의 정신분석

정신분석은 환자들의 심리적 문제를 완화시켜 주는 것을 목표로 하는 것으로 보통 여겨진다. 이것은 확실히 맞는 말이며 대부분의 분석가들은 심리치료자로 일하면서 생계를 꾸려 가면서 정서적으로 고통받는 사람들에게 직접적으로나 암묵적으로 그들의 고통을 덜어 줄 수 있다는 주장을 하며 서비스를 제공하고 있다. 정신분석적 개념들은 심리치료의 많은 형태들의 발달에 힘입어 발전하였다. 그중에는 정신분석과 매우 유사한 정신분석적 심리치료도 포함된다. 이러한 치료들이 항상 효과가 있는가 하는 것은 또 다른 문제이다. 정신분석적 개입이 어떤 유형의 환자들이나 문제들 그리고 어떤 상황에서는 도움이 된다는 것을 보여 주는 상당한 자료들이 존재하기는 하지만, 정신분석의 치료 효과에 대한 증거는 기껏해야 혼재되어 있는 양상이다. 특히 단기적 · 문제 초점적 정신분석 치료와 정신역동적 상담은 결과가 좋은 것으로 보이며, 환자들도 이러한 치료들을 선호한다(Roth & Fonagy, 2005). 그러나 이 문제를 풀어 내기는 매우 어려운데 왜냐하면 정신분석이 항상 치료적 절차로서 존재한 것은 아니었으며 사람들의 무의식적 세계를 탐색하는 방식으로 존재하였고, 그 과정에서 치료적 효과가 있을 수도 있고 없을 수도 있기 때문이다. **심리치료**는 확실하게 심리적 고통에 대한 치료로 자리매김하고 있지만, 정신분석가들은 종종 그들의 목표가 사람들이 스스로에 대한 지식을 깊게 하는 것에 있다고 주장한다. 만약 이러한 이해의 심화가 사람들의 고통을 완화시켜 준다면 그것은 좋은 것이며, 많은 분석가들이 그렇게 되어야 한다고 주장할 것이다. 그러나 이것이 정신분석의 주요 목적이나 필수적인 결말은 아니다.

제4장에서 언급했듯이, 치료적 방법으로서 프로이트의 정신분석에 대한 열망은 모호하였다. 때로 그는 비교적 낙관적이었으며 정신분석이 제공하는 자기 지식은 개인의 정신 상태를 언제나 향상시킬 수 있다고 주장하였다. 이것은 정신분석이 심리적 고통의 원인을 무의식적 갈등에서 기인한다고 가정하였기 때문이다. 그 결과로 만약 분석이 이러한 갈등을 인식하게 만들어 이것이 더 이상 무의식에 있지 않게 된다면 그 갈등의 영향은 줄어들 것이며 그로 인해 발생하는 문제들도 완화될 것이다. 여기서의 설명은 무의식을 의식화한다는 익숙한 개념으로, 이를 통해 우리를 괴롭히는 비이성적인 충동을 더 쉽게 통제할 수 있다는 것이다. 여기서 기대하는 정신 상태는 **통찰**이며 이러한 통찰은 무의식적 갈등의 현실에 대한 인지적 인식과 함께 이 인식에 따른 감정적 반응의 결합으로 이해된다. 정신분석에서는 지적인 지식만으로는 충분치 않으며 새로운 통찰적 지각이 충분히 경험되는 것만이 자기 이해라고 인정한다. 프로이트는 다양한 방식으로 이에 대해서 이야기를 하였다. 『정신분석 입문Introductory Lectures』(1917a, p. 438)에서 프로이트는 정신분석의 과제는 "저항을 극복하고 억압을 벗겨 내서 무의식적인 자료를 의식으로 옮기는 것이다."라고 표방했다. '무의식의 의식화' 주제는 제4장에서 언급한 『새로운 강의New Introductory Lectures』(1933, p. 80)에 소개되었던 가장 유명한 공식인 "원초아가 있는 곳에 자아도 있으리."와 함께 이후의 작업에서도 점차 지배적인 것이 되었다.

이러한 진술에 대한 몇 가지 다른 형태들이 존재하는데, 이들 각각의 핵심 개념은 개인이 자신의 뜻대로 무의식적 재료를 건설적으로 사용할 수 있게 되는 것이 아니기 때문에 정신분석이 무의식에 대한 통찰을 가져다줌으로써 이러한 상황을 개선할 수 있게 된다는 것이다. 달리 말하면, 제4장에서 우리가 보았듯이, 프로이트는 정신분석이 큰 변화를 가져올 것이라는 많은 환상을 가지고 있지는 않았다. 정신분석은 때때로 저항만 일으킬 뿐 아니라, 비교적 순조롭고 완성이 된 때조차도 그 '최종 결과'는 환자가 '이전보다는 덜 무의식적이 되고 더 의식적이 된 정도'일 뿐이다(Freud, 1917a, p. 435). 그러나 프로이트는 이것이 굉장한 것이라고 말하고 있다. 왜냐하면 이것은 환자가 최상의 조건하에서 될 수 있는 사람이 된 것을 의미하기 때문이다. 유사하게, 프로이트는 정신분석이 어떠한 종류의 완전한 치료 프로그램을 약속하는 것을 거부하였으며 또한 '정상적인' 사람들을 배출하기 위한 적응 과정으로 보는 것도 꺼렸다. 대신에, 그는 다음과 같이 진술하고 있다.

> 우리의 목표는 도식화된 '정상성'을 위해서 인간 성격의 모든 특이성을 없애 버리는 것에 있지 않으며 '철저하게 분석을 받아 온' 개인이 열정도 느끼지 않고 어떠한 내적 갈등도 발전시키지 않도록 요구하는 것에 있지도 않다. 분석의 작업은 자아의 기능을 위해 가능한 최선의 심리적 조건을 보장하는 것이다. 이것이 과제를 완수하는 것이다(Freud, 1937, p. 250).

위 입장에서 보이는 조심성은 주목할 만하다. 그렇지만 여기에는 급진전인 차원 또한 숨겨져 있는데, 이는 종종 사회에서의 정신과의 역할이기도 한, 사람들을 통제하기 위해 심리적 치료를 사용하는 것과는 상반된 입장이다. 단순히 정신분석은 힘든 감정들을 보다 잘 인내할 수 있게 하는 자기-통제력을 가질 수 있게 도와주고 자아가 일상생활의 일들을 타협하면서 살아갈 수 있도록 해준다. 이것은 기적적인 치료나 불행에 대한 만병통치약을 약속해 주지 않는다. 프로이트는 정신분석이 자연발생적 과정에서 생기는(신체의 고통과 마찬가지로 타고난 것) 문제와 부모를 포함한 타인에 의해 생긴 문제로부터 완전히 우리를 보호해 줄 수는 없다고 보았다. 따라서 우리를 불행하게 만드는 많은 것들이 존재하고, 그것들을 우리가 모두 그리고 언제나 통제할 수는 없다는 점을 우리가 이해한다면, 아마도 프로이트의 신중함은 현명한 것이 될 것이다.

무엇이 우리를 걱정하게 만들고, 슬프게 만들며, 미치게 만드는가

정신분석은 임상실습인 동시에 이해의 방식(mode)이며 그것의 방법과 이론들은 많은 동시대 심리치료의 발전에 크나큰 영향을 끼쳐 왔다. 정신분석은 무엇이 심리적 고통을 유발하는지, 그리고 어떻게 임상장면에서 이것을 다루어야 할지에 대해 복잡하고 많은 시사점을 제공하는 일련의 개념을 포함하고 있다. 주요한 정신병리적인 동인은 욕망하는 것과 허용되는 것(그것이 사회적인 제약이든 초자아의 내적 평가이든) 사이의 갈등이다. 프로이트에 의하면, 가장 흔한 신경증에서부터 우울증(프로이트는 멜랑콜리아melacholia라고 불렀다), 그리고 정신증에 이르기까지 모든 심리적 문제를 만들어 내는 핵심은 바로 이러한 무의식적 충동들과 현실 사이의 갈등이다.

프로이트의 용어는 그가 정신분석에 대한 집필을 하면서 변화하였으나, 무엇이 정신병리를 만들어 내는가에 대한 그의 전반적인 관점은 비교적 그대로 유지되었다. 『신경증과 정신증Neurorsis and Psychosis』(Freud, 1924, p. 149)에서 그는 신경증과 정신증을 구별하는 '단순한 공식'에 대해서 기술하고 있다. 이 공식(그는 이것을 이탤릭체로 표기하였다)은 다음과 같다. "신경증은 자아와 원초아 사이의 갈등의 결과로 발생하는 반면 정신병은 자아와 외부 세계 사이의 관계에서 위와 유사한 손상의 결과로 생긴다." 프로이트의 분류체계는 정신분석가들과 일부 다른 전문가들 사이에서까지 아직까지 사용된다는 점에서 상당히 견고하며 다음과 같이 나타낼 수 있다.

- **신경증:** 가장 대표적으로 히스테리아, 공포증, 그리고 강박증적 상태로, 몇몇 편

집증적 유형도 포함한다. 신경증은 성적 충동의 억압으로 생기며 다음과 같은 원인들로 인해 분류될 수 있다.

– **현실신경증**actual neuroses: 신체적 · 성적 장애로 인해 생기는 신경증
– **정신신경증**psychoneuroses: 심리적 요인으로 발생하는 신경증. 주로 자아와 무의식적 충동의 갈등이 요인

※ 정신신경증은 또한 프로이트가 전이 신경증이라고 불렀는데, 이는 치료자와의 관계에서 아동기의 패턴이 반복되는 정신적 상태를 시사한다(Moore & Fine, 1990). 이는 이것이 치료가 가능하다는 것을 의미한다.

• **정신증**: 정신분열증과 편집증의 많은 형태가 여기에 포함된다. 프로이트는 처음에는 이러한 상태를 위에 기술한 '전이신경증' 상태와 구별하기 위해 '자기애적 신경증'이라는 용어를 사용하였다. 나중에는 '자기애적 신경증'은 조울증만을 지칭하는 데 사용하였고 주류 체계로 회귀하였다(Laplanche & Pontalis, 1973). 그럼에도 불구하고 '자기애적' 손상은 현실회피라는 개념을 담고 있으며, 이러한 환자들과 작업하는 것에 상대적으로 어려움이 있음을 내포하고 있다.

프로이트가 채택한 증후군에 대한 주된 분류 방식을 각각의 사례에서 관찰되는 증상들이 왜 생겼는가를 생각해 보는 데 사용할 수 있을 것이다. 프로이트는 다양한 범위의 신경증, 특히 히스테리아, 공포증 그리고 강박신경증에 대해 많은 것을 언급하였다. 그는 또한 우울증에 대해서도 이제까지 나온 글들 중 가장 날카롭고 영향력 있는 설명을 집필하였다(『애도와 우울증Mourning and Melancholia』). 정신병에 대한 그의 분석은 분석가들뿐 아니라 정신분석에는 확신이 없지만 혼란된 심리적 상태의 현상적 측면에는 관심 있는 사람들에게도 매우 큰 영향을 주었다. 이들 각각의 상태는 다르게 이해된다.

신경증

신경증은 개인의 무의식적인 추동을 통제함으로써 세상에서 살아갈 방법을 발견하기 위한 (실패한) 시도라고 볼 수 있다. 히스테리아의 경우, 기저에 깔린 정신적 갈등이 신체적 증상으로 전환된 것이다(이것은 기술적 용어로 '전환 히스테리'라고 불린다). 이에 대한 유명한 프로이트의 예는 '도라Dora'라고 불리우는 젊은 여성의 사례인데(Freud, 1905), 이 사례에서 증상들은 목소리 상실, 호흡곤란을 포함하였으며 프로이트는 이것을 나이 많은 남성의 성적인 추근거림에 대한 억압된 성적 반응에서 기인한다고 해석하였다(다음의 사례를 참고할 것). 프로이트는 공포증을 '불안 히스테리아'라고 부르며, 히스테리아라는 제목하에 포함시키는 경향이 있었다. 여기서는 무의식적 갈등에 의해 발생된 불안이 동물과 같은 구체적인 실제 대상에 연합이 된다. 고전적인 예가 프로이트의 '꼬마 한스Little Hans'(1909a)라는 아동에 대한 사례 연구이다. 이 사례에서는 아동의 말 공포증의 원인이 오이디푸스적인 소망인 것으로 밝혀졌다. 강박증은 성적 충동과 공격 충동에 대한 다소 절박한 방어의 산물이기 쉽다. 이러한 갈등은 자신이 소망하거나 상상한 것들이 실제로 일어날 수 있다고 믿는 마술적 사고로 퇴행하게 만들 수 있다. 이것의 결과로 종종 강한 죄책감을 느끼게 되는데, 이것은 갈등이 초자아를 포함하고 있다는 것을 의미한다. 양가감정(자신이 사랑하거나 자신이 의지하고 있는 사람에 대한 미움을 견디는 것)이 종종 핵심에 있다. 예를 들어, 프로이트(1909b)의 '쥐 인간Rat Man'에는 그가 사랑하던 여인이 떠났을 때 느꼈던 양가감정을 아주 잘 표현하는 에피소드가 나온다. "그의 연인이 떠난 날, 그는 도로에 놓여 있는 돌을 발로 차서 그것을 도로 밖으로 치워 놓아야 한다는 압박감을 느꼈다. 왜냐하면 연인이 타고 가는 마차가 몇 시간 후에 같은 도로를 달릴 것이며 돌에 전복되는 사고로 연인을 잃을 수 있다는 생각이 머릿속에 떠올랐기 때문이다. 그러나 다음 순간, 이러한 생각이 말도 안 되며 그는 다시 가서 돌을 원래 있었던 도로 한가운데로 옮겨 놔야 할 것 같은 강박적 느낌이 들었다"(Freud, 1909b, p. 190).

이 모든 경우에서 중심은 자아의 방어기제가 무의식적 충동들의 완전한 표현을 막고 대신에 증상을 만들어 그것을 통해 대체하여 표현하는 방법을 발견하는 것에 있다. 이러한 대체는 일종의 타협이라고 할 수 있는데 왜냐하면 무의식적 요소를 어느 정도 표현하는 것을 허용하기 때문이다. 그러나 문제는 대체적 표현이 완전히 만족스럽지도 않을 뿐더러 그 자체로 문제가 되기 때문이다. 프로이트는 "자아는 이러한 침입자에 의해 통합성이 위협받고 손상된다고 느끼며 처음에 본능적 충동에 저항했던 것처럼, 증상에 대항하여 계속 싸운다. 이러한 모든 것이 신경증의 그림을 만들어 낸다."라고 기술하고 있다(Freud, 1924, p. 150). 요약하면, 자아는 원초아에 대치하고 있는 현실의 편을 들어 억압과 신경증이라는 증상을 만들어 낸다고 할 수 있다.

멜랑콜리아

멜랑콜리아(우울증)의 경우에는 양상이 보다 복잡하지만, 프로이트는 이것이 여전히 정신병은 아니라는 점을 명확하게 하였다. 멜랑콜리아에 대해서는 제13장에서 보다 더 자세하게 기술할 것인데, 왜냐하면 이것이 현대 정신분석적 사고의 핵심이 되었기 때문이다. 그의 저서『애도와 멜랑콜리아Mourning and Melancholia』(1917b)에서 프로이트는 깊은 우울증이 현실에서의 상실을 인정하지 못하고 따라서 완전히 애도를 못한 것에서 기인하였으며 따라서 충족되지 못한 무의식적 갈망이 지속되는 상태라고 보았다. 프로이트(Freud, 1924)는 왜 이러한 상황이 일어나는지에 대해서 이를 자아와 초자아의 갈등의 상황으로 보면서, 일종의 도식적 설명을 제공하고 있다. 현실의 금지와 경고를 표상하는 초자아는 (심한 비난을 통해) 자아를 공격하여 죄책감과 자기 비하, 그리고 편집증적 사고('내가 세상의 모든 나쁜 것에 책임이 있고 모든 사람이 내가 얼마나 나쁜지 알고 있다')와 같은 증상을 발전시킨다. 이는 상실을 받아들이는 것을 불가능하게 만드는데, 이것이 자기 비난을 초래하기 때문이다.

정신병

정신병은 외부 세계의 현실을 부인하며 타인을 거절 또는 '배제foreclosure'하는 것에서 비롯된다는 점에서 '자기애적'이다. 정신병은 자신의 내부로 향하기 때문에서만 '자기애적인' 것이 아니라, 자신에 대한 경계를 명확하게 해 주며 자신이 삶을 살아갈 수 있는 방식을 조절해 주는 현실을 바탕으로 하는 외적 구조가 부재한 환상에 기초하기 때문에 '자기애적'이라고 할 수 있다. 따라서 정신증 환자들에게 있어서 언어라는 것은 실제로 자신이 원하는 것을 의미하며 또한 자신의 머릿속에 있는 것이(예, 비판적인 목소리) 객관적으로 존재한다고 믿는다. 프로이트는 "자아는 자동적으로 새로운 외적 그리고 내적 세계를 창조한다. 그리고 거기에는 의심할 바 없는 두 가지 사실이 존재할 수 있다. 하나는 이러한 새로운 세상이 원초아의 소망적 충동들에 따라 구성되었다는 것이며, 다른 하나는 외부 세상과의 마찰을 일으키게 되는 동기는 소망을 충족할 수 없게 만드는 현실에서 비롯된 매우 심각한 좌절이라는 것이다. 이러한 좌절은 참을 수 없는 것이다."(Freud, 1924, p. 151)라고 하였다. 세월의 시험을 견뎌 낸 이러한 프로이트의 중요한 통찰은 정신병적인 많은 증상을 '현실과의 괴리'를 회복하려는 시도로서 이해되게 한다. 예를 들어, 증상은 환자가 해석이 불가능했던 것들을 이해할 수 있게 해 준다. 자신이 음모의 희생자라는 일관되고 확고하지만 말도 안 되는 허구적 설명을 만들어 낸 정신증 환자는 기이하고 설명할 수 없는 것처럼 느껴지는 현실과의 관계를 다루고 있는 것일 수 있다. 편집증적 환상은 (현실적 괴리에) 질서를 제공해 주며, 특히 그것을 다루기가 더 쉽게 만들어 준다.

이러한 임상적 실체들의 일부와 설명적인 개념들은 지난 백 년 동안 비교적 잘 살아남았다. 예를 들어, 우울증을 애도의 실패라든가 또는 심한 자기 처벌적 비난의 형태로 이해한 것이라든가, 정신병적 증상을 정신을 지키기 위한 시도라고 설명한 것들이 그것이다. 그 외에 다른 병리적 설명들은 살아남지 못한 것도 있다. 히스테리아는 그 당시보다 훨씬 적어졌으며, 모든 정신병리에 성적 근원이 있다는 프로이트의 확신은 오늘날 상당히 설득력이 떨어진다. 정신분석가들 자신도 신경증과 정신증을 이해하는 데 있어서 많은 진전을 이루었으며, 이러한 발전된 개념들의 일부가 이 책의 2부에서 소개될 것이다. 또한 상이한 정신병리적 단계를 특징짓는 다양한 정신 상태의 역동들이 누가 치료가 가능한지, 누가 치료 불가능한지를 결정하는 데 어떻게 영향을 미치는가에 대한 생각에 상당한 변화가 있어 왔다. 예를 들어, 초기 정신분석 시대에 이러한 치료들은 정신병에 대해서도 행해졌고 융도 그러한 치료를 하였음에도 불구하고 (Makari, 2010), 프로이트는 정신병적 환자들에게 정신분석적 치료를 실시하는 것을 매우 경계하였다. 그 이후로 클라인 학파 정신분석가들과 다른 분석가들은 정신병에 굉장히 관심이 많았었고 '극단'의 정신 상태를 보이는 환자들과 기꺼이 작업을 수행하였다. 그러나 프로이트의 작업에서 가장 생산적인 것으로 판명된 부분은 상이한 정신 장애에서 나타나는 증상의 패턴과 고통은 모두 마음이 그 자체를 돌보려는 시도라고 이해했던 그의 시각일 것이다. 특히 증상들은 해결될 수 없는 것처럼 느껴지는 무의식적인 갈등(예, 성적 욕망과 자기 보호 사이의 갈등이나 동일한 사람에게로 향하는 미움과 의존성의 갈등)이나 자아를 압도하고 사람을 좌절하게 하며 통제력을 상실할 위험이 있는 불안을 다루기 위한 시도로 볼 수 있다.

증상과 방어

마지막으로, 증상과 방어기제의 관계를 어떻게 이해하는가 하는 문제를 다루겠다. 사실상, 방어기제와 증상의 개념을 구분하는 것은 어렵다. 방어기제가 자아에게 위험을 알리는 것처럼 증상 또한 그러하다. 증상과 방어기제는 모두 혼란스러운 무의식적 자료들에 붙어 있는 에너지가 일종의 배출이 되도록 허용함으로써, 그 밑에 있는 추동이 완전히 표현되었을 때 발생할 수 있는 두려운 결과를 맞닥뜨리지 않고도 부분적으로는 그것을 만족시킨다. 예를 들어, 여자친구가 지나가게 될 도로 위의 돌을 제거하고 그것을 다시 가져다 놓으려는 쥐 인간의 강박적 욕구는 여자친구를 향한 사랑과 공격적인 감정 모두가 혼재되어 있음을 상징적으로 표현한다. 의식적으로 그는 이러한 양가감정을 완전히 인식할 수가 없었는데, 부분적으로는 그러한 공격적 감정이 여자친구를 해칠 것이라는 마술적 신념 때문이었다. 따라서 '증상적 행위'는 실제로 두려워하는 결과(여자친구가 해를 입는 것)가 생기지 않으면서도 그의 파괴적 충동을 부분적으로 해소하게 해 준 것으로 보인다.

보다 형식적으로 말하자면, 증상들은 방어기제에 의해 억제된 어떤 것을 대치하는 것으로 보인다. 이것들은 실패한 억압의 예이며 '억압된 것의 귀환'이다. 어떠한 소망들은 불안 때문에 자아에 의해 억압되지만 억압은 잘못 적용이 되거나 소망의 강도 때문에 부분적으로 실패하게 된다. 무의식적 충동은 방어기제를 피해서 대체물을 사용하여 그것을 표현할 방법을 찾지만, 불행하게도 이러한 대체물은 진정한 만족을 제공할 수가 없다. 따라서 자아는 두 가지 점에서 손해를 입는다. 자아는 무의식적 충동이 부분적인 표현만을 달성하기 때문에 고통을 겪고 그러한 표현이 단지 부분적이기 때문에 고통을 겪게 된다. 다음의 예가 이해를 도와줄 수 있다.

프로이트의 환자였던 '도라'는 다른 무엇보다도 반복되는 심한 기침 증상과 목소리 상실의 증상을 앓고 있었으며 뚜렷한 신체적 원인을 찾을 수가 없었다. 프로이트와의 짧은 분석 기간 동안 그녀는 자신이 14살 때 아버지의 정부의 남편인 'K씨'에게 성추행을 당했다고 보고하였다. 사실 K씨와 도라는 거리 행진을 보러 가기로 했었다. 프로이트는 그 후에 무슨 일이 일어났는지 다음과 같이 기술하였다. "거리행렬이 다가오자, K씨는 자신이 바깥의 셔터문을 닫는 동안, 도라에게 위층으로 향하는 계단 옆 열린 문 앞에서 자신을 기다리고 있으라고 하였다. 그리고 열린 문으로 나가는 대신 다시 돌아와서 갑자기 소녀를 꽉 잡아 자신 쪽으로 향하게 한 후 소녀에게 키스를 하였다. 이 일은 이전에 이러한 경험이 전혀 없었던 14세 소녀에게 확실히 성적인 흥분을 일으키게 만들기 충분한 사건이었으나 도라는 격렬한 혐오감을 느꼈으며, 자신의 몸을 억지로 남자에게서 떼어 내 남자를 지나쳐 계단으로 그리고 거리로 향한 문으로 급히 도망쳤다. 그럼에도 불구하고 그녀는 계속해서 K씨를 만나게 되었다. 도라에 의하면 두 사람 모두 그날 있었던 일에 대해 전혀 언급을 한 적이 없었고 치료에서 처음

비밀을 털어 놓는 것이었다"(Freud, 1905,p. 28).

당연하게도 프로이트는 14세 소녀가 이러한 학대에 성적 흥분을 느꼈다고 가정한 것 때문에 많은 비판을 받았다. 그러나 프로이트가 주로 주목한 것은 도라가 그 당시에 느꼈던 **혐오감**이었다. 프로이트는 K씨의 발기된 성기가 자신을 압박한 것을 그녀가 느꼈다는 것으로 상황을 재구성하였다. 이 상황이 도라에게는 괴로우면서도 흥분되는 것이었고, 그녀는 기억을 억압하고 흥분의 감각을 신체의 아랫부분에서 신체의 윗부분으로 무의식적으로 대치함으로써 다루려고 하였다. 프로이트는 발기된 성기의 감각은 도라에게 "역겨운 것이었고 기억을 지우고 억압하였으며 목에서 느끼는 결백한 압박감으로 대치되었지만, 억압이 되었기 때문에 지나치게 강한 강도로 남게 되었다."(p. 30)라고 말했다. 목소리 상실과 기침과 같은 증상은 다른 케이스들과 마찬가지로 복잡한 이유로 결정이 되었지만 이들 증상은 성적 외상(키스와 성적 흥분)을 부분적으로 표현하게 해 주었고 억압을 유지할 수 있게 해 주었다. 이것은 괴로운 증상이었지만 성적 사건을 인정하고 그것과 관련된 정서를 방출하는 것보다는 덜 괴로운 일이었다.

앞의 예는 증상을 단지 뭔가가 잘못되었다는 징후로 보기보다는 그것의 내용에 주목하여 증상의 '의미'를 밝혀 내는 것이 왜 중요한가를 보여 준다. 억압된 것을 대치하는 것으로서의 증상은 의미를 가진다. 증상의 형태와 그것과 연결된 경험을 분석하는 것으로써 이러한 의미가 드러날 것이며, 그 의미는 갈등, 상실, 그리고 불안을 포함하는 구조화에 놓여 있을 것임이 분명하다. 기저에 깔린 갈등에 대한 단서를 찾아내기 위해 심리적 문제의 내용을 심각하게 고려하는 것이 바로 정신분석 치료의 주요 강점이라고 할 수 있겠다. 예를 들어, 개인의 강박적 사고는 단지 그 개인이 '강박신경증'을 앓고 있다는 게 아니라, 기저에 깔린 어려움의 정확한 본질을 암시하고 있다. 따라서 정신분석은 증상이 무의식적 충동의 '타협'의 결과물이며 환자가 정신을 지키기 위해 고군분투하고 있는 것에 대한 중요한 어떤 것을 밝혀 준다고 생각하기 때문에 증상을 의미 있는 실체로 여기고 이를 이해하고자 한다. 이것을 밝히는 것은, 예를 들어 환자가 증상을 유지하는 데 어떤 투자를 하고 있는지를 알아내는 것은 단순히 저항을 다루는 방법일 뿐 아니라, 심리적 의미를 창출하고 통찰을 촉진함으로써 자아를 강화시키는 방법이 된다.

치료적 과정

자아와 불안 사이에 그리고 의식적 삶과 무의식적 삶 사이에 존재하는 이러한 투쟁에 개입하는 것이 정신분석의 임상적 작업이다. 그러나 이것은 간단한 개입이 아니다. 프로이트는 초기부터 행동이나 어려움의 근원에 있는 무의식적 생각을 명명해 주는 것만으로는 충분하지 않다는 것을 알게 되었다. 환자들은 분석가의 제안의 정확성을 직접적으로 부인할 수도 있고 또는 받아들일 수도 있지만, 이것이 무엇을 의미하는지 또는 그것의 효과가 무엇인지는 결코 명확하지가 않다. 환자는 치료자를 기쁘게 해 주고 싶어서 분석가의 말에 동의하는 것인가? 분석가는 진짜로 존재하는 어떤 것에 대해 밝혀 주고 있는가(명명해 주기 전에 존재하는 무의식적 욕망)? 또는 분석가가 제안한 것이 새로운 생각을 발전시키고 따라서 분석적 해석에 대한 일종의 '거짓 수용'을 만들어 내는가? 환자의 반응은 무엇인가? 만약 환자가 분석가에게 동의한다면, 이것은 순응인가 아니면 해석의 정확성을 증명하는 것인가? 만약 환자가 반대한다면, 이것이 꼭 해석이 틀렸다는 것을 의미하는가? 프로이트는 이것이 그렇지 않다고 생각한 것으로 유명하다. 『부정Negation』에서 프로이트는 반대되는 것이 어떻게 진실을 의미하는 것이 될 수 있는지에 대한 몇몇 좋은 예들을 제시한다(Freud, 1925, p. 235).

> 분석을 하는 동안에 환자들은 그들의 연상을 내놓는 방식을 우리가 흥미롭게 관찰할 기회를 준다. '당신은 이제 내가 뭔가 모욕적인 것을 말하려고 한다고 생각하겠지만, 나는 그런 의도가 없어요.' 우리는 이것이 방금 떠오른 생각에 대한 반박을 투사를 통해서 하고 있다는 것을 깨달을 수 있다. 또는 '당신은 꿈에서 이

> 사람이 누구라고 생각하는지 묻는데요, 그것은 나의 어머니가 아니에요.' 우리는 이것을 다음과 같이 수정할 수 있다. '그래서 그게 그의 어머니예요.' 우리는 대범하게 환자가 부인하는 것을 무시하고 연상에서 나타난 주제 자체만을 끄집어내 볼 수 있다.

만약 환자가 '아니'라고 말하는 것이 언제나 '그렇다'라는 것을 의미한다고 가정한다면, 환자가 분석가의 개입을 반박하였을 때, 이러한 환자의 반응이 확실한 증거라고 말하기는 어렵다.

정신분석 치료의 실습은 전형적으로 분석가가 환자가 누워 있는 카우치의 머리맡에 조용히 앉아 있는 것으로 이루어진다. 그러나 꼭 그러한 것은 아니며, 많은 정신분석 심리치료사들은 '얼굴을 마주 보고' 하기도 하고 다른 형태로 치료를 실시할 수도 있다(예, 정신분석적 원리에 기반한 집단 분석 또는 이야기뿐 아니라 놀이를 하는 것을 권장하는 아동의 정신분석 치료). 그럼에도 불구하고, 말을 하고 있는 환자를 대하는 상대적으로 수동적인 치료자라는 일반적 원칙은 정신분석의 영향을 받은 대부분의 치료실습이 갖는 특징이다. 전통적으로, 환자는 그들의 마음에 떠오르는 어떤 것도 말을 하도록—'자유 연상'이라고 알려진 원칙—권장받는다. 심리치료자의 과제는 판단하거나 환자의 이야기의 '의미'가 무엇인지 지나치게 빨리 가설을 세우려고 하지 않은 채 주의 깊게 듣는 것이다. 가끔씩, 분석가는 언급을 한다. 이러한 언급의 일부는 해석의 형태를 띠는데, 해석은 환자가 그들이 말하는 내용 또는 말하는 방식에 관해서 무의식적으로 중요한 부분에 대해서 인식하도록 의도한다. 이러한 해석들 중 많은 것이 환자와 분석가 사이의 관계에 대한 언급인데, 이는 환자가 환자의 인생에서 가지는 기대나 환상에 대한 일반적인 모델이라고 보기 때문이다.

정신분석적 심리치료에 대해 아주 간단하게 요약하였는데 이미 언급된 핵심 개념은 다음과 같다: 자유 연상(환자는 자신의 마음에 떠오르는 어떤 것이든 이야기한다); 해석(심리치료사는 환자가 그들이 이야기하는 것에 대한 무의식적 의미를 인식하게 도와준다); 전이(환자와 분석가 사이의 관계가 치료의 연구 대상이 된다).

이들 개념들은 제17장과 제18장에서 과거부터 현대까지의 정신분석 이론이 심리치료 임상 장면에서 어떻게 사용되는지를 소개하면서 다시 언급하도록 할 것이다. 여기서 강조하고 싶은 것은 증상은 의미를 지니며 이러한 의미를 밝혀내는 것이 사람들로 하여금 그들의 무의식적 갈등을 직면할 수 있게 해 주며, 결과적으로 통찰과 치료적 변화로 향하는 길이 된다는 기본적인 프로이트의 생각에서 정신분석 심리치료가 출발했다는 점이다.

요약

- 정신분석은 치료적 효과를 가질 수 있는 무의식을 탐색하는 방식이지만 이것만이 유일하거나 필수불가결한 치료적 요소는 아니다.
- 심리적 갈등이 무의식적인 갈등에서 나온다는 가정은 만약 정신분석이 무의식적 자료를 의식으로 가져오게 할 수 있다면 심리적 문제를 줄일 수 있다는 것을 시사한다.
- 프로이트는 정신분석이 큰 변화를 가져올 수 있을 만한 영향력이 있는지에 대해서는 신중했지만, 그럼에도 불구하고 '무의식에서 의식'으로의 이동은 개인의 안녕과 사회적 생활에서의 증진을 가져오는 중요한 단계라고 보았다.
- 심리적 문제는 여러 현상들의 복잡한 배열 속에서 일어나지만 그것의 핵심에는 불안과 억압 사이의 관계가 있으며, 이는 고통을 주는 무의식적 재료들을 의식으로부터 배제하려는 여러 책략을 만들어 낸다.
- 서로 상이한 책략들(방어기제들)이 각기 다른 사람들에게 각기 다른 상황에서 채택되는데, 이것은 다양한 형태의 심리적 장애(신경증, 정신증 등)를 특징짓는다.
- 치료의 양식으로서의 정신분석은 통찰을 가져오는 것을 목표로 한다. 치료적 활동의 주요 방식은 해석과 전이에 집중된다.

제2부

정신분석 이론의 발달

제10장

프로이트 이후의 정신분석가들

정신분석에서 후기 프로이트 학파

제2장에서 정신분석 '가계도'에 대한 간단한 개요를 제시하였지만, 프로이트의 개념을 설명한 후 이제 후기 프로이트 학파의 발달에 대해 살펴보려는 가운데, 정신분석에 가장 큰 영향을 준 몇몇 이론가들에 대해 지면을 할애하는 것은 유용한 일이라고 생각이 된다. 정신분석 안에서 상당히 많은 다른 접근법들이 존재하고 이러한 입문서에서 그 모든 것을 다루는 것은 불가능한 일이지만, 주류 '학파'의 생각들은 비교적 쉽게 식별할 수 있는 일이다.

- 프로이트 자신의 직접적인 유산은 그의 딸인 안나 프로이트와 자아심리학의 창시자들에 의해 가장 명확하게 전파되었다. 이는 제2차 세계대전 끝 무렵 이후부터 몇십 년 동안 대서양의 모든 지역에서 번성하였다. 이들 정신분석가들의 이론들은 자아와 방어기제의 관계들에 초점을 두었다. 이것은 이미 이 책의 제1부에서 다루었기 때문에 여기서는 비교적 짧게만 언급하도록 하겠다. 그러나 정신분석적 심리치료에 미친 영향과 정신분석에 대한 새로운 '실증적' 접근과 관련해서, 현대 프로이트 학파Contemporary Freudianism(종종 이렇게 불린다)는 강력한 힘을 유지하고 있다.

- 정신분석 이론에서 세계전쟁 후에 나타난 주요 변화는 대상관계를 이해하는 방식에서의 발전으로부터 나타났다. 클라인 학파의 정신분석가들과 대상관계 이론가들에 의해 제안된 다소 상이한 생각들 안에서 내재화된 자아-대상(또는 자기-타인) 관계의 복잡한 상황을 이해하는 독특한 '영국 학파'의 방식이 출현하였다. 미국에서 발전한 것과 동일 선상에서, 이는 광범위한 '관계적' 관점을 창출하였다. 이러한 관점은 서로 다른 다양한 시각과 내적인 논쟁을 가지고 있지만, 현대 정신분석에서 부인할 수 없는 중심적 위치를 차지하는 폭넓은 '관계적' 관점을 탄생시켰다. 도널드 위니컷Donald Winnicott의 저서들은 이들 집단에서 특히 영향력을 발휘하여 왔으며 최근 몇십 년간 임상장면에서 그리고 일부 사회적 관계에서 벌어지는 일들에 대한 '상호주관적intersubjective'인 새로운 시각의 발전에 기초를 제공하였다.
- 자크 라캉Jacques Lacan이 제시한 급진적이고 독특한 개념들은 정신분석 학파에 커다란 영향을 끼쳤으며, 임상적 사고의 상당 부분뿐 아니라 정신분석을 예술, 문학, 그리고 사회과학에 현대적으로 적용시키는 데 있어서 대부분의 기초를 제공하였다.

이 책의 나머지 부분에서 이들 집단의 이론을 주로 다룰 것이며 이 장에서는 안나 프로이트, 멜라니 클라인, 도널드 위니컷, 그리고 자크 라캉의 개념들에 대한 개요를 미리 다룰 것이다.

안나 프로이트

- 1895년에 지그문트 프로이트의 막내 아이로 출생
- 십대에 우울증을 앓았으나 아버지와 언제나 특별히 친한 관계를 유지하였음
- 1918년에서 1922년까지 아버지에게 분석을 받았으며 이후에 비엔나정신분석협회의 회원이 됨

- 아동분석의 개척자 중 한 명
- 그녀의 아버지가 1920년대부터 1930년대에 걸쳐 암으로 투병하게 되자 점차 아버지의 대변인 역할을 하게 되었음(지그문트 프로이트는 1939년 9월에 사망하였음)
- 1927년부터 1934년까지 국제정신분석학회의 사무총장을 역임하였음. 1935년에는 비엔나 정신분석연구소의 소장이 되었음
- 1936년에 그녀의 가장 중요한 저서인 『자아와 방어기제The Ego and the Mechanisms of Defence』를 출판하였음. 이것은 그녀를 독창적인 사상가이자 자아심리학의 창시자로서의 명성을 확립시켰음
- 1938년에 그녀의 부모와 함께 런던으로 이주함
- 제2차 세계대전 동안 클라인 학파와 '논쟁적 토론Controversial Discussions'을 벌였으며, 이것은 영국 정신분석협회를 세 개의 집단으로 갈라지게 만들었음. 이들 중 하나에 안나 프로이트의 추종자들이 속하게 되었음
- 궁핍하고 전쟁의 외상을 입은 아동들을 위해 햄스테드 전쟁 탁아소Hampstead War Nursery를 세웠으며 이러한 아동들에 대한 관심은 그녀의 남은 일생 동안 지속되었음
- 1947년에 햄스테드 아동치료연구소Hampstead Child Therapy Courses를 설립하였으며 1952년에는 아동심리치료연구소를 병합하였음
- 1982년에 런던에서 사망

앞에서도 밝혔듯이, 안나 프로이트의 주요 이론적 공헌은 자아와 방어기제에 대한 분석을 증진시킨 것이다. 이는 정신분석 실습을 심리치료의 형태로 적용하는 데 아주 유용하였다. 『자아와 방어기제The Ego and the Mechanisms of Defence』(1936)에서 그녀는 다음과 같이 진술하였다.

> 분석의 초기부터, 치료의 방법으로서, 관심 있는 부분은 자아와 그것의 병리였다. 원초아와 그것이 작동하는 양식에 대한 탐색은 항상 목표 달성을 위한 수단이 될 뿐이었다. 목표는 언제나 같았다: 자아의 비정상성의 수정과 온전한 상태로의 회

복에 있었다(p. 4).

원초아의 개념을 거부하지는 않았지만, 그녀는 확실하게 자아 연구를 과학적 이유와 치료의 관점에서 정신분석의 진짜 프로젝트라고 보았다(자아는 '다른 두 기관을 이해하기 위한 매개체이다'; p. 6). 이러한 특정 자세는 안나 프로이트가 아동과 정신분석적으로 작업하는 데 관심이 있었던 것에서 비롯되었다. 멜라니 클라인이 아동기의 날것의 환상들에 초점을 맞추었던 반면, 안나 프로이트는 아동이 사회적 환경(가족과 학교)의 요구를 다룰 수 있게 하는 것에 보다 관심이 있었다. 더 나아가, 성인들은 분석의 많은 시간들을 과거 기억을 다루고 과거의 관계를 분석가와 연결시킴으로써 생기는 '전이' 감정을 다루는 데 사용하지만, 아동 환자들은 여전히 이러한 강렬한 첫 번째 관계를 하고 있으며 '지금-여기'에서 그것들과 타협을 해야만 한다. 안나 프로이트에게는 이것이 시사하는 바는 아동의 자아가 보다 안정적이고 강해져서 억압된 소망에 의해 야기된 불안에 직면했을 때 '통합성(integrity)'을 보여 줄 수 있도록 도와주는 치료적 환경을 조성하는 것이 무엇보다도 우선시되어야 한다는 것이었다. 정신분석은 사회에 '적응'하는 과정을 포함한다는 생각은 특히 미국 자아심리학에서 강했는데, 그렇게 큰 도약은 아니었다. 이는 항상 순응적인 것으로 간주되지는 않았지만, 종종 그러한 비판을 받아 왔다. 예를 들어, 에릭 에릭슨(Erik Erikson, 1956)의 유명한 이론인 안전한 '정체성'은 개인의 욕구와 문화적 환경의 요구가 서로를 지지할 수 있을 때 만들어 진다. 이것은 통제할 수 없는 무의식적 충동에 대한 비판인 동시에, 해로운 환경에 대한 비판이기도 하다.

안나 프로이트 이론의 또 다른 특징은 성에 대한 강조를 줄인 것이다. 그녀는 성과 공격성에 대한 강조는 아동이 세상에 적응하는 데 다양한 측면을 아우르지 못하게 한다고 주장하였다. 아동 발달을 원초아와 자아의 '기본적인 상호작용' 사이에서 일어나는 것으로 생각하여 그녀는 **발달적 경로**developmental lines의 개념을 발전시켰다. 특정 성격 측면들이 언제나 원초아에 보다 지배되는 위치로부터 자아가 상대적으로 통제를 하는 측면의 순서대로 점차로 나타난다. 수

많은 상이한 발달적 경로들이 기술될 수 있지만(예, 영아기의 빨기에서 체계화된 식사행위로의 경로, 대소변 못 가리기에서 대소변 통제로의 경로 또는 성적으로 자극된 놀이에서 일로의 경로), 이들 모두는 같은 노선을 따른다. 그녀는 "모든 경우에서 아동들이 의존적이고 비이성적이며 원초아(id)와 대상에 의해 결정된 태도에서 벗어나 자신의 내적 · 외적 세계를 점차 더 잘 다루게 되는 과정을 볼 수 있다."라고 적고 있다(1966, p. 60).

발달적 경로에 대한 개념은 정신분석 용어사전에 중요하게 덧붙여졌다. 기술적으로, 발달의 연속성에 대한 가정은 전통적인 프로이트의 고착과 퇴행에 집중한 시각으로부터 벗어나 이론을 변화시킨 것이다. 이는 인생에 걸쳐 나타나는 모든 것에 희석되지 못한 과거의 잔여물이 있다는 개념을 그렇게까지 고수하지는 않았다는 의미이다. 퇴행은 일어나며 사실상 스트레스로 인해 충분히 일어날 수 있는 결과이다. 그러나 발달을 향한 추동력은 누적이 된다. 어떠한 순간에도 아동은 앞으로 성장해 나가려고 하며 각 단계는 과거의 단계와 현재의 추동 상태, 그리고 환경에 의해 형성된다. 이러한 접근법은 상당히 현실적인 유용성을 지닌다. 예를 들어, 아동이 특정 발달 단계에서 기대되는 것이 무엇인지에 비추어 아동의 문제에 대한 지침을 제공할 수 있다. 이것은 진단적 검사에 대한 안나 프로이트 학파의 작업이 왜 그렇게 중요한지에 대한 이유가 된다. 더 나아가, 자아의 성장과 아동의 성취에 대한 관심 덕분에 현대 프로이트 학파 분석가들과 자아심리학자들은 발달에 대해 병리와 추동 지향적인 프로이트의 접근법에서 가능한 것보다 훨씬 더 완전한 설명을 제시할 수 있게 되었다. 그러나 이 이론은 또한 단점도 지닌다. 자아심리학 특유의 특징으로, 이것은 강한 규범적인 가정을 포함한다. 즉, 발달에 대한 적절한 방향은 언제나 더 강력한 자아를 확립하는 것이며 환경에 보다 더 성공적으로 적응하는 것이 된다. 이것은 순차적인 논리를 가진 접근법을 가질 수 있게 해 주지만, 지속적으로 존재하는 정신생활의 비정상성을 어느 정도는 간과하게 된다.

멜라니 클라인

- 1882년에 비엔나에서 출생
- 언니의 죽음(4살 때)과 오빠의 죽음(20대 때)에 깊이 영향을 받음
- 의대에 진학하려고 하였으나 10대 때 약혼을 하게 되고 21세 때 결혼을 하면서 남편을 따라 외국으로 이주함. 대학 졸업장이나 전문가 자격증을 취득한 적이 없음
- 1910년에 부다페스트로 이주하였으며 아마도 그녀 자신의 우울증 때문에 프로이트의 저서에 관심을 가지게 됨. 산도르 페렌치Sandor Ferenczi에게 분석을 받았으며 페렌치는 아동 분석에 대한 그녀의 관심을 지지하였음
- 1921년에 베를린으로 이주하였으며 아동과 성인을 상대로 임상실습을 시작함. 자신의 아들인 에리히Erich를 분석함
- 1922년에 이혼함
- 1924년에 칼 아브라함Karl Abraham과 분석을 시작함. 아브라함은 1925년에 사망함. 이로 인해 안나 프로이트의 이론과 이미 갈등에 처하기 시작한 멜라니 클라인은 큰 지지 체계를 잃어버리게 됨
- 1925년에 일련의 강의에 초대되어 런던에 갔으며 1926년에 어니스트 존스Ernest Jones의 초청으로 런던으로 영구 이주함. 멜라니 클라인은 어니스트 존스의 자녀들과 아내를 분석하였음
- 아들 한스Hans가 등반 사고로 1934년에 사망, 자살 가능성도 시사. 클라인은 우울증에 대한 매우 중요한 글을 작성하기 시작함
- 그녀의 생각들은 1930년대에 영국 사회를 지배하였으나, 자신의 딸인 멜리타 쉬미드버그Melitta Schmideberg의 비난을 받았음. 1938년에 안나 프로이트가 런던에 도착하자 분열이 일어났고 전쟁 기간 동안에 '논쟁적 토론'이 일어났음
- 1960년에 사망

안나 프로이트의 경우와 마찬가지로, 클라인의 이론들도 아이들과의 분석적 작업에서 생겨났다. 그녀는 종종 대상관계 이론가로 알려져 있고, 클라인이 대

상에 대한 개념을 상당히 강력하게 사용하였던 것은 사실이지만, 심리적 추동(특히, 죽음 추동)에 대한 그녀의 강조는 그녀를 대상관계 학파와는 구별 짓게 만든다. 아마도 클라인 이론이 정신분석에 공헌한 가장 두드러진 부분은 정서에 주목한 점일 것이다. 확실히 클라인 정신분석가의 특징 중 하나는 환자의 과거사를 재구성함으로써 환자와 분석가 사이에 생겨나는 정서 상태를 설명하기보다는 환자와 분석가 사이에 무의식적으로 전달되는 정서 상태에 초점을 맞춘다는 것이다.

추동과 무의식적 환상으로 이루어진 '내적 세계'에 관심을 가지는 것 또한 클라인 학파의 특징이다. 프로이트와 마찬가지로, 클라인에게도 추동은 기본적이고 생물학적 실체이다. 그것들은 환상에 의해 정신에 표상이 된다. 클라인은 확실히 삶과 죽음 추동 모두에 대해 언급하지만, 그녀의 이론은 다양한 파괴성의 형태를 가진 죽음 추동에 중점을 두며 이것이 클라인의 주요 관심사였다. 죽음 추동은 심리적으로 시기심으로 표현이 되며 모든 파괴적 충동이 대상 안에 있는 좋은 것으로 향하게 되는 것으로 본다. 시기심은 감사하는 마음으로 완화되며 이 둘의 균형은 아기의 타고난 성향과 아기가 경험하는 환경의 영향을 받는다. 예를 들어, 애정 어리고 관대한 어머니는 아기의 시기심을 개선해 줄 것이며 우울하고 취약하거나 분노에 찬 어머니라면 그것을 악화시킬 것이다.

클라인은 추동이 언제나 특정 대상을 향한다고 가정한 점에서 프로이트와는 상당히 다른 시각을 가지고 있다. 이것은 추동의 만족은 대상을 필요로 하며 적절한 대상이 누군지는 언제나 알게 마련이다. 때로는 이러한 지식은 초기 경험을 통해 얻게 되지만, 클라인은 자신의 신체에 대한 지식을 태어나면서부터 알고 있는 것처럼, 대상에 대한 지식 또한 추동과 함께 타고날 때부터 가지고 있다고 종종 시사하였다. 프로이트에게 대상은 조건화되는 것인 반면(추동을 만족시키는 무엇이건 대상이 된다는 입장), 클라인에게는 추동-대상 관계가 상당 부분 미리 결정되어 있다: 입은 가슴을 찾고, 남근은 질을 찾는다. 클라인은 또한 프로이트보다 훨씬 더 억압 이외의 방어기제들을 강조하였다. 클라인은 투사와 내사 과정이 초기 아기의 신체 경험을 받아들이고 배출하는 것의 기초가 되며 아동의 마음이 발달하는 데 필수적인 것이라고 보았다. 이후의 인생에서도 이것은 다양한 형태로 그것의 영향력을 발휘하며, 분석에서 나타나는 전이 관계에서 매우 뚜렷하게 나타난다.

클라인은 또한 프로이트의 발달적 이론을 수정하거나 최소한 자신의 생각을 덧붙였는데, 그녀는 편집-분열 자리와 우울 자리라고 이름 붙인 두 개의 주요한 '자리들이' 아기의 마음을 차지한다고 주장하였다. 편집-분열 자리는 분열과 투사로 특징지어지며 우울 자리는 상실감과 죄책감에 의해 특징지어진다. 클라인에게 이들은 아이들이 거쳐가는 발달적 단계이며 평생 동안 나타나는 정신 기능의 특징들이다.

클라인의 이론은 주로 인생 전반에 걸쳐 정신 상태를 무의식적으로 지배하는 강력한 '원시적'인 감정들에 초점을 맞춘다. 이론 그 자체는 종종 파괴성에 중점을 둔, 강력하고 원시적이며 극단적인 것처럼 보인다. 이론은 또한 외적인 과정보다 '내적'인 과정을 보다 강조하는 것으로 여겨진다. 사회적 환경의 중요성을 완전히 인정하지 않았다는 것은 사실이지만 파괴성에 대한 강력한 설명과 그것을 완화하기 위해 무엇을 해야 하는지에 관한 설명은 문제가 심각한 아동과 성인들을 이해하는 데 가장 강력한 접근법 중 하나이며 또한 사회적 폭력에 대한 중요한 분석을 제공해 준다.

도널드 위니컷

- 1896년에 영국 데본에서 출생
- 의사가 되기 위해 수련을 받고 1920년에 의사 자격증을 취득함
- 1923년에 패딩턴 그린아동병원Paddington Green Children's Hospital에서 소아과 의사로 일하기 시작하여 40년 동안 근무함
- 제임스 스트레이치James Strachey에게 1923년에 분석을 받기 시작하고 1927년에 분석가 수련생이 됨. 1934년에 성인 분석가 자격증을 받고 1935년에 아동 분석가 자격증

을 획득함. 멜라니 클라인에게 임상수련 감독을 받음. 1936년에 클라인 학파 분석가인 조안 리비에르Joan Riviere에게 분석을 받기 시작함

- 제2차 세계대전 동안에 피난민들을 위한 프로그램에서 정신과 자문의로 활동함. 이것은 아동의 자기발달을 촉진하는 어머니의 역할과 '환경'의 중요성을 고려하게 만들어 주었음
- 영국 분석가협회에서 중도 그룹 또는 독립파 그룹의 중심이 되었음. 협회 회장직을 두 번 맡았으며 정신분석연구소The Institute of Psychoanalysis의 아동 부서를 관장하였음
- 1971년에 사망. 그의 죽음 후에 그의 중요한 몇몇 저서가 출판되었음

위니컷의 이론은 아기와 어머니의 실제 관계와 이것이 아동의 자기 발달에 미치는 영향을 강조하면서 아버지의 역할을 훨씬 덜 중요시하였다. 이것은 때때로 논쟁거리가 되어 왔는데 아동의 정신적 안녕의 책임이 모두 어머니에게 있으며 어머니의 역할을 지나치게 낭만적으로 묘사하면서 이상화함으로써 실제로 적절하게 수행하기가 불가능한 것처럼 보이게 만든 측면이 있기 때문이다. 그러나 시간이 흐르면서 위니컷의 생각들은 다양성과 섬세함을 갖춰 나갔고, 아동의 발달을 이론화하는 데에만 이러한 생각들을 사용한 것이 아니라 창조성과 '상호주관성intersubjectivity'이라고 불리는 타인의 마음과 관련해서 자기 개성을 발달시키는 과정에 대한 설명을 제공하는 데도 사용하였다. 위니컷의 생각들은 또한 애착 이론과도 잘 연결이 되는데, 애착 이론은 그 영향력이 점점 증가하여 왔으며 많은 현대 프로이트 학파와 대상관계 이론 사이에서도 유용하게 사용되어 왔다. 위니컷의 저서는 현재 프로이트를 제외한 다른 어떤 정신분석 저자보다 더 많이 인용되고 있다.

위니컷은 어머니가 아이들의 '참 자기'를 발달시키는 내적 잠재력이 발휘될 수 있도록 '촉진적 환경'을 제공하는 역할을 한다고 제안하였다. 막 태어났을 때 아기는, 심리학적으로 말하자면, 비통합적인 존재라서 허물어지기 쉽다. 아기의 자아를 지지해 주는 것은 어머니의 역할인데, 이는 '일차적 모성 몰두primary maternal preoccupation'라는 상태로 들어감으로써 이루어진다. 이 상태는 어머니가 아기와 완전히 일체가 되어 완벽한 '안아주기holding'의 경험을 제공하게 되는 상태로서, 이것은 아기가 세상과 자기 자신에 대한 신뢰감을 가지게 해 준다. 이러한 안아주기는 신체적이면서 심리적인 행위이다. 이는 아기에게 안전하고 지지받고 있으며, 아기의 욕구가 고려되고 있다는 느낌을 반영하는 능력을 일컫는다. 어머니가 이러한 방식으로 아이를 생각할 수 있는 능력은 아기가 스스로 생각할 수 있게 만들어 준다. 즉, 우리가 제대로 생각할 수 있는 것은 누군가 우리를 생각해 주었기 때문이다. 이러한 종류의 한 가지로, 어머니가 아동의 경험에 대해 이름을 붙여 주면 아이는 덜 공포스럽게 된다. 예를 들어, 아동이 느끼는 압박감이 배고픔이거나 분노감이라는 것을 말해 주는 것이다. 그러나 여기에는 더 필요한 것이 있는데, 아동에게 어떤 것도 파괴되지 않을 것이라고 느끼게 함으로써 아동을 달래는 것이다. '충분히 좋은 어머니'는 아기를 압도하지 않으면서 아기에게 이런 것을 전달한다. 어머니는 아기가 필요할 때마다 옆에 있어 주면서 아기로부터 자기 자신을 충분히 분리할 수 있어서 아기가 자기 자신일 수 있도록 발달을 돕는다. 이것을 식물이 자라는 것에 비유해 볼 수 있다. 식물의 성장은 애정 어린 보살핌을 필요로 하지만 지나치게 물을 주면 안 된다. 이러한 과제를 수행하는 어머니의 능력은 생물학적인 것에 기반하며 임신기를 통해 발달되며 아동양육 전문가가 가지고 있는 지식과는 질적으로 구분되는 직관적이며 특별한 것이다. 역으로, 모든 종류의 심리적 문제는 '환경적 결핍에 의한 질병'이며 초기 어머니의 양육의 실패에서 기인하는 것이다.

위니컷에 의해 개발된 두 번째 개념은 그 단순함 때문에 크게 비판을 받았지만, 그 중요성 또한 입증받았다. 이것은 그 유명한 '참 자기'와 '거짓 자기' 또는 순응적 자기의 구별이다. 어머니는 아기에게 잠재된 자기 개성이 발휘될 수 있는 환경을 제공해야 한다. 많은 상황에서 이러한 과정이 방해를 받는데, 종종 어머니 자신이 자신의 인생 문제 때문에 불안하거나 우울하기 때문이다. 아기는 이러한 방해를 어머니와의 이상적인 관계가 거기 있으면 안 되는 어떤 것(외부 세계의 스트레스)에 의해 '침투impingement'되는 것으로 경험한다. 이것은 아기가 단단한 존재로 자연스럽게 변화되는 것을 차단하고 심리적인 와해psychological disintegration에 대한 불안을 유발한다. 이러한 불안을 다루기 위해, 아기는 자기 자신의 욕구보다 어머니의 욕구에 맞춤으로써, 어머니의 완전한 주의와 사랑을 되찾으려고 한다. 결과는 아기가 순응적인 '거짓 자기'를 형성하기 시작한다는 것이다. 거짓 자기는 자기 자신이 아니라 어머니의 욕구 패턴에 맞춰져 형성되었기 때문에 진실되지 못하다. 아동은 사랑을 얻기 위해 어머니의 기대와 소망에 맞춰 행동함으로써 자기 자신에 대한 다른 사람의 이미지가 된다. 이런 모든 것의 결과는 적절한 조건에 놓여 있었다면 창조성과 진실성을 갖춘 '참 자기'로 자라났을 아동의 자발적인 욕망들이 숨겨지고 비밀이 되며 충족되지 못하게 된다.

세 번째로, 위니컷의 과도기적 대상과 과도기적 공간(1971) 개념은 굉장히 널리 알려져 있다. 그는 예를 들어, 자라나는 아동이 담요나 장난감을 어떻게 어머니를 표상하는 것으로 사용하는지를 기술하였다. 이는 진짜 대상이면서 동시에 상징적 대상이며 아동이 공상과 현실의 영역에 동시에 있을 수 있게 해 준다. '중간 지대space in between'의 개념은 현실과 공상 모두가 가능한 곳을 말하며, 이 개념은 창조성에 대한 현대 이론과 '제삼자'에 대해 생각하는 것에 있어서 매우 중요한 역할을 하였다. 이는 '나'와 '내가 아닌 것' 사이를 일컬으며, 우리가 서로를 마음에 지니고 있는 관계적 영역으로 가장 잘 생각될 수 있다. 이는 어떻게 사람들이 서로 친밀하게 관계하는지, 특히 분석가와 환자 사이에서 뭔가 새로운 것을 만들어 나가기 위해 어떻게 서로 상상력을 가지고 의사소통하는 방법을 찾아가게 되는지를 개념화하는 데 있어서 매우 유용한 개념이다.

자크 라캉

- 1901년에 파리에서 출생
- 1927년부터 정신과에 주력하는 의사로서 수련을 받음

- 1934년에 편집증적 정신분열증에 대한 논문으로 박사학위를 받음. 이 논문은 초현실주의자들에게 영향을 끼침. 이 시기에 라캉은 자신에게 지대한 영향을 끼친 철학 세미나에 참석하였으며 파리의 문화생활에 깊이 관여하였음
- 1934년에 파리 정신분석학회Psychoanalytic Society of Paris: SPP에 합류하였으며 나중에 자아심리학자로 알려진 루돌프 로웬스타인Rudolph Loewenstein에게 분석을 받게 됨
- 파리에 있는 발드그라스 군인병원Val-de-Grace에서 일하면서 전쟁 시기를 보냄. 전쟁 후에 파리 정신분석학회SPP에 다시 합류하였으며 그 자신의 정신분석적 체계를 개발하기 시작하였음
- 1953년부터 30년 가까이 정기적인 세미나를 주최하였으며 프랑스의 지성인들 사이에서 그의 영향력은 점차 커져 갔음
- 1953년에 파리 정신분석학회를 탈퇴하였으며 프랑스 정신분석학회Société Française de Psychanalyse: SFP를 결성하였음. 라캉이 탈퇴한 이유는 라캉이 정신분석 회기를 다양하게 제공하는 것(보통 단기분석)에 대한 논쟁 때문에 생겨난 것임. 새로운 학회는 국제정신분석학회International Psychoanalytic Association에 등록을 신청하였으나, 라캉이 훈련 분석가가 되지 않는 조건하에서만 등록이 허가되었음. 이러한 규정은 IPA가 분석 기간의 다양성을 인정하지 않았으며 또한 라캉을 둘러싸고 형성된 개인 숭배에 대한 우려가 있었기 때문임
- 1964년에 프랑스 정신분석학회를 탈퇴하여 파리 프로이트학교the Ecole Freudienne de Paris를 세웠고 자신이 강사로 있는 프랑스 고등연구원Ecole Pratique des Hautes Etude으로 그의 세미나 장소를 옮겼음
- 1966년에 에크리Ecrits를 출간하였으며 이는 기대 이상으로 유명해졌음
- 1980년에 파리 프로이트학교를 해산하고 프로이트 대의학교La Cause Freudienne를 다시 설립함
- 1981년에 국제적 유명인사로서 사망

라캉은 1930년대부터 1981년 사망할 때까지 정신분석에서 논쟁적인 인물이

었으며, 현재도 계속 그러하다. 프랑스 밖에서의 그의 주요 공헌은 '문화 연구(정치, 여성학, 문학)'라고 불리는 영역에서 최근까지도 이루어졌다. 이 영역들은 표상과 상상력이 중요하고 무엇을 어디까지 생각할지가 활발한 이슈인 영역들이다. 중요한 예가 마르크스주의 철학자인 루이 알튀세르Louis Althusser인데, 프로이트에 대한 라캉의 이해를 증진시킴으로써 정신분석의 주장을 정치적 중요성으로 상승시켰던 인물이다(Althussser, 1969). 1980년대 중반 이후부터 라캉 정신분석의 임상적 중요성은 더욱 인정받기 시작하였으며 라캉의 보다 많은 글들이 영어로 번역되었고 많은 라캉 정신분석 훈련 프로그램들이 만들어졌다. 라캉 정신분석은 세계적으로 가장 중요한 분석 접근법 중 하나로 자리 잡았고, 그것의 이론적 체계는 매우 영향력이 있다.

라캉은 다양한 회기 기간이라는, 정신분석 임상실습에서 논쟁이 되는 기법에서 개혁을 불러일으킨 사람이다. 이는 정신분석이 점차 관료적이고 뻔한 것이 되는 경향에 맞서 정신분석의 쇄신능력을 유지하기 위한 시도로 부분적으로 이해될 수 있다. 라캉은 '스타일'과 지배와 권위와 관련된 문제들에 관여하는 일환으로서 분열과 추종 집단을 이용하고 이를 부추기는 경향이 있어 보였다. 이는 아마도 왜 그가 글보다는 상대적으로 열려 있고 비구조화된 '극장' 같은, '라캉 효과'를 직접 느낄 수 있는 세미나를 통해 의사소통하는 것을 가장 선호하고 가장 중요시 여겼는지에 대한 이유이기도 할 것이다.

라캉의 생각 체계는 복잡하고 어떤 곳에서는 모순적이기도 한데, 물론 이것은 그의 인생을 거쳐 의미 있게 발전된 것이었다. 한 가지 일관적으로 유지된 주제는 정신분석을 언어의 실천으로서 강조하였다는 것이다. 이는 치료실에서 한 사람이 다른 사람에게 말을 할 때 발생한다. 화자는 이러한 과정에서 '주체'로 만들어지며, 그 결과 무의식은 표현되기만을 기다리고 있는 어떤 것이 아니라 언어에서 창출되는 어떤 것으로서 이해하는 것이 된다. 라캉에게 언어는 인간 주체를 창조하는 것이다. 따라서 언어는 도구가 아니라, 정신분석을 가능하게 만드는 매개물이다. 심지어 라캉은 언어가 무의식을 '구조화'하는 것으로 생각했는데, 이는 부분적으로 무의식은 언어 그 자체로서 조직화되는 것으로 보았기 때문이며(프로이트의 관점과 상이하다), 또한 언어는 의사소통될 수 있는 것과 없는 것을 구분한다고 보았기 때문이다.

사회학자들과 정치학자들 그리고 문화 비평가들에 의해 다양하게 받아들여진 굉장히 복잡한 이론적 재료들이 라캉 이론 안에 있다. 그러나 여기서는 라캉이 서로 다른 차원을 가진 경험을 구분한 것을 언급할 필요가 있을 것 같다. 라캉은 그것들을 **상상계**the Imaginary, **상징계**the Symbolic, 그리고 **실재계**the Real라고 명명하였다. 이들은 16장에서 보다 더 자세하게 기술하도록 할 것이다. 첫째, 라캉의 사고에 의하면, 상상계는 상상의 규칙으로 이루어져 있다. 이는 일종의 자기애적 영역으로서, 우리는 우리가 마치 완전체이고 우리의 삶의 참 의미를 발견할 수 있는 것처럼 행동하지만, 실제로는 분열과 균열, 모순, 그리고 불가능함으로 이루어진 파편화된 세계에 속해 있다. 상상계는 라캉이 '거울 단계mirror phase'라고 부른 것에서 출발한 것인데, 라캉은 이 단계를 발달적인 것으로 기술하였지만 자아가 작동하는 방식을 은유적으로 표현한 것으로 널리 받아들여지고 있다. 이 거울 단계에 대해 라캉의 설명은 다음과 같다. 18개월쯤에 아기는 그때까지 추동의 영향 아래서 속수무책이며 심리적으로 평정을 유지하기 위해 애써오다가 거울에 비친 자신의 이미지를 마주하게 된다고 하였다. 이 이미지는 매우 강력한 효과를 가지는데 왜냐하면 이는 아기가 실제로는 분열되지 않고, 온전하며 통합된 존재라는 것을 암시하기 때문이다. 이는 일종의 거짓된 '알리바이'인데, 실제로는 그곳에 없었지만 있었다고 주장하는 게 알리바이인 것처럼, 이미지는 아동에게 진짜 존재가 거울에서 밝혀졌다고 설득한다. 거울 단계는 자아의 기원이 되며 이는 자아가 외부 세계로부터 '채택된adopted'된 어떤 것임을 의미한다. 이는 진짜가 아니며, 분열의 느낌을 완화시켜 주고 (정신이) 해체되는 것을 방어해 주는 방법이라고 할 수 있다. 이 순간부터 아기는 자아를 일종의 지지대처럼 사용하며 이는 잠재적으로 통합되어 있고 온전한 것으로서 자기 자신을 지각하는 것을 포함해서 전체 세상을 볼 수 있게끔 해 준다고 라캉은 주장한다. 그러나 이것은 환상이며 이것에 의존하는 것은 다른 종류의 오류errors를 가져온다. 예를 들어, 다른 사람에게서 진정한 진짜 사랑을 발견할 수 있다거나, 누군가(교사나 분석가 또는 정치 지도자)는 존재에 대한 모든 질문에 대한 완벽한 답을 가지고 있을 거라는 오류 말이다.

둘째, 상상계와 반대로, 상징계의 규칙은 현실의 분열과 분리를 인정하는데, 이것이 바로 언어가 핵심이 되는 이유가 되기도 한다. 이것이 의미하는 바는 사회의 구성원이 되기 위해서 개인은 언어에 '종속(subject to)'되어야 하며, 자신을 다른 사람에게 이해시키고 따라서 자신의 생각과 환상을 언어에 따라 구조화시키는 방식으로 언어를 사용해야만 한다. 라캉은 이를 오이디푸스 콤플렉스와 연결시켰으며, 오이디푸스 콤플렉스는 상징적 '법률'Symbolic law이 작동하게 하여 아동이 어머니를 소유할 수 있다는 환상, 즉 내가 욕망하는 모든 것을 가질 수 있다는 상상계의 환상을 깨트리게 되는, 발달적으로 중요한 계기가 되는 순간이라고 하였다. 상징계는 언어와 성적 차이가 지배하는 영역으로, 주체의 분열과 결핍을 중심으로 한 주체성이 형성되는 곳이다.

셋째, 라캉의 규칙은 실재계로 알려져 있다. 이는 생물학적으로 주어진 것이 아니라서 상징화시킬 수는 없지만, 가능성과 방해물로서 언제나 '거기에' 존재하는 것을 일컫는다. 어떤 의미에서 이것은 무의식의 개념 또는 어쩌면 죽음 추동의 개념과 비슷하다고 할 수 있을 것이다. 실재계는 상상계와 상징계가 담아낼 수 있는 범위를 넘어서서 존재하며 잔존하는 것의 규칙이며 표면 아래에 있고 율동적이고 불확실하며 분열을 일으키는 것이다.

요약

- 현대 정신분석에 큰 영향을 끼친 네 명의 주요한 정신분석가들에 대한 전기와 이론들에 대해 간략하게 제시하였다.
- 이들 개념들 중 몇몇은 다음 장들에서 더 자세히 살펴볼 것이다.
- 이론들 간에 주요한 차이가 나는 영역들은 자아의 역할, 대상과 추동과의 관계, 무의식적 자료가 어떻게 드러나는지 그리고 발달을 어떻게 개념화하는지에 대한 것이다.

- 이들 모든 이론은 그들의 이론이 프로이트의 생각에서 출발했다고 주장하며 역동적 무의식에 대한 언어를 인간 주체에 대한 시각에서의 핵심으로 유지하고 있다.

제11장

애착과 정신화

생물학에 기반한 정신분석 이론

이전 장에서 후기 프로이트 정신분석에 대한 몇몇 핵심적 특징들에 대해 간략히 설명하였다. 여기서는 현대 정신분석 이론에서 가장 중요한 요소 몇 가지를 기술하려고 한다. 후속 장들에서는 현대 정신분석은 관계적 사고의 방향으로 강하게 기울어졌다는 주장을 발전시킬 것이다. 이는 초기 사회적 상호작용이 정신 구조의 발전에 핵심이라는 점, 특히 정신세계는 중요한 '대상관계'를 중심으로 조직화된다는 관점이 점점 더 널리 공유되고 있음을 의미한다. 여기서 사용되는 기술적 언어는 제12장에서 밝힐 것이지만, 이 장에서 저자는 프로이트 이론의 좀 더 생물학적인 전통과 관계적 조망을 연결하는 문제들, 그리고 현대 프로이트 학파(안나 프로이트의 이론으로부터 유래된)와 관계적 사고 사이에 가교를 놓을 가능성들에 대해 언급하고자 한다.

대체로 프로이트의 추동 이론은 생물학에 기반한 것으로, 그리고 대상관계 이론은 보다 '환경적' 사건들(특히, 아동 발달에 대한 부모 양육의 역할)에 관심을 가지고 있는 것으로 보는 경향이 있다. 추동 이론이 정의상 생물학적 요인들에 원인을 돌리는 경향이 있기 때문에 위와 같은 생각은 어느 정도 맞는 말이다. 삶과 죽음 추동은 각 개인이 타고난 기질적 특징으로 여겨지며 프로이트와 클라인 모두 이들의 영향이 얼마나 큰지에 대해 명백하게 이야기하였다. 반면, 대상관계 이론(그리고 관계적 정신분석 전반)은 초기 관계의 영향에 보다 열려 있다. 초기 영향은 추동이 어떻게 전개되어 나가는지에 영향을 미칠 뿐 아니라, '마음을 형성해' 나가는 방법에도 중요하게 영향을 미친다. 예를 들어, 사람들이 생각하고 감정을 깊이 있게 느끼는 능력은 초기 양육자와의 상호작용의 질에서 비롯된다.

이러한 관점에도 불구하고, 생물학에 기반한 관계적 사고의 강한 전통 또한 존재하며, 최근에 정신분석적 이론에서의 몇몇 새로운 발전에 있어서 이것은 점차적으로 더 중요해지고 있다. 이들 발전들은 현대 프로이트 학파 그리고 관계적 전통 모두에서 활동하고 있는 분석가들과 다른 이들에 의해서 비롯되었다. 이들을 이어 주는 것은 특히 전통적으로 사례와 임상적 연구에 의존해 왔던 정신분석을 보완하여 아동 발달과 신경학의 새로운 실증적 연구 자료들에 관심을 가지게 된 것으로부터 나왔다. 이러한 자료들에 대해 경계심을 가지거나 폄하하는 많은 다른 정신분석가들도 있다는 것을 또한 언급할 필요가 있다. 그들은 실증적 연구들이 정신분석의 핵심을 놓치게 만들고 생물과학 또는 인지과학으로 그 의미를 축소시켜 버릴 위험이 있다고 생각한다.

애착 이론

애착 이론은 존 볼비John Bowlby(1969)의 작업에 기인하며 발달심리학과 임상심리학 그리고 사회 사업 분야에서 상당히 영향력을 미치게 되었다. 그러나 볼비가 정신분석가였음에도 불구하고, 정신분석에서는 그의 이론이 영향력이 없었다. 어떤 면에서는 이것이 의외인데, 왜냐하면 애착 이론의 몇몇 기본 가정들은 대상관계 이론에 잘 부합하는 것처럼 보이기 때문이다. 애착은 타고난 경향성이며 진화 과정에서 나타난 것으로 인간이 타인과의 친밀감을 추구하는 것이다. 이는 외부 세상의 위험과 보호와 구제의 필요성 때문에 그렇다고 여겨진다.

아기는 양육자와의 근접성을 추구한다. 어린 동물은 어미 옆으로 가까이 움직이고 붙어 있으려고 하며, 인간 아기는 움직임은 덜하지만, 어머니와 다른 돌봐 주는 사람들의 반응을 이끌어 내도록 울음소리를 내고 요구를 한다. 애착은 스스로는 생존할 수 없는 아이들을 보호해 준다. 그러나 애착은 단지 신체적 효과만 있는 것은 아니며, 정서적 욕구도 충족시켜 주는데, 아기는 자라서 스스로의 상황을 반추하게 되며, 더욱 중요한 것은 타인의 감정 상태를 이해할 수 있게 해 준다(Bowlby, 1969; Fongay & Target, 2007). 현대 정신분석과 유사하게, 애착 이론은 인간 주체는 사회적 지향을 타고났다고 보며, 아기는 사회적 연결을 가능한 한 온전하게 추구하는 경향성을 '생득적'으로 가지고 있다고 주장한다. 인생의 '목표'는 인간관계를 충족시키는 것으로, 이는 생물학적인 기반을 가지며 종의 영속화를 가지고 올 뿐 아니라, 아이들을 성공적으로 양육할 수 있게 해 준다(애착 행동은 포식자와 다른 위험으로부터 아이들은 지키게 해 준다). 여기서 한 가지 시사하는 바는 애착에 부합되는 감정(모든 종류의 사랑, 즉 연애 감정부터 부모나 아이에 대한 사랑까지)은 사회적 지향성에 조력하는 방식으로 생물학적으로 작용한다는 것이다. 사랑이 열정적인 이유는 인간이 생존하는 데 필요로 하는 행동을 촉진시키기 때문이다. 후기 작업에서 볼비(Bowlby, 1973, 1980)는 이러한 생각들을 발전시켜서 아동의 발달에서 분리가 가지는 영향을 검토하였고, 상실이 심리적 기능에 미치는 영향에 대한 인지적 모델을 만들었다.

이러한 생각들은 방대한 임상적 증거들을 낳았다. 애착을 측정하는 다양한 방법이 개발되었다. 메리 에인스워스Mary Ainsworth가 사용한 '낯선 상황' 절차는 아기가 (양육자와의) 분리에 어떻게 반응하는지를 연구하였으며, 메리 메인Mary Main의 '성인 애착 면접'은 성인 피면접자의 이야기 하는 방식을 통해 애착 유형 범주를 구분하였다. 이들 연구들은 변덕스럽거나 거절하는 양육 방식은 아동의 애착에 영향을 미치며 이후 관계에도 장기적으로 영향을 미칠 뿐 아니라, 인지적이고 정서적인 방식에도 영향을 주어 세대를 거쳐 지속적인 효과를 미친다는 예측 가능한 결과를 설득력 있게 보여 주었다. '안정' 애착 그리고 '불안정' 애착은 아동 양육을 담당하는 전문가들에게 익숙한 개념이 되었으며 불안정 애착 안에 있는 다양한 유형(예, '회피' '저항' 그리고 '혼란' 애착)을 구분하는 것에 대한 많은 연구와 이론적 공식화가 있었다.

겉으로 보기에는 애착 이론이 왜 정신분석가들 사이에서 논쟁이 되는지 불분명할 수도 있다. 무의식 용어에 대한 상대적인 관심의 부족이 단서가 될 수도 있을지도 모르지만 말이다. 특히 볼비(Bowlby, 1973)가 초기 애착 경험들에서 비롯된 관계들에 대한 특정 기대치를 자신의 내면에 '지니고 다니는' 방식을 설명하기 위해 '내적 작동 모델'이라는 개념을 발달시킨 이후로 정신분석적 사고와 애착 이론과 뚜렷한 공통점을 가질 수 있다는 것이 분명해졌다. 정신분석처럼 애착 이론도 초기 경험의 중요성을 강조한다. 애착 이론은 정신분석보다 좀 더 인지적 언어를 사용하기는 하지만, 이들 초기 경험들이 이후 관계들을 지배하는 '선의식적인' 견본template을 가지도록 만든다는 개념은 대상관계의 가정들과 유사하다. 그러나 많은 세월 동안 여러 이유들 때문에 애착 이론에 대한 심한 반대가 있어 왔다. 피터 포나기와 마리 타깃(Peter Fonagy & Mary Target, 2007, p. 415)은 정신분석적 사고와 애착 이론 사이의 관계를 발전시키는 가장 중요한 작업들을 이루었는데, 애착 이론의 한계를 다음과 같이 기술하고 있다.

> 애착 이론은 다음과 같은 점에서 정신분석적 관점보다 제한적이다. 애착 이론은 성을 회피하였고, 공격성을 기본적인 동기보다는 이차적인 것으로 보았으며, 갈등에 대한 기계적인 관점을 제시하였다. 무의식에 대해 침묵하였고 얼마 안 되는 실증주의적 패러다임(예, 낯선 상황 절차와 성인 애착 면접)에만 초점을 맞추며(이는 원자료의 미묘함과 세부적인 내용을 상실한 광범위한 분류체계를 제공한다), 환원주의적이었으며, 임상적 작업에 대한 제한된 틀만 제공하였다. …… 의식, 전의식, 그리고 무의식적 경험 사이의 질적인 구분에 대해 애착 이론가들은 관심이 별로 없었으며, 가장 형태를 갖추어 방어하고 있다고 가정되는 정신적 내용은 추동이나 추동과 관련된 갈등이 아니라, 자신과 타인과의 관계에서 자기 자신에 대한 발달에 초점이 맞추어져 있다.

볼비는 '동물생태학' 또는 진화론적 관점과 인지적 관점 사이에서 양가적 태도를 취한 듯 보이며 아마 정신분석가 동료들의 거절이 그로 하여금 정신분석의 원리에 대해 보다 적대적이 되도록 만든 것처럼 보인다. 어쨌든 애착 이론은 정신분석의 특색을 잃었으며 정신분석가들이 가장 관심 있어 하는 무의식적 갈등에 대한 언급 없이 초기 상호작용과 연관된 관계 형성에 대한 인지적 견본을 가정하는 것으로 단순화하였다.

애착과 정신분석

많은 정신분석가들이 애착 이론을 정신 상태를 개념화하는 데 있어서 상대적으로 피상적이라고 보는 것에 대한 의구심이 지속되고는 있지만, 두 접근법 사이에 상당한 정도의 화해의 분위기가 또한 있어 왔다. 포나기와 타깃(Fonagy & Target, 2007, pp. 415-418)은 이에 대한 몇 가지 이유들을 제시하였으며 다음에 제시되어 있는 것들을 포함한다(포나기와 타깃의 생각은 고딕체로 표시하였고 나의 주석은 그 후에 이어진다).

- **아동의 사회적 환경이 발달에 미치는 특징을 정신분석가들이 더 많이 받아들이기 시작한 것 같다.** 이는 대부분의 정신분석 학파들에 해당되며, 안나 프로이트 학파(포나기와 타깃 또한 그 학파의 멤버이다)와 대상관계 학파를 포함한다.
- **정신분석가들이 실제 사회적 환경에 관심을 가지게 된 것은 성인 행동에서의 차이를 설명하기 위한 타당한 방법으로서 유아기 발달에 점차적으로 흥미를 가지게 된 것에서 비롯되었다.** 이는 새로운 발전으로 보기에는 다소 의아할 수도 있다. 그러나 포나기와 타깃이 여기서 말하고 있는 것은 이전에는 주로 성인이 기억하는 아동기 경험을 재구성하는 것에 오랫동안 의존하였던 정신분석가들이 점차 부모-아기 상호작용의 관찰 가능한 요소를 연구하고, 그것들이 이후 발달에 미치는 영향의 중요성을 고려하기 시작하였다는 것이다.

- 일련의 정신분석적 방향은…… 자기 발달의 변증법적 모델을 암시하는 것을 선택해 왔다(Fonagy & Target, 2007, p. 416). 이것은 기본적으로 부모와 아동은 서로에게 영향을 준다는 상호작용적 또는 상호주관적인 모델이 분석가들 사이에서 점점 일반화되고 있다는 것을 의미한다.
- 대상관계 모델이 주된 국제 정신분석 패러다임으로서 자아심리학을 대치하게 되면서, 관계에 대한 자율적인 욕구를 강조하는 애착 이론이 다수에 의해 받아들여지게 되었다. 정신분석가들이 '대상'이라는 용어를 일반적으로 채택하게 된 것은 이러한 주장에 대한 증거라고 할 수 있다(제12장 참고).
- 정서 조절, 상징화 능력, 공감과 같은 정신 기능의 출현은 관계적 맥락 안에서 이루어진다. 이는 발달의 핵심 측면으로서 초기 관계의 중요성을 다시 한번 강조한다.
- 실증적 연구를 개척하였던 정신분석가들 사이에서 애착 이론에 기반한 측정치들에 대한 관심이 증가되었다. 이는 정신분석가들 사이에서 체계적인 관찰과 실증적 연구를 보다 더 수용하는 흐름의 한 부분이다. 이는 증거를 요구하는 외부적 압력과 아기 관찰이라는 자신들의 오랜 전통에 기반한 아동 분석가들의 영향으로 인해 생겨났다고 볼 수 있다.
- 우리의 관점에서 볼 때 애착 이론의 수용성이 높아지게 된 덜 바람직한 변화는 심리적 장애의 주요 원인으로 유아기의 성에 대한 강조가 줄어든 것이다(Fonagy & Target, 2007, p. 418). 이는 실제로 애착 이론에 대한 비판 중에 하나였고 따라서 이것이 정신분석에도 적용되었다는 것을 이 목록에서 보는 것은 흥미롭다. 확실히 관계적 정신분석은 그들의 사례 연구와 이론적 주장에 있어서 비성욕적 친밀감을 성보다 더 중요시한다. 이러한 부분이 애착 이론의 탈성화 de-sxexualized된 접근법에 대해 거부감을 덜 가지게 된 것을 의미한다는 점에서 포나기와 타깃의 언급은 맞을 것 같다.

이것들과 더불어 다른 몇 가지 발전의 결과로 많은 정신분석가들은 다음과 같은 애착 이론의 가정들을 보다 편안하게 받아들이게 되었다. (1) 초기 관계는 아동이 경험하는 안전감의 정도를 결정한다. (2) 이는 관계가 어떤 것이라는 내적인 '모델'에서 차이를 가져온다. (3) 안정 애착 대 불안정 애착 패턴은 상이한 자기 구조와 연결된다. (4) 이들 중 몇몇은 지속적인 영향을 미치며 '성격' 장애와 같은 심리적 어려움을 야기한다. 이렇게 보면, 애착 이론의 가정들은 위니컷의 개념들(예, 반응적인 어머니의 양육방식이 참 자기와 거짓 자기 발달과 관련이 있다는 것) 및 보다 광범위한 관계 패러다임과 연관이 있음을 보여 준다.

포나기와 타깃은 성인기의 애착 관계가 유아기 애착과 관련이 있는지를 보여 주는 중요한 연구를 하였다. 가장 흥미로운 지점은 부모들이 아동기 시절의 자신들의 애착 경험을 이야기하는 방식이 그들이 자신의 아이들과 가지는 관계의 질을 예측하는 것처럼 보인다는 것이다. 예를 들어, 포나기와 타깃(Fonagy & Target, 2003, p. 239)은 그들의 발견점들을 다음과 같이 요약하였다. "회피적 AAI(성인 애착 면접)는 (피면접자 아이들의) 회피적 낯선 상황 행동을 예측하였고 몰입형 AAI는 불안 회피 유아 애착을 예측하였다." 그들이 사용하는 기술적 용어들이 존재하긴 하지만, 여기서 요지는 자신의 경험에 대해 사려 깊게 생각할 수 있는 성인의 능력은 그들의 자녀들과 맺는 관계의 질에 영향을 준다는 것이다. 이는 내적 견본의 종류가 작동하여 개방적이고 애정적인 관계를 형성하는 것을 억제 또는 촉진한다는 것을 다시 한번 시사한다.

정신화

정서적 반응성과 내성능력에 대한 이 생각들은 '정신화'라는 개념으로 최근 함께 묶였으며, 이는 '인간의 행동을 의도적 정신 상태(예, 욕구, 욕망, 감정, 신념, 목표, 의도와 이유)와 관련해서 해석하는, 대부분 전의식상에서 일어나는 상상적 정신 활동의 형태'로 정의된다(Fonagy, 2008, p. 4). 포나기는 계속해서 다음과 같이 기술한다.

> 정신화는 상상력이 요구되는데, 왜냐하면 다른 사람들이 생각하는 것 또는 느끼는 것이 무엇인지에 대해 상상을 해야만 하기 때문이다. 높은 수준의 정신화의 중요한 지표는 다른 사람의 마음이 어떤지 절대적으로 알지 못하며 알 수도 없다는 것을 인식하는 것이다. 비슷한 종류의 상상적 도약은 자기 자신의 정신적 경험을 이해하는 데도 필요하며, 특히 강한 정서를 일으키는 문제와 관련해서 그러하다. …… 자아를 정신적 행위자로 이해하는 능력은 대인관계 경험, 특히 일차적 대상관계에서 발달한다.

이 몇 문장 안에는 분석해야 될 것이 많이 있다. 첫째, 자기와 타인 사이의 가까운 연결에 대한 언급에 주목할 필요가 있다. 상대방이 무슨 생각을 하는지 또는 어떠한 의도를 가지고 있는지를 알기 위해 그리고 어떤 것을 다른 사람의 관점에서 이해하기 위해서 한 개인이 다른 개인의 마음에 들어 가는 방식으로 '이해하는' 것에 대한 상상적 형태에 초점을 맞추고 있다. 이는 타인을 이해하기 위해 필요한 것으로 볼 뿐 아니라, 자기 자신의 정신적 기능을 이해하기 위해서도 중요하다. 대인관계적 경험은 정신적 행위자로서 자기 자신에 대한 지식을 가지게 한다. 달리 말하면, 초기 대상관계의 경험 없이 자기 자신이 되는 것은 불가능하다. 포나기(Fonagy, 2008, p. 10)는 다음과 같이 기술한다. "정신분석가들은 정신 상태를 상징적으로 표상하는 아이의 능력은 주요 대상관계 안에서 획득된다는 것을 오랫동안 가정해 왔다. 따라서 초기 정서적 유대감의 손상은 정상적 사회 발달에 필수적인 여러 능력을 손상시킬 수 있다. 한 개인이 마음을 가진 사람으로서 이해받는 경험이 없다면 마음을 이해하는 것은 어렵다."

이 인용에서는 애착 사고와의 연결이 분명히 나타나고 있다. 반응적인 타인과의 안전한 관계 맥락 안에서 정신화할 수 있는 능력이 생겨난다. 이것은 기본적으로 어머니 또는 다른 양육자가 아기의 감정을 수용할 수 있고 그것을 생각으로 반영해 주는 일종의 거울 역할을 하기 때문에 가능하다고 가정한다. 포나기는 아기의 정서적 각성이 양육자와의 접촉을 통해 두 가지 방식으로 완화된다고 하였다. 첫째, 아기는 자신의 감정은 어른들의 시선을 사로잡는 것이며 연속적인 상호작용('거울반응하기')을 이끈다는 것을 발견하게 된다. 이는 그 자체로 보상적이며 아기가 스스로를 "조절하는 행위자"(Fonagy, 2008, p. 16)로 경험하도록 도와준다. 둘째, 양육자가 아기의 감정을 받아들이고 이해하는 능력은 아기에게 자신의 정서 상태를 조절하는 것이 가능하다는 것을 전달한다. 즉, '감정은 인식될 수 있고 따라서 공유할 수 있는 어떤 것으로 경험될 수 있다'(Fonagy, 2008, p. 16). 사실상, 여기서 중요한 것은 아기는 경험을 '공유하는 것'을 배우며 적절한 조건에서는 인간관계의 신뢰성을 배우게 된다는 것이다. 하지만 만약 상황이 불리하게 흐른다면, 아기는 정서를 다루는 이 영역에서 어려움을 가지게 될 것이다. "만약 부모들의 정서적 표현이 아기의 정서 상태와 다르다면, 이는 내적 상태를 적절하게 명명하지 못하게 되며 결과적으로 혼동스럽고 상징화되지 못한, 조절하기 어렵다고 느껴지는 어떠한 것으로 경험하게 된다"(Fonagy, 2008, p. 16).

정신화는 전적으로 인지적 현상이 아니며 정서적 경험과의 강한 연결고리가 있다. 이는 부분적으로는 정신분석에도 유용한 개념이 될 수 있다. 더 나아가, 포나기가 가정한 과정은 아기가 감정을 '외재화'함으로써 그것을 부모에 의해 다룰 수 있도록 하고 더 잘 이해할 수 있는 형태로 돌려받을 수 있게 된다는 것이며 이것은 제15장에서 보다 더 자세하게 제시할 클라인 정신분석가들이 기술한 투사와 내사의 순환과 매우 유사하다. 포나기와 타깃(2003)은 또한 '이질적인 자기alien self'라는 흥미 있는 개념을 설명하였는데 이는 위니컷과 비온 같은 영국 정신분석가들의 저서에서 발견되는 생각들과 매우 관련이 있다(그들도 그렇게 밝히고 있다). 요약하면, 둔감한 양육은 부정확한 반영이며, 아동은 부모에 의해 반영된 자신의 감정을 발견하기보다는 부모의 관심사를 다루어야만 한다. 포나기와 타깃(Fonagy & Target, p. 279)은 이는 결과적으로 '대상의 마음 상태의 표상을 자기 자신의 핵심으로 내재화'하게 만든다고 하였다. 이는 '이질적 자기'의 통합으로 이어지며, 안정감을 주는 대신 불안하게 느껴지며, 따라서 이질적 요소를 외부로 내보내려는 점점 더 절박한 시도로 이어지고, 성격적 와해를 초래하게 된다. 포나기와 타깃은 어떠한 부모양육도 완벽하게 아기의 욕구에 조율될 수 없기 때문에 우리 모두는 어느 정도의 소외된 자기를 가지고 있다고 주장한다. 위니컷이 일컬은 '충분히 좋은 양육'의 조건하에서는 아이들이 '자기 안에 이러한 차이들'을 다룰 수 있는 정신화 능력을 발달시킬 수 있을 것이다. 그러나 이러한 조건이 우세하지 않을 경우 또는 심각한 외상이 일어날 경우, 자기 안에 비일관적인 요소가 두드러지게 된다.

신경정신분석

이 장에서 마지막으로 기술한 이 접근법의 독특한 요소는 몇몇 정신분석가들이 새롭게 떠오르고 있는 뇌과학과 자신의 학문을 통합시키는 방법을 발견하려는 보다 광범위한 움직임과 관련된다. '신경정신분석'은 정신분석적 현상을 뒷받침할 수 있는 뇌 기제를 확립하고 그렇게 함으로써 정신분석이론에서 무엇이 지지될 수 있는지 무엇이 그렇지 않은지를 밝히려고 한다(Solms & Turnbull, 2002). 애착의 신경생물학은 특히 이러한 작업을 하는 사람들에게 흥미로운 것이었는데, 그들은 뇌가 어떻게 정신화 연구에서 시사하는 내성 능력을 허용하거나 차단하는지에 관한 것에 관심을 가졌다. 신경과학을 향한 움직임에 대한 평론에서 블라스와 카멜리(Blass & Carmelli, 2007)는 '외상, 기억, 동기와 정서, 꿈 이론, 그리고 마음의 이론'에 대한 네 가지 영역들을 정신분석가가 특별히 흥미를 가지는 영역으로 제시하였다(p. 20). 이들 영역에서 각각의 주장을 간략하게 제시하면 다음과 같다.

- 외상과 기억: 외현 기억과 내현(암묵) 기억 체계와 관련된 신경과학적 발견들은 기억 조직화에 있어 많은 외상적 기억이 외현적으로 부호화되는 것이 아니기 때문에 기억 그 자체를 회상하기는 어렵다고 밝히고 있다. …… 이는 우리가 더 이상 특정 외상 기억을 찾으려고 하거나 그것이 필요하거나 언제나 가능한 일이라고 환자를 설득하면 안 된다는 임상적 함의를 시사한다(p. 21).

- 동기와 정서: 신경과학적 연구는 몇 개의 동기부여 중추가 존재함을 밝혀 주었다. 이 연구는 새로운 정신분석적 이론의 발전을 지지하는데, 이 이론에서는 개인이 다양한 동기를 가진 것으로 보며 고전 이론이 동기를 본능적 동기로만 제한한 것이 부적절함을 지적한다(p. 26).
- 꿈 이론: 신경과학적 발견들은 신체적 자극은…… 궁극적으로 꿈을 일으키는 일련의 사건들을 자극하지만, 높은 수준의 동기적 과정이 꿈의 출현에 관련이 있다는 것을 제시한다. 이러한 동기적 과정의 관여는 프로이트의 꿈 이론에 대한 신경과학적인 뒷받침을 제공한다(p. 28).
- 마음 이론: 신경과학적 이론들은 마음이 기능하는 것에 대한 실증적 자료를 적절하게 설명하며 허용 가능한 실증적 기준에 따라 그들의 모델을 검증하여 왔다. 정신분석은 이것과 관련해서 실패하였다. 결과적으로, 정신분석은 이러한 과제를 적절하게 수행하기 위해 신경과학적 이론을 채택해야만 할 것이다(p. 32).

이들 신경과학적 주장들은 꿈 이론과 같은 이론들에 대한 증거를 제시하면서 몇몇 정신분석적 이론을 정제하게끔 도와주는 것으로 여겨지면서 많은 정신분석가들의 흥미를 유발하였다. 프로이트 자신도 아마도 이러한 관점을 가졌을 것이라고 보는데 그는 생물학의 발전이 심리학적 기능의 원인에 대한 증거를 제시해 줄 것이라는 희망을 가졌기 때문이다. 그러나 이것들은 아직도 상당히 논쟁적이다. 특히 현재의 뇌에 대한 최근의 강한 관심은 해석이 필요할 수 있다. 이는 의미의 복잡성에서 벗어나 더 구체적이고 명확해 보이는 것으로 도피하려는 것을 나타낼 수 있기 때문이다. 이는 생물학적 기반의 이론에 대한 흔한 비판의 변형으로, 즉 심리학적 현상을 설명하는 것에 있어 적절하지 않은 수준에서 문제를 단순화한다는 의미에서 환원주의적이라는 주장이다. 블라스와 카멜리(Blass & Carmelli, 2007, p. 34)는 이와 비슷하게 "신경과학은 꿈을 꾸는 동안, 또는 동기화되는 감정을 가지는 동안, 그리고 정서적 경험을 하는 동안에 일어나는 마음의 생물학에 대해 말을 해 줄 수 있지만, 생물학적 기질이나 그것이 어떻게 의미 있게 이해될 수 있고 범주화될 수 있는지에 대해서는 설명해 줄 수 없다. 정신분석은 인간의 정신세계를 결정해 주는 잠재적 의미와 심리적 진실을 이해하는 데 초점을 맞춘 과정이자 이론이기 때문에 이러한 신경정신과학적 발견은 정신분석적 목표와 임상적 실천과 무관하다."라고 말하였다. 확실히 모든 사람이 동의하지는 않을 것이다. 그럼에도 불구하고, 마음에 대한 포괄적인 어떠한 심리이론도 뇌기능에 대한 발견의 중요성을 인식해야 한다는 점은 분명하지만, 신경과학이 정신분석 이론과 임상적 실천에 있어서 진정으로 필수적인지를 질문해 보는 것이 타당할 것이다.

요약

- 정신분석가들 중에 생물학과 진화론에 기반한 이론들에 대한 관심은 지속되어 왔으며 정신분석에 통합할 가능성을 염두에 두었다.
- 오랫동안 많은 분석가들은 애착 이론을 거부하였으나, 점차로 받아들이고 있으며 애착 이론은 어떻게 초기 아기의 관계적 상황이 발달에 영향을 미치는지에 관한 유용한 연구들을 이끌어 왔다.
- 내성적 기능에 대한 최근의 애착 이론에 기반한 증거들의 출현은 아기가 어떻게 사람들의 마음에 대한 지식을 쌓는지에 대한 이론화로 발전되었다. 비록 처음에는 인지적 이론에서 출발하였으나 정서가 어떻게 조절되는지와 그리고 부모가 아기의 불안을 반영하고 수용하는 방식의 영향과 같은 정신분석의 관심사와 점차 가까워지게 되었다.
- 이들 이론들은 신경과학적 사고와 맥을 같이한다. 신경정신분석은 정신분석적 이론과 임상에 대한 정보를 제공하고 증거를 뒷받침하기 위해서 뇌과학을 사용하려는 논쟁적 시도이다.

제12장

대상관계 이론의 원리들

대상과 대상관계

이전 장에서는 생물학적 관심과 사회적 관심을 연결한 프로이트 이론에서의 몇몇 최근의 발전들을 다루었다. 이는 보다 최근의 현대 정신분석에서 근간이 되는 주요한 이론적 가정들을 소개하기 위한 포석이었다. 이 가정들은 특히 영국 정신분석 학파(즉, 대상관계와 클라인 이론)에서 주요한 전통이 된 매우 중요한 개념들이며 앞으로 4개의 장에 걸쳐 설명을 할 것이다. 영국 학파는 이론과 임상실습에 지대한 영향을 끼쳤을 뿐 아니라 정신분석 이론을 인문학과 사회학에 적용하는 데에도 중요하게 작용한 '관계적'으로 생각하는 방식의 토대를 제공하였다. 출발점이 되는 개념은 많은 정신분석 학파에서 채택하였고 점차 중요하게 자리 잡은 개념인데, 그것은 바로 **대상과 대상관계**이다.

정신분석에서 사랑과 미움이 향하는 사람과 사람의 일부분을 '대상'이라고 한다. 이는 다소 이상하게 느껴질 수 있는데 이들 사람에 존재하는 인간성을 박탈하는 '객관화' 과정을 암시하는 것처럼 보이기 때문이다. '대상'은 '주체'와 반대되는 단어로, 사람들을 '사물들'로 지칭하는 것처럼 보인다. 이는 어느 정도는 용어 사용의 역사에서 비롯된 단순한 문제이기도 하다. 제5장에서 언급했듯이, 프로이트에게 있어서 정신 세계를 움직이는 힘은 추동들이며 이들은 그것들이 향할 대상, 그리고 긴장 방출을 통해 그것들을 만족시켜 줄 대상들을 찾는다. 이론이 발전하고 자아가 어떻게 대상들과 관계하는지에 대한 보다 섬세한 이해가 이루어지기 시작하면서 대상들의 개념은 보다 확실히 개인적이며 관계적이 되었다. 그러나 용어 자체는 변경되지 않아서 '대상'은 보통 상식적으로 의미하는 것과는 다른 의미를 정신분석 쪽에서는 가지게 되었다. 예를 들어, 부모나 엄마의 가슴같이 사물 자체를 가리키기도 한다. 그러나 주된 의미는 이러한 것들이 일으키는 정신적 표상, 즉 사람들의 마음에 거주하는 '내적', 상상적 형태의 사람들이다. 이는 왜 우리가 '만족을 주는 대상' 또는 '처벌적인 대상'을 이야기하는지에 대한 이유이다. 이러한 대상이 표상하는 '실제 대상'이 실제로 이러한 속성을 지녔을 수도 있고 아닐 수도 있지만, 사람들의 마음속에서는 이런 식으로 개인화된다personalized.

정신분석 용어 사전에서 라플랑쉬와 폰탈리스(Laplanche & Pontalis, 1973, p. 278)는 대상관계에 대한 개념에 대해 도움이 되는 설명을 제공하였다. 그들은 다음과 같이 언급하였다.

> 우리가 알고 있듯이, 사람은 본능이 그를 향하게 되는 한 대상으로 기술된다. 여기에는 비하하는 어조는 없다. 사람이 주체가 아니라는 어떠한 암시도 없다.
>
> '관계'는 주체가 그의 대상들을 구성하는 방식뿐 아니라 이들 대상들이 주체의 행위들을 조형하는 방식까지 포함하는 상호관계성의 의미를 강하게 가지고 있는 용어로서 이해해야 한다. 멜라니 클라인의 렌즈로 접근하자면 이러한 생각이 더욱더 크게 작용한다. 대상은 …… 주체에게 실제로 영향을 준다. 대상들은 주체를 괴롭히기도 하고 안심을 주기도 한다.

주고 받는 대상관계들은 매우 중요하고 라플랑쉬와 폰탈리스가 지적했던 것처럼 좀 더 다른 것을 포함하며 대상관계 조망에 핵심이 된다. 이는 '폐쇄된' 체계에서 '열린' 체계로의 변화이거나 보다 단순하게 이야기하자면 일인 심리학

one-person psychology에서 이인 심리학two-person psychology으로의 변화로 기술할 수 있을 것이다. 〈표 12-1〉에서 프로이트의 시각과 대상관계의 시각에 대한 간단한 비교를 제시하였다. 두 접근 모두 완전히 일관적이지는 않았고 명료함을 위해서 이들 입장의 특성을 다소 극단적으로 제시했을 수도 있다는 점은 유의

〈표 12-1〉 프로이트 학파와 대상관계 학파의 관점 비교

프로이트 이론	대상관계 이론
동기는 생물학적 추동에서 기인하며 주로 성과 공격성이다(성적 추동 대 자아 보존 추동; 삶의 추동과 죽음 추동).	동기는 인간의 '대상 추구' 경향성에서 기인하며 이는 인간은 관계를 추구하는 것에 최적화되어 있다는 것을 의미한다.
추동은 만족을 달성하는 방법으로서 대상관계로 이르게 된다.	대상관계는 그 자체로 만족을 준다(이것이 바로 인생의 참된 의미이다).
심리학은 내적인 근원(추동)으로부터 비롯되는 개인적인 것이며 타인은 이들 추동을 만족시키는 정도로만 포함할 뿐이다.	심리학은 관계(예, 아기와 엄마 사이)라는 개념에서 출발하며 대인관계적이거나 상호주관적인 것이다. 이로부터 인간의 주체성이 개별성을 띠게 된다.
기본 개념들은 생물학적이며 비인격적이다.	기본 개념들은 사회적이며 관계적이다.
핵심은 성에 있다. 성 추동이 대상관계로 이끈다.	핵심은 친밀감에 있다. 성은 친밀한 애정 어린 관계에 대한 표현이며 그것을 달성하게 해 주는 것이다.
파괴성과 공격성은 죽음 추동으로부터 나오며 타고난 것이다.	파괴성과 공격성은 좌절에서 비롯되며 대상관계를 억제하게 만든다.
오이디푸스의 '삼자'는 금지하는 힘(아버지)으로 이해되며 불온한 성적 친밀감(아동이 어머니에게 가지는 욕망의 충족)을 방지하기 위한 것이다.	오이디푸스의 '삼자'는 단지 삼자유형의 한 가지일 뿐이다. 다른 유형의 삼자는 개인의 주관성을 만남과 친밀감의 영역으로 모으는 방식과 관련이 있다. 따라서 삼자는 금지하는 것뿐 아니라 양육하는 것이 될 수도 있다.
치료의 초점은 심리적 문제를 일으키는 억압된 생각들에 대한 통찰을 발전시키는 데 있다. 분석가와의 관계는 이러한 과정을 보다 명료화하게 밝히는 데 사용한다.	치료의 초점은 치료적 관계를 손상된 대상관계를 재경험하고 재작업하는 데 사용하는 것에 있다.

해야 할 것이다.

〈표 12-1〉에서 대상관계 이론이 구현한 핵심적 발달을 보면 개인 '내부'에만 오로지 관심이 있었던 추동에 기반한 접근법에서 벗어났다는 것을 확실하게 알 수 있다. 전통적인 정신분석적 관점에서는 인간 심리학은 추동을 표현하는 충동에 의해 결정되며 이것을 성공적으로 하기 위해서는 타인과의 관계들이 형성되어야만 한다. 대상관계 이론에서는 이 사건들의 순서가 뒤바뀐다. 프로이트의 성적 공격적 추동 이론이 인간이 기본적으로 관계를 추구하는 존재라는 것으로 대치되었다. 결과적으로 내적 세계에 대한 초점은 여전히 유지하지만(이것은 모든 정신분석에 해당된다), 환경과 사회적 문제에 훨씬 더 개방적이며 주요 관심은 파괴적 충동의 통제에 있는 것이 아니라 개인의 관계의 질에 있다. 더 나아가 이들 관계의 역할은, 특히 초기 관계들의 역할은 인간의 마음을 형성하는 데 매우 중요하며 이는 프로이트의 생각에서도 암시는 되었지만 완전히 발전되지는 않았던 것이다.

대상관계 사고의 몇몇 원천들

대상관계 이론이 그렇게 강력한 방식으로 발달하게 된 방법과 이유에 대해 여러 가지로 생각해 볼 수 있다. 한 가지 원천은 프로이트 이론의 두 가지 측면에서 비롯된다. 첫 번째는 프로이트가 자아 발달을 설명한 것에서 유래한다. 특히 그의 후반기 이론에서 프로이트는 자아가 대부분 지각의 근원지로서 인생을 시작하며 내재화의 과정을 통해 점차 강화되고 정교화된다고 이해하였다. 이는 마음에 '흡수하고' 종종 동일시하게 된 대상과 대상의 속성에 대한 표상을 포함한다. 특히 성적 욕망의 대상들의 경우 그러하다. 이들 대상에게 아동은 리비도를 '투입'하게 된다. 아동이 자라면서 이들 대상을 포기해야만 하는데, 예를 들어 어머니는 아동의 완벽한 통제하에 있지 않으며 아동과 분리되어 존재하고 아동의 욕구를 즉각적으로 만족시켜 주지도 않기 때문이다. 따라서 자아는 이들 대상을 흡수하고 내재화하며, 그 과정에서 자아 자체가 수정된다. 자아는 이처럼 상실한 욕망과 포기된 대상의 본거지가 된다—자아는 이들 대상에게 집중되었던 정신적 에너지와 함께 대상을 흡수한다. 프로이트는 이것을 다음과 같이 기술하고 있다(Freud, 1923, p. 29). "이는 자아의 성격이 포기된 대상 카텍시스의 침전물이며 이들 대상 선택의 역사를 담고 있는 것으로 가정해 볼 수 있게 해 준다." 여기서 '카텍시스cathesix'는 '정신 에너지의 집중'을 의미한다. 프로이트는 기본적으로 자아는 경험을 통해서, 그리고 에너지가 집중되었던 대상이 자아 구조로 변화하는 방식을 통해서 점차로 강해진다고 말하고 있다. 대상에 대한 욕망은 그것이 자아의 부분이 될 때까지 대상을 흡수하게 만든다. 이처럼 마음은 실제 관계의 내재화된(상상의) 버전들로 상당 부분 구성된다. 이는 또한 왜 프로이트가 자아가 대상을 동일시한다고 말을 했는지, 그리고 애도와 관련해서 그 유명한 구절 "대상의 그림자가 자아에 떨어진다."라는 말을 했는지 이해할 수 있게 해 준다(Freud, 1917b, p. 249). '밖에서' 시작했던 것이 안으로 들어오게 되는 것이다.

이는 또한 프로이트 개념에서 가장 명백한 대상관계적 요소인 오이디푸스 콤플렉스에서 발생하는 것이기도 하다. 제8장에서 기술했듯이, 오이디푸스 콤플렉스는 성적으로 어머니를 소유하고 싶어 하는 아동의 소망을 두고 아동(소년)과 아버지 사이에서 일어나는 관계적 갈등의 형태를 띤다. 이처럼 이것은 대상관계 드라마이다. 이것의 결과는 아동의 마음을 재조직화하게 만드는 동일시 패턴과 억압이다. 특히 초자아를 탄생하게 만드는데, 이는 외적 인물들과의 관계와 관련해서 정의된다. 라플랑쉬와 폰탈리스는 "고전 이론에서 초자아는 부모의 금지와 요구를 내재화하면서 형성된다는 점에서 오이디푸스 콤플렉스의 계승자라고 기술된다."라고 적고 있다(Laplanche, & Pontalis, 1973, p. 436). 그러나 초자아는 정신적 구조이므로, 이는 관계적 세계와의 만남을 통해 마음이 변화한 것임을 의미한다.

대상관계는 개인의 성격 형성에 중요할 수 있다는 생각에 대해 프로이트가 원천을 제공한 것은 대상관계 이론가들에게 타당성을 부여하였으나, 사실상 관계적 사고를 향한 진정한 움직임은 다른 곳에서 비롯되었다. 19세기 말과 20세기 초에 프로이트의 환자들은 그들의 욕망과 불편한 충동들을 다루는 데 힘겨운 듯이 보였고, 그들에게 무의식적 추동 때문에 자아에 생겨난 불안에 초점을 맞춘 이론은 잘 맞아떨어졌다. 그러나 시간이 지나면서 정신분석가들의 환자들은 그들의 관계에 대해서 더 걱정하게 되었다. 어떻게 관계를 형성하는지, 어떻게 친밀해지는지, 어떻게 관계를 손상시키지 않을 수 있는지, 어떻게 관계 안에서 솔직해질 수 있는지 등에 대해서 말이다. 전형적인 문제들은 히스테리와 공포증에서 '자기애적', 그리고 '분열성' 또는 '경계선적' 상태들로 변화되었고 이들 모두는 자기 자신에 대한 안전감에 대한 문제와 신뢰하고 의존할 수 있으며 서로가 만족할 수 있는 관계를 형성할 수 있는 능력의 문제와 관련되어 있다. 이는 마치 사람들이 이제는 충동을 통제하는 것은 덜 힘들어하고(이들 문제는 감시의 확장이나 사회적 통제가 증명하듯이 여전히 존재하기는 한다) 타인과 어떻게 관계하느냐 하는 문제로 더 힘들어하는 것처럼 보인다. 집단 치료사들과 가족 치료사들의 증가와 대인관계 상담 기법들과 연구소들이 과다하게 많아지는 것은 이러한 관점을 지지해 준다. 이들 모두는 관계 정신분석이 무의식적 삶의 근본적인 문제들을 프로이트 때와는 다르게 이해하는 전반적인 변화의 한 부분임을 암시한다.

관계적 사고

아마도 두 개의 진술문이 대상관계의 입장을 가장 명확하게 정의해 줄 수 있을 것이다. 하나는 스코틀랜드 정신분석가인 로날드 페어베언(Ronald Fairbairn, 1944, p. 70)이 언급한 것이다. "리비도는 우선적으로 대상-추구이다(고전 이론에서는 쾌락 추구였던 것과 대비하여). 그리고 우리는 모든 정신병리적 조건의 궁극적 원인을 발달하는 자아의 대상관계와의 문제에서 찾아야 한다." 관계를 향한 충동은 이처럼 아기가 '가지고 태어난' 것이며 심리적 어려움을 유발하는 것은 바로 이러한 충동에서의 좌절과 방해이다. 두 번째 인용문은 도날드 위니컷으로부터 나오는데, 제10장에서 매우 영향력 있는 그의 이론에 대해 잠깐 언급하였다. 위니컷은 "아기만 단독으로 존재하지 않는다. …… 만약 당신이 아기를 나에게 보여 준다면 아기와 함께 아기를 돌봐 주는 누군가를 보여 주던가 또는 적어도 누군가의 눈과 귀가 향해 있는 아기가 누워 있는 요람을 보여 줄 것이다. 우리는 '돌봄의 관계nursing couple'를 보게 된다."라고 기술하였다(Winnicott, 1975, p. 99). 이러한 기술은 중산층의 관점이 강하게 반영된 인생 초기 관계를 지나치게 현실 그대로 고려한 것으로 보일 수 있겠지만, 인간이 사회적 존재이고 태어날 때부터 상호 의존적 관계를 지향하며 이들 관계가 어떤 식으로 이루어지느냐가 각 개인의 심리적 성격을 형성하는 데 강력한 영향을 끼친다는 것을 간결하게 나타내 주고 있다. 이는 사람들이 분리된 존재로 태어났으며 따라서 타인과 연결을 형성해야만 한다는 것을 의미하는 것이 아니다. 이는 우리가 친밀하고 의존적인 관계 맥락 안에서 태어났으며 이들 관계의 성격이 우리의 정서적 삶이 앞으로 어떻게 될지를 결정하는 데 결정적이라는 의미이다.

대상관계 이론과 전반적인 관계적 사고는 이처럼 인간 개인의 기본적 현실은 각각의 관계들 안에서 표현된다고 제안한다. 이 이론들은 프로이트의 추동 이론에서 말하는 욕구들과 매우 다른 기본적인 욕구들을 조직화하고 있으며, 건강한 심리발달에 필요한 대인관계적 조건을 고려한다. 그린버그와 미첼(Greenberg & Mitchell, 1983, p. 198)은, 예를 들어 위니컷 이론에 함축된 기본적인 '욕구들'의 목록을 기술하였는데 처음에는 완벽하게 반응하는 방식으로 영아의 욕구와 제스처를 수용해 주는 것, 조용한 상태에서의 비침투적인 '보호'와 반영적 환경 등을 포함한다. 여기서 인간의 사회적 발달에 대한 생물학적 추동 이론에서 보통 기본적인 것으로 여기는 수유라든가 어떠한 성적 충동의 만족에 대한 언급은 없다. 페어베인은 인생의 출발점에서 관계 추구적인 자아가 아기의 전체 정신 구조를 구성하게 된다고 보았다. 따라서 심리적인 기능에 동기를 부여하는 충동들의 집합을 포함하는 '원초아'라는 분리된 정신 구조를 가정할 필요가 없다. 대신에, 정신은 처음에 단위이며 전체 자아로 여겨지며 이것은 일관적이고 통합된 개인적 자기로 발달할 가능성을 가지고 있다고 가정하였다. 정신의 분열은 이차적인 현상이며 다른 것으로부터 파생된 것이고 이상적 발달의 왜곡을 의미한다고 보았다. 페어베인의 주장은 아동은 인생의 초기부터 전체적인 존재이며 발달 과정에서 여러 좌절이 방해하지 않는다면 자연스럽게 온전한 상태를 유지할 수 있다는 것이다. 건트립(Guntrip, 1973, p. 93)은 주석에서 "페어베인은 우리가 인간이 한 개인으로서 근본적으로 역동적인 전체성을 가지고 있으며 이것은 가장 중요한 본성적인 인간의 특징이라는 것을 인식해야 한다고 믿었다. 페어베인에게는 이러한 전체성의 유지와 성장이 정신건강을 구성하는 것이었다."라고 기술하고 있다.

위니컷과 어머니

대상관계 이론에서의 자연스러움에 대한 강조를 우리는 위니컷의 이론에서도 찾아볼 수 있다. 위니컷의 개념들은 항상 이론적 명제로 정확하게 정리되지 않지만, 몇몇 중요한 사항이(제10장에서 언급된 것에 덧붙여서) 관계적 관점을 발전시켜 나가는 데 중요한 역할을 한다. 이들은 다음과 같이 간략하게 요약될 수 있을 것이다.

- 위니컷에게 죽음 추동은 타당한 개념이 아니었지만 공격성을 기술하긴 하였다. 그러나 공격성이 그렇게 파괴적인 것은 아니었다. 대신 위니컷은 공격성을 발달 과정의 일부로 해석하며, 이를 통합적인 관계적 욕구를 위해 외부 대상들과 적극적으로 상호작용하는 과정으로 본다. 위니컷은 공격성을 초기 발달에서 핵심적인 역할을 하는 '활동과 거의 동일한 것으로' 정의하였다(Winnicott, 1975, p. 204). 공격성과 성욕eroticism은 초기에 '삶의 힘'으로 단일화되어 있는 두 가지 요소이지만, 초기 발달에서는 분열이 되어 있다가 모든 것이 다 순조롭게 흘러가게 되면 통합된 또는 '융합된' 자기의 근본을 이루게

된다. 공격적 요소는 유아가 외부 세계와 대립각을 세우게 해 주며(또는 외부 세계와의 구별), 따라서 자기의 경계를 세우는 것을 도와준다.

- 이와 관련된 개념들이 위니컷의 주목할 만한 짧은 논문인 「혼자 있을 수 있는 능력The Capacity to be Alone」(1958)과 「대상의 사용The Use of Object」(1969)에서 발전되었다. 전자에서 위니컷은 혼자 있을 수 있는 능력과 세상으로 향해 나아가는 데 필요한 호기심을 유지하는 능력은 이전에 다른 사람이 자신을 생각해 준다는 감각을 내면화했는지에 달려 있음을 설명한다. 이는 우리가 결코 진정으로 혼자일 수는 없으며, 실제 물리적으로 누군가가 그 순간에 없다 하더라도 우리에게 관심을 가지고 있는 상대방의 존재 안에 항상 있게 된다는 점을 확인해 준다. '대상의 사용'은 어떻게 아기가 인생에서 있을 수밖에 없는 좌절과 내재된 공격적 충동 때문에 자신이 애착하고 있는 사람을('대상')을 파괴하는 환상을 가지게 되는지에 대해서 기술하고 있다. 이러한 '공격들'을 견뎌내는 대상의 능력은 상대방이 분리된 개인이고 아기 자신의 공상의 산물이 아니며 따라서 회복력과 신뢰성을 지니게 되어 생산적인 방식으로 '사용될' 수 있다는 것을 아기에게 확신시켜 준다.
- 이러한 모든 아이디어는 신뢰감이라는 일반적 개념으로 수렴된다. 만약 세상이 신뢰할 만한 것이고 아동을 '안아 준다'면 이 덕분에 아동의 '참 자기'가 자라날 수 있다. 그렇지 않을 때 아동은 신뢰할 수 없거나 요구적인 부모에게 수용받기 위해 진짜 감정들을 절박하게 숨기게 되며, 순응적인 '거짓 자기' 뒤에 숨게 된다. 이러한 방식의 사고는 최근의 사회학 이론에서 매우 중요해졌는데 신뢰감과 상호 인정에 기반한 사회에 필요한 조건들이 무엇인지를 기술하는 시도가 이루어졌다. 앤서니 기든스(Anthony Giddens, 1991)과 악셀 호네트(Axel Honneth, 1996)가 쓴 저서들에서 안정적인 자기감과 긍정적인 관계들을 형성하는 데 민감한 반응성을 발달 유형으로서 강력하게 강조하는 것을 볼 수 있다. 이는 더 진보적인 사회를 만들기 위한 토대를 제공할 수 있다고 본다.
- 위니컷의 아기에 대한 어머니의 몰두(일차적 모성 몰두)에 대한 강조는 제10장에서 언급하였다. 처음에는 이러한 어머니와 아동 간의 상호작용은 아기가

흥분한 상태에서 중심을 이루며, 어머니는 아기의 욕구에 맞는 대상을 예상하여(예, 아기가 배고플 때 젖을 물리는 것처럼) 아기에게 전능감을 불러일으키고, 이러한 전능감은 강력한 자아에 대한 창조적 감각의 기초가 된다. 이러한 시기 중간에 아동이 평화로운 때의 어머니의 역할은 아동에게 다른 누군가의 존재 안에서 안전감을 느낄 수 있도록 견고하지만 비침투적인 인물이 되어 주는 것이다. 점차적으로, 아동이 자기감을 확립하기 시작하면서 어머니는 어떻게(아동의 욕구를 충족시켜주는 것에) '실패'해야 하는지를 배워야 하는데, 이를 통해 어머니는 일차 모성 몰두의 '병적인' 상태로부터 회복될 수 있으며 아동은 자신의 힘의 제한을 배울 수 있게 되고 실제 세상에서 분리된 존재가 되는 경험을 획득할 수 있게 된다.

- 초기 발달 내내 어머니는 아동에게 거울의 기능을 하며 아기의 발달에 적합한 속도로 점진적으로 현실에 조율할 수 있게 해 준다. 이것이 '충분히 좋은 양육'의 기본이다.

아담 필립스(Adam Phillips, 1988, p. 100)는 이러한 생각들의 전체 목록에 대해 "아기의 원초아가 있는 곳에 어머니의 자아 또한 있어야 한다."라고 주석을 달았다. 이 모든 것은 어머니의 행동과 특히 어머니의 아기에 대한 수용성 그리고 위기와 어려움을 다룰 수 있는 어머니의 탄력성에 매우 큰 비중을 두고 있다. 많은 저자는 이러한 점 때문에 위니컷을 비난해 왔는데, 어머니에 대한 그의 이상화된 관점은 어머니가 모든 것에 책임을 지게 만드는 전통적인 가부장적인 태도를 시사한다고 하였다. 이러한 비판은 사실을 담고 있기는 하지만, 위니컷의 이와 같은 생각들이, 그리고 더 나아가 전반적인 대상관계 이론이 어떻게 정신분석을 아동들이 자라는 실질적인 발달적 환경에 더 큰 관심을 가지게 만들었는지, 따라서 사회적 환경을 보다 온전하게 설명할 가능성을 주었는지를 주목해 볼 필요가 있다.

주관성과 상호주관성

제10장에서 기술한 과도기적 공간에 대한 위니컷의 개념은 스스로를 '상호주관 이론가들'이라고 칭하는 또 다른 이론가 집단에게 유용한 것으로 받아들여졌다. '상호주관성'은 타인이 분리된 존재라는 확실한 감각을 가지고서 상호 인식에 기반한 대화를 할 수 있으며 그 대상을 주체로서 표상할 수 있는 능력을 일컫는다. 따라서 이는 정신분석을 포함하여 서구적 사고를 지배하는, 우리가 일반적으로 이야기하는 주체-대상의 이분법적 구분에서 한 걸음 앞으로 나아간 것이다. 매우 중요한 논문인 「분석적 삼자The Analytic Third」에서 토마스 오그던(Thomas Ogden, 1994, p. 3)은 이들 분석가 집단과 공유하는 자기 자신의 입장을 다음과 같이 밝히고 있다.

> 현대 정신분석적 사고는 더 이상 분석가와 피분석가를 분리된 주체로서 상대방을 대상으로 여기는 관계를 단순하게 이야기할 수 없는 지점에 다다르고 있다고 감히 말할 수 있다고 생각한다. 분석가를 환자의 투사에 대한 중립적인 빈 화면으로 보는 관점은 분석 과정에 대한 최근의 개념들의 중요성을 감소시킨다.

오그던은 임상적 만남을 각각의 파트너(어머니와 아기에 상응하는 분석가와 환자)가 개인으로서 그리고 상대방과의 관계 안에서 양쪽에 모두 존재하는 변증법적 방식으로 특징지어진다고 개념화하고 있다. 그의 주장은 관계적 요소－제 '삼자'－는 개인들로 축소될 수 없으며 그들을 완전히 장악할 수도 없다는 것이다. "어머니와 아기의 관계와 분석가와 피분석가 관계 모두에서, 과제는 그 관계에 참여하고 있는 각 개인들의 어떤 측면들이 그 개인에게 속해 있는지를 결정하기 위해서는 관계를 구성하는 요소들을 서로 떼어 내려고 하지 않는 것이다. 그것보다는 주체와 대상의 상호의존적인 관점으로 보면, 분석가의 과제는 개인의 주관성과 상호주관성이 상호작용하는 경험에서 나타나는 구체적인 특징을 가능한 한 완전하게 기술하려고 노력하는 데 있다"(Ogden, 1994, p. 4).

이들 개념의 일부를 이후에 치료 과정에 대한 논의에서 다시 다루도록 하겠다. 여기서 관계적 관점은 무의식적 역동을 해당 개인 이상으로 확장시켜 개념화할 수 있게 만들어 주었다는 것이 핵심 요점이다. 정신분석은 이 모델에서 무의식적 요소들을 무시하는 대인관계 심리학으로 축소되지 않고 보다 소통하는 것이 되었다. 정신분석이 다루는 관계들은 무의식적 과정이 스며들어 있어 서로 부딪치고 영향을 주는 각기 다른 주관적 세계들을 상상하는 것을 가능하게 만들어 준다. 이것이 정신분석 자체가 치료적 효과를 가져오는 데 가장 유의미한 방식으로 여겨진다.

상호주관 이론가들의 관점은 대상관계 이론에 기반하여 인간 주체의 관계적 역량을 통해 사회적 문제들을 이해하려고 한다. 전통적 이론이 어떻게 개인들이 외부 세계의 측면들을 통합하는지, 예를 들어 어머니나 아버지의 속성을 흡수하는가에 관심이 있는 반면, 상호주관자들은 타인에 대한 인정, 인식, 수용 그리고 타인을 '주체'로 여기고 관계하기와 같은 질문들에 초점을 맞춘다. 따라서 자기는 사랑하는 타인의 의도성과 주체성을 인정하고 그것과 동일시하는 과정에서 나타나게 된다. 이러한 개념은 정신분석 이론을 개인들 간의 투쟁으로 사회생활을 보려는 경향성에서 벗어나 차이점들을 연결하려는 관점으로 변화시켰다. 정신분석가들과 사회이론가들(특히, 페미니스트들)은 이러한 관점을 적극적으로 받아들였다. 이들 이론가들은 갈등 해결과 사회적 고통을 인정하는 방법들을 찾는 것에 관심이 있는 사람들이었다(예, Benjamin, 2004; Butler, 2009). 위니컷으로 돌아가서 이 관점은 또한 어머니(보다 일반적으로 '타자')를 단순히 아기를 수동적으로 지지하거나 반사적인 거울 역할을 하는 것이 아닌 아기의 발달하는 자기를 탐색하고, 이를 통해 타인의 마음을 이해하는 것의 중요성과 핵심을 전달하는 능동적인 존재로서 재확립시켰다.

요약

- 대상관계 이론은 상실한 대상의 내재화 과정과 오이디푸스 콤플렉스가 만들어 내는 마음에서의 '구조적' 변화들로 인해 자아가 발달한다는 프로이트의 생각에서 발전하였다.
- '대상들'은 여기서 사람들과의 관계에 대한 내적 표상, 그리고 사람들의 개인화된 부분들(예, 가슴 또는 성기)에 대한 내적 표상을 일차적으로 말한다.
- 모든 관계 이론들의 중요한 주장은 '리비도는 대상 추구'라는 것이다. 가장 광범위하게 말하자면, 이는 관계들이 일차적인 것이며, 성적 '추동' 그리고 공격적 '추동'으로 보이는 것은 관계를 도모하거나 관계에서 파생된 것이라는 것을 의미한다.
- 많은 관계적 사고에는 개인이 심리적 성장을 향한 자연스러운 성향을 가지고 있으며 만족스러운 관계를 추구한다는 강한 인식이 있다. 하지만 이러한 성장과 관계 추구가 막히고 좌절될 수 있으며, 이는 정신분석가들이 잘 알고 있는 정신병리적 패턴으로 이어질 수도 있다.
- 위니컷의 생각들은 그가 살았던 시대적 맥락에서 나온 정상에 대한 가정에 뿌리를 두었음에도 불구하고 그 영향력이 매우 크다. 그의 성숙한 환경에 대한 개념은 정신분석적 관심을 아동들이 발달하는 조건들에 향하게 만들었으며 따라서 정신분석을 보다 사회적으로 정제된 이론으로 만들 수 있는 잠재력을 가지게 해 주었다.
- 한 가지 중요한 현대의 관계적 접근은 우리가 타인과 깊은 접촉을 할 때 어떻게 개인적 주관성이 '공유'되는지에 초점을 맞추는 상호주관주의이다.
- 일반적인 관계적 관점은 정신분석을 사회 이론의 한 요소로 보다 더 잘 사용될 수 있게 만들어 주었다. 이는 특히 갈등에 대한 생각, 그리고 타인의 권리와 타인의 욕구를 인정하는 데 필요한 조건들에 대한 생각들의 발전에 유용하게 사용되었다.

제13장

애도, 멜랑콜리아, 우울과 상실

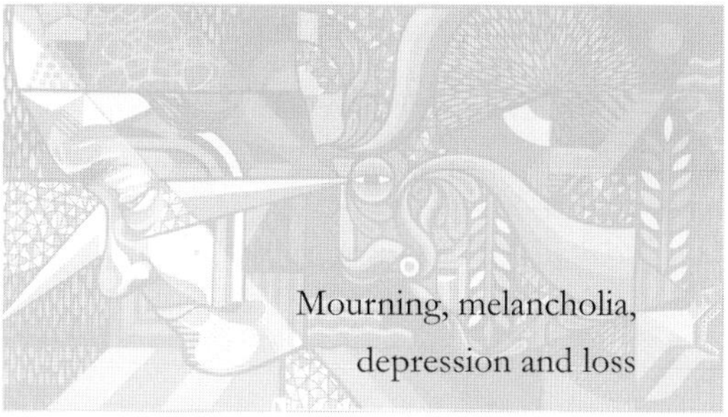

애도와 멜랑콜리아

앞의 두 장에 걸쳐 살펴보았듯이, 현대 정신분석은 프로이트의 고전적 추동 이론을 기계적이거나 생물학적인 것으로 보면서 주관적 경험과 같은 보다 '인간적'인 요소를 무시했다고 생각하여 그 이론에 반대하는 반응을 보여 왔다. 대신에 많은 정신분석 이론가들은 관계들을 좀 더 부각시키고 어떻게 사람들의 '내적 세계들'이 일생에 걸쳐 타인과의 친밀한 접촉을 통해 만들어지는지에 대해 더 자세한 이해를 하기 시작하였다. 특히 관계 정신분석은 사람들이 그들이 통제할 수 없는 힘들에 의해 '좌우되는' 것에는 관심을 덜 가졌고 사랑과 상실에 대한 경험들이 그들의 마음에 미치는 영향에 더 관심이 있었다.

프로이트 또한 이 같은 심리학의 보다 인본주의적 요소를 외면하지 않았고 오늘날에도 받아들여질 수 있는 다채로운 생각을 보여 주었다. 자아가 상실한 대상들의 내재화를 근간으로 형성될 수 있다는 생각은 이미 앞에서 소개하였다. 그러나 프로이트가 정신분석이 제공해야 하는 것이 과연 무엇인지를 가장 생생하게 전달한 것은 바로 우울증에 대한 매우 놀라운 분석을 통해서일 것이다.

그의 가장 중요한 저서인 『애도와 멜랑콜리아』에서 프로이트는 상실은 '정상적' 애도와 '멜랑콜리아'라는 단어에서 암시되는 비정상적 애도 모두에서 핵심적 요소라는 것에 주목하였다. 프로이트는 "애도는 일반적으로 사랑하는 사람을 상실한 것에 대한 반응이거나 또는 고국, 자유, 이상과 같이 사람을 대신한 추상적인 것을 상실한 것에 대한 반응일 수도 있다(Freud, 1917b, p. 243)."라고 기술하였다. 사람에 대한 상실이 핵심이며 다른 종류의 상실은 2차적인 것이다. 이것은 사람을 '대신'하였는데, 이런 다른 종류의 상실이 아마도 사람과 관련이 있거나(예, 자신이 이전에 존경했던 사람과 관련된 이상의 상실), 또는 사람에게 향했던 정서적 에너지가 다른 것으로 대치되었기 때문일 수도 있다(부모에 대한 사랑이 '고국' 또는 비슷한 어떤 것으로 대치됨). 프로이트는 애도는 이러한 종류의 상실에 대한 정상적 반응이며 슬픔은 시간이 지나면 나아지고 관련된 상실과 연관되어서 이해가 되는 것인 반면에, 멜랑콜리아는 애도가 적절하게 일어나지 않으면서 그리고 바로 그 이유 때문에 상실이 마음에 독이 되면서 심한 우울증이라고 불리우는 상태가 된다는 것으로 두 상태를 비교하여 탐색하였다.

프로이트의 애도와 멜랑콜리아에 대한 설명은 다소 오래된 언어로 쓰이긴 했지만 통찰적인 기술에 있어서 여전히 독보적이기 때문에 길게 제시할 가치가 있다.

> 멜랑콜리아의 뚜렷한 정신적 특징에는 깊은 고통이 느껴지는 낙담, 외부 세계에 대한 흥미의 감소, 사랑할 수 있는 능력의 상실, 활동성의 억제, 자기-비난과 자기-비하의 표현으로 나타나거나 망상적인 처벌에 대한 기대로 이어질 정도로 심한 낮은 자기 존중감을 포함한다. 이러한 모습은 한 가지 예외를 제외하고 모든 같은 특징이 애도에서도 나타난다는 점을 고려해 볼 때 조금 더 이해가 가능해진다. 자기 존중감의 손상은 애도에서는 결여되어 있다. 그러나 다른 특징들은 동일하게 나타난다. 깊은 상실, 즉 사랑하는 사람을 잃은 것에 대한 반응은 동일한 고통의 마음가짐을 가지는데 고인을 회상하게 만드는 외부 세계에 대한 관심의 상실, 새로운 애정 대상을 찾는 능력(고인을 대치하는 것을 의미)의 상실 그리고 고인에 대한 생각과 관련된 활동을 회피하는 것이 (멜랑콜리아와) 동일하게 나타난다(Freud, 1917b, p. 244).

이 문단은 많은 흥미 있는 요소들을 포함한다. 첫째, 멜랑콜리아를 애도와 유사한 것으로 보는 것, 그리고 애도가 상실에 대한 반응이기 때문에 이는 멜랑콜리아도 비슷한 원인을 가지는 것으로 보았다는 점이다. 둘째, 우울증에서 보여지는 수동성과 세상에 대한 흥미의 상실을 인식하면서도 프로이트는 '자기 비난과 자기 비하'에서 자기가 공격의 대상이 되는 것에 주목하였다. 그가 여기서 지적하고 있는 점은 우울증에서는 자기 비난이 지배적이며 실제 사실과 관계없이 우울한 사람은 마치 자신이 상실을 불러일으킨 것처럼 행동한다는 것이다.

이런 식으로 생각해 볼 때 멜랑콜리아와 애도의 차이는 미묘하지만 중요하다. 프로이트 이후의 정신분석가들은 "애도에서는 세계가 빈곤해지고 공허해지지만, 멜랑콜리아에서는 자아 그 자체가 그렇게 된다(Freud, 1917b, p. 246)."라고 말할 것이다. 이것이 의미하는 바는 비록 애도와 멜랑콜리아의 구분이 프로이트가 한 것처럼 그렇게 꼭 명확하지만은 않지만, 비교적 쉽게 이해될 수 있을 것이다. 만약 외부 세계가 의미를 잃었다면 그것을 다시 회복하기 위해 외부 세계에 영향을 주는 방식들을 찾으려고 할 것이다. 우리는 우리를 걱정해 주는 누군가의 존재를 통해서, 혹은 우리가 아끼는 누군가를 통해서, 또는 다른 긍적적인 반응들을 통해서 우연히 의미가 회복되는 것을 발견할 수도 있을 것이다. 그러나 멜랑콜리아에서는 자아가 고갈되었기 때문에 이와 같은 회복 가능한 순간들에 반응할 수 있는 내적 능력이 결여되어 있다. 외부 세계에 실제로 무엇이 존재하든, 얼마나 그것이 '객관적으로' 호의적이든 이것은 사용될 수 없다. 멜랑콜리아(심한 우울증)는 그 자체를 강화시키며 진정한 관심을 보이는 사람들이 보이는 호기심에조차도 반응을 할 수 없을 만큼 아무것도 남기지 않고 모든 것을 소진시킨다.

사회적 존재로서의 멜랑콜리아

멜랑콜리아의 이미지는 여러 면에서 매우 유용한 것으로 입증되었으며 몇몇은 꽤나 놀라운 것이다. 이것은 임상적으로 쉽게 관찰 가능하지만 이해하는 것이 항상 쉽지만은 않았던 우울과 상실의 많은 특징들에 관심을 가지게 해 주었다. 때때로 우울한 환자들은 세상에서 일어나는 모든 잘못된 일들에 대해 자신을 비난하는 정도에서 거의 '정신병적' 수준을 보여 주기도 하며, 실제로 다른 사람들이 자신을 꿰뚫어 볼 수 있다든가 내적으로 자신이 얼마나 나쁜 사람인지를 알고 있을 것이라는 믿음을 보이는 등의 정신병적인 증상을 보일 때도 있다. 이들 환자들은 의미 있는 상실들을 경험했을 수도 있지만(현실에서 모든 사람은 본인에게 의미 있는 것에 대한 어느 정도의 상실을 경험하게 된다), 그들의 정신적 고통은 지나치게 크다. 멜랑콜리아가 왜곡된 애도의 종류라는 정신분석적 생각은 상실과 연결시켜 주지만 또한 과장된 것이라는 이해를 가져다준다. 여기에서 핵심 요소는 자기 증오이며 또한 어떻게 상실이 적절하게 슬픔으로 다루어지지 않고 마음에서 계속 살아 있게 되는지를 보여 준다. 애도는 '대상(앞에서 언급했듯이 사람이거나 또는 그 사람에 대한 대치물)'에 대한 상실을 우리가 인지하고 그것에 대해 애통해하는 과정이다. 건강한 애도는 아무리 고통스럽더라도 대상이 사망했다는 것을 받아들이며 자아에 그것을 통합하여 삶을 계속해 나가게 된다. 그러나 멜랑콜리아에서는 대상 상실에 대한 인지를 하지 못하므로 그것을 떠나보내지 못하고 계속해서 괴로워하게 된다. 많은 사람이 일어났던 어떤 것 때문에 '시달리거나' 또는 자신이 손상시켰다고 생각하는 어떤 것 때문에 괴로워하는 것은 이처럼 애도에 실패하는 것과 관련될 수 있다. 복잡하게 말하자면 이것은 대상이 무의식적인 실체로 보존되며 마음속에서 살아 있게 되고, 따라서 개인은 대상이 계속 존재한다고 믿지만 이는 영면에 들지 못한 귀신과 같은 존재이다.

상실을 받아들이기 거부한다는 이러한 개념은 임상적 작업뿐 아니라 사회적 이론에서도 받아들여졌다. 예를 들어, 식민지로부터 독립 후의 사고에 대한 맥락이 그것이다. 이는 복잡한 영역이지만, 식민주의로부터 벗어난 사회들이 기억하지 못하는 과거로부터 비롯된, 그리고 인식하지 못하고 원하지도 않지만 매우 양가적인 영향을 가진 어떤 것을 구현하고 있다는 것이 가장 중요한 개념이다(Khanna, 2004). 식민주의는 그것이 정복한 문화들 안에 있는 가치의 원천을 광범위하게 파괴하였기 때문에 이들 문화에서 상실에 대한 강한 감각은 있지만, 실제로 상실된 것에 대한 접근은 거의 이루어지지 않는다. 때로는 이러한 참을 수 없는 특징을 가진 상실이 부인되며 식민지 국가의 구조를 모방하는 것과 같이 식민자의 존재 방식을 향한 조증적인 움직임으로 대치되는 식의 정신적 반응으로 나타날 수 있다. 이것은 또한 어떤 것이 사라졌거나 또는 어떤 것이 도둑맞았다는 느낌을 알게 되거나 적어도 느끼게 되면서 초조함을 유발하는 우울병적 주관성의 형태로 나타날 수도 있다. 이것이 무엇인지를 추적하는 것이 불가능하기 때문에, 사회는 공허한 분노감과 가치가 있다고 여겨지는 것들을 가지고 있는 사람들에 대한 이상한 방어에 사로잡혀 있다. 시기와 골육상잔이 이로부터 발생하는데, 즉 폭력이 상실을 덮어 버린다.

멜랑콜리아에 대한 임상적 설명을 전체 문화에 적용하면서 사회 이론으로 범위를 확장시키는 것이 정당한가 하는 것은 논쟁이 될 수 있다. 하지만 탈식민지적 우울이라는 은유는 확실히 효과적임이 입증되었으며 역사와 정치학에 있어서 보다 관습적인 방식에서는 종종 무시되었던 주체성에 대한 물음에 관심을 가지게 해 주었다. 이는 정신분석의 탈식민적 응용 전반에 해당하는 사실이다. 이러한 접근은 '인종', 민족성 그리고 문화가 무의식에 어떤 영향을 미치는지에 관한 인종화된 주체성이라는 복잡한 문제에 대한 새로운 접근 방식을 제시하기 시작했다. 예를 들어, 칼파나 세사드리 크룩스(Kalpana Seshadri-Crooks, 2000)는 '백색에 대한 갈망'에 대한 정신분석적 토대를 검토하였으며, 란자나 칸나(Ranjana Khanna, 2004)는 식민주의에 대한 정치적 문화적 탐색에 대해 정신분석이 제공하는 정보들에 관심을 가졌다. 비록 이것이 식민주의자의 시각에 상당히 물들었지만 말이다. 멜랑콜리아의 맥락에서 탈식민주의 상태는 또한 상실이 어떻게 처리되는지가 개인과 사회 전체의 정신건강에 영향을 미친다는 것을 시사한다. 여기서 멜라니 클라인이 주장한 개념 중 하나인 우울 기능에 대한 이론을 살펴보는 것이 중요할 것으로 보인다. 이 이론은 우리가 상실을 겪으면서 어떻게 삶을 살아가야 할지에 대한 가장 설득력 있는 시각을 제공한다.

우울 자리

우울 자리에 대한 클라인의 생각을 이해하기 위해서는 우선 그녀의 이론이 강력한 추동과 대상관계가 상호작용하여 강렬한 감정을 일으키고 마음의 발달의 방향을 결정한다는 것을 강조한다는 것을 이해할 필요가 있다. 맨 처음, 아기는 사랑과 미움의 감각에 지배되며 대상에게 투사하는 방법으로만 대처할 수 있다. 이는 '편집-분열 자리'의 방어적 전략의 특징이며 앞으로 두 장에 걸쳐 정신병적 과정과 극단적 방어기제를 설명하면서 더욱 자세하게 기술할 것이다. 이 자리에서의 또 다른 전략은(마음이 압박감을 느낄 때마다 이 자리로 돌아가게 된다) 사랑의 감정을 파괴의 감정과 나누는 것인데, 이를 통해 파괴의 감정은 분열되어 보다 쉽게 억제할 수 있게 된다. 편집-분열 자리에서의 '분열성' 요소는 이러한 분열과정을 지칭하는 것이며 분리하는 경향을 말한다. 그러나 클라인은 또한 삶의 추동에서 비롯된 통합 경향성을 지닌 초기의 자아도 존재함을 가정하였다. 이것들은 점차적으로 우세해지면서 분열은 마음의 기능에서 더 이상 주요 기제가 되지 않는다. 대신에, 아기는 자기 자신과 외부 대상의 좋은 대상, 나쁜 대상, 그리고 애정 어린 다정함과 파괴적인 시기심 모두의 요소를 포함한 전체대상과 관계하기 시작하게 된다. 이는 여러 면에서 위안이 되는데 아기가 가지는 박해 감각을 감소시키기 때문이다. 그러나 새로운 문제 또한 생겨난다. 이제 어머니는 좋은 면과 나쁜 면으로 분열되지 않고 전체 대상으로 경험되기 때문에 만족과 고통 모두의 근원이 되며 아동의 어머니에 대한 태도는 양가적인 것이 된다. 이처럼 양육과 사랑을 주는 좋은 어머니는 아동이 적대감을 느끼는 좌절시키는 어머니와 더 이상 분리된 존재로 상상이 되지 않는다. 아동은 자신의 분노감이 어머니를 손상시키거나 심지어는 파괴할 수 있다고 상상하게 되며, 이는 아동이 의지하는 가장 소중한 대상을 상실하는 것을 의미하게 된다. 이는 상실한 좋은 대상에 대한 슬픔의 감정과 자신의 공격성이 대상을 파괴했다는(환상 속에서) 죄책감의 감정을 불러일으킨다. 파괴성이 더 이상 '바깥' 세상에 존재하는 외부 대상에 존재하는 것이 아니라 아동이 소유하는 '이 안에' 존재하는 것으로 경험되며, 마음 그 자체가 이러한 파괴성이 있는 장소가 된다. 대략적으로 말하자면, 우리가 양가감정을 느끼기 시작하게 되면, 우리는 우리가 사랑하는 것이나 사람들을 손상시킬 수 있다는 것을 깨닫게 된다. 이러한 발견은 상실을 인식하게 해 주며 허망함과 공허감을 느끼게 만든다. 이 지점에서 경험하는 혼란된 감정들—사랑과 미움, 죄책감과 상실감—은 '우울 자리'라고 알려진 것을 구성한다.

요약하면, 우울 자리는 다음의 요소들을 포함한다.

- 삶의 추동과 죽음 추동이 점차로 통합됨
- 대상이 점차로 통합됨
- 그 결과로서 양가감정의 출현
- 동일한 대상을 사랑할 수도 있고 미워할 수도 있으며 자신의 파괴적 추동이 대상에게 손상을 가할 수도 있다는 것을 인식
- 상실감, 슬픔, 죄책감의 감각들이 초기 인생에서 '정상적' 우울을 구성하며 또한 이것이 발생할 때마다 우울증에 대한 전형적인 양식으로 자리 잡음

다음의 짧은 임상적 예는 이러한 추상적 설명을 좀 더 구체화시키는 데 도움이 될 수 있다.

심리치료를 받고 있는 한 환자는 최근에 죽은 남편을 비난하는 것처럼 보였던 사람들에게 느낀 강렬한 분노감을 기술하였다. 비난의 내용은 그가 심각한 질병이 있을 수도 있다는 것을 알았을 때에 스스로를 적절히 돌보지 못했으며 자신의 건강에 대한 걱정을 그 누구와도 나누지 않아서 효과적인 치료를 받기에 너무 늦은 지경까지 이르렀다는 것이었다. 환자는 자신의 남편이 용감하게도 아내와 아이들이 그의 병을 가족들이 알지 못하게 하여 가족들이 너무 걱정하지 않게끔 보호하였다고 믿었다. 그를 비난하는 사람들은 이것을 보지 못한 것이고, 그들의 태도 때문에 남편이 훌륭한 사람이었다는 기억이 망쳐진다는 것이었다.

심리치료 회기가 진행되면서 실제로 그렇게 비난의 시각을 표현한 사람들은 극히 적었다는 사실이 치료자와 환자 모두에게 분명해졌다. 사실, 사람들은 매우 지지적이었으며 어떠한 반론도 없이 환자가 남편의 성격에 대해서 이야기하는 것을 잘 들어 주었다. 그녀는 점차 몇몇 사람들이 남편이 병을 다룬 방식에 대해 부정적인 관점을 가지긴 하였지만 실제 문제는 이러한 부정적인 생각이 조금만 감지되어도 자신이 여기에 너무나 강하게 반응을 한 것이라는 것을 분명하게 인식하게 되었다. 그녀는 사실상 자기 스스로가 남편에게 느낀 비난을 다른 사람에게서 찾아 다녔으며 그것은 그것을 표현하는 것이 불충한 것 같고 죄책감을 느꼈기 때문이 아닌가 생각하기 시작하였다.

점차로 환자는 자신이 남편을 얼마나 사랑했는지, 그러나 남편이 그가 불안을 느꼈을 때조차도 가족들에게 병이 든 사실을 숨긴 것에 얼마나 화가 나는지에 대해 이야기를 하기 시작하였다. 환자는 남편이 그녀에게 보다 솔직하게 말을 해 주었으면, 그렇게 해서 보다 '함께하는' 결혼생활을 할 수 있었기를 바랐었다. 그녀는 타인에게 남편의 비난을 돌렸지만 많은 측면에서 이 비난은 자기 스스로가 남편에게 가진 비난이었다는 것을 인식하였다. 남편이 자신에게 보다 솔직했더라면 남편은 보다 나은 치료를 받았을 것이고, 결과가 어떻든 자신은 남편을 보다 지지할 수 있었을 것이다. 또한 남편이 갑작스럽게 질병의 마지막 단계에 다다랐다는 사실을 접했을 때 자신이 느꼈던 충격을 받지 않아도 되었을 것이며, 그녀 자신뿐 아니라 가족들도 이별을 더 잘 준비할 수 있었을 것이다. 그녀는 남편에게 이러한 점 때문에 분노를 느꼈지만 또한 슬픔도 느꼈다. 그녀는 이러한 혼재된 감정들이 그녀 자신의 것이라는 것을 깨닫기 시작하였으며 다른 사람들의 말에 덜 상처받게 되었다.

도식적으로 이야기하자면, 우리는 이 환자가 처음의 편집-분열 상태의 생각에서(모든 '나쁨'은 그녀 밖에 위치함) 우울 자리(자기 자신의 혼재된 감정들을 '자기 것'으로 인정할 수 있으며 분노감뿐 아니라 슬픔과 사랑 또한 인식할 수 있는 상태)로 이동하였다고 볼 수 있을 것이다.

회복

우울이 우리가 바랄 수 있는 가장 좋은 상태라는 제안은 아마도 지나치게 비관적으로 들릴 것이다. 그러나 여기서 다루려고 한 것은 자기 자신의 감정들을 느낄 수 있고 그것에 대해 생각해 볼 수 있는 능력이 점차 발달해 가는 과정을 개념화한 것이다. 개인이 감정을 거의 느끼지 않는다면, 그 개인은 우울의 감정으로부터 어느 정도는 자신을 보호하려고 하는 것일 것이다. 그러나 그는 또한 친밀감과 사랑의 과제를 다룰 수 없게 된다. 개인이 자신이 의지하는 사람들에 대해 감정을 강하게 느끼는 심리적 위험을 감수하게 되면(관계들이 복잡하고 괴롭고 우리도 이런 상황에 기여를 한다는 것을 느끼는 것) 다른 사람들과의 의미 있는 연결이 가능해진다. 이러한 연결은 고통을 주기도 하지만 또한 보상을 준다. 보다 분석적으로 이야기하자면, 개인이 상실감과 죄책감의 감정에 노출되는 것은 우울 자리 상태이며, 대상의 통합된 성질을 깨닫는 것은 낙관성을 가지게 하고 이들 어려운 감정들을 성공적으로 헤쳐 나갈 수 있는 힘을 주게 된다. 이는 대상의 나쁨과 내적 세계의 파괴성이 이제는 동일한 대상의 좋음과 삶의 추동에서 나오는 다정함 및 건설적인 태도에 의해 완화되기 때문이다. 이러한 통합된 형태에서 파괴성은 그것이 분열되어 있을 때보다 덜 위협적이며 개인은 그것을 극복할 수 있게 되고 우울과 재통합의 선순환에 참여하게 된다.

아마도 우울 자리에서 가장 중요한 새로운 발달적 과업은 **회복**일 것이다. 개념은 단순하다. 회복은 '자아가 환상 속에서 가한 해를 원상복귀하고 회복시키고 대상을 보존하고 소생시키는 다양한 과정'을 포함한다(Kline, 1955, p. 133). 회복에 대한 개념은 공격성에 대한 개념을 완전히 파괴적 원칙으로부터 긍정적 가능성을 포함하는 복잡한 것으로 변형시킨다. 손상될 가능성이 있는 것으로부터 좋은 것을 만들어 내고 싶은 갈망이 애정 어린 개인적 관계들을 형성하게 만든다. 한나 시걸(Hanna Segal, 1973, p. 95)은 회복 과정이 건강한 정신 기능에 얼마나 핵심적 역할을 차지하는지를 강조하였다. 그녀는 "진정한 회복은 방어기제로 간주될 수 없는데 왜냐하면 이것은 심리적 현실을 인식하는 것에 기반하고 있으며, 이러한 현실이 초래하는 고통을 경험하면서 환상과 현실에서 이것을 완화시키기 위해 적절한 행동을 취하는 것이기 때문이다."라고 진술하였다.

회복은 좋으면서도 나쁜 대상의 통합성을 인식하고 양가적 추동에 기반하기 때문에 우울 자리로부터 나온다. 어떤 것이 소중하게 여겨지는 동시에 싫게 느껴져야 그것을 복구하고 싶어지는 법이다. 회복은 자아가 부정적 충동과 긍정적 충동 모두를 가지고 있어야지만 가능하다. 회복에 내재되어 있는 사랑은 이처럼 자아 안에 있는 통합하려는 경향성을 북돋는다. 결과적으로, 회복의 경험은 아동이 자기 안에 파괴성을 경감시킬 수 있고, 보다 안정적이 되며, 또한 심리적으로도 더욱 현실적이 될 수 있게 만들어 주는 자원이 있음을 발견하게 됨으로써 아동이 우울 자리를 넘어설 수 있게 해 준다. 회복은 또한 클라인 이론에서 창조성의 근간이 되는데, 클라인 이론에서는 손상된 것으로 경험된 것을 '복구하려는' 추동은 예술적 충동의 원천이며, 문화적 형태와 그것들을 만들어 내는 예술가들의 심리학적 과정 사이의 관계를 설명해 줄 수 있다고 가정한다. 이러한 생각은 모더니즘을 탐색하는 데 있어서 특히 효과적임이 입증되었다. 특히 버지니아 울프 같은 작가들의 연구에서 그러한데, 버지니아 울프에게는 분열, 재생, 그리고 파괴성의 문제들이 중요하였다(예, Stonebridge, 1998).

세상에서 나타나는 우울적 현상

멜랑콜리아에 대한 프로이트의 생각들이 후기식민지와 같은 사회적 문제들에 대한 생각에 도움을 주었다는 것이 증명이 되었듯이, 클라인의 우울 자리에 대한 개념도 사회가 파괴성을 극복하고 회복에 대한 욕구를 지배적인 것으로 만들기 위한 조건을 창출하기 위한 방법들에 사회학적인 관심을 가지게 해 주었다. 일반적인 쟁점은 상실감과 책임감에 대해 깊은 생각을 하게 되어 생기는 '우울적' 경향은 공격성에 직면하여 사랑에 대한 회복과 안정감을 제공하며, 특히 돌봄에 대한 능력이 이러한 종류의 기제에 바탕한다는 것을 인식하게 해 주는 사회적 제도에 참여할 수 있게 해 준다는 것이다(예, Rustin, 1991). 우리는 부정적 감정을 부인할 수는 없다. 그러나 그러한 감정들의 존재에 처벌적 반응을 보이기보다는 그것들을 다루어 나가는 것에 박차를 가해야 한다. 파괴적 증오심이 확연히 드러나는 정치적 상황에서 '인정'과 갈등 해결이라는 생각들을 해보는 것을 시도하는 것과 같은 예들을 통해 위와 같은 개념들을 적용해 볼 수 있다. 이들은 특히 '진실규명 및 화해 위원회'(예, Potter, 2006)와 같이 종교적 색채를 띠지만 또한 용서와 회복(Rose, 2003)이라는 강한 정신분석적 공명을 가지는 용어들에 기반하는 분쟁 이후의 활동에 특히 적합하다.

자기 자신의 파괴성에 대해 책임을 지기 위한 방법을 발견하는 것이 인생의 주요한 과제라고 본다는 점에서, 정신분석적 틀에서 도덕적 틀로 쉽게 바뀔 수 있는 경향이 존재하며 정신분석가들이 이러한 방향으로 반드시 가야 하는지에 대한 논쟁이 제기될 수 있다. 다른 한편으로는, 이것이야말로 '실용적인 윤리학'이면서 치료의 기법이자 마음 이론의 학문인 정신분석이 가야 할 영역이라고 볼 수도 있다.

요약

- 프로이트는 '멜랑콜리아'를 애도와 유사하지만 자기 비난과 자아의 고갈이 특징적이라는 멜랑콜리아에 대한 이론을 발전시켰다.
- 현대 정신분석 이론은 프로이트의 생각들을 받아들였으며, 멜랑콜리아/우울증에서는 건강한 애도에 필요한 슬픔이 나타나지 않는데 왜냐하면 소중한 대상에 대한 상실을 완전히 인정하지 못했기 때문이다.
- 이는 대상을 정신에 인식되지 않는(무의식적인) 방식으로 '보존'하는 역설적 효과를 낳으며 그 개인에게 계속해서 영향을 미친다. 이는 대상에게 사로잡힌 느낌을 준다.
- 이러한 생각들은 다양한 사회적 상황과 연결이 되었고, 그중에서도 '탈식민지의 멜랑콜리'는 잘 알려져 있다.

- 우울증에 대해 영향력이 훨씬 더 큰 정신분석적 설명은 클라인의 이론과 '우울 자리'에 대한 개념에서 나왔다.
- 우울 자리는 사랑과 파괴적 충동이 점차 통합이 되며 외부 대상의 온전함에 대한 인식이 증가되는 특징을 가지는 정상적 발달 과정이다.
- 이는 양가감정을 유발하며 그 결과로 아동은 슬픔, 죄책감, 그리고 자기 자신의 파괴성으로 인한 상실감을 느끼게 된다.
- 양가감정의 강도는 감정을 느낄 수 있는 능력이 깊어지는 징후이지만 또한 고통스러울 수 있으며 우울증의 기반이 될 수도 있다.
- 우울 자리를 극복하는 과정(특히, 회복을 통해)은 발달적, 심리치료적, 그리고 문화적 과제이다.

제14장

편집-분열 자리와 다른 극단성

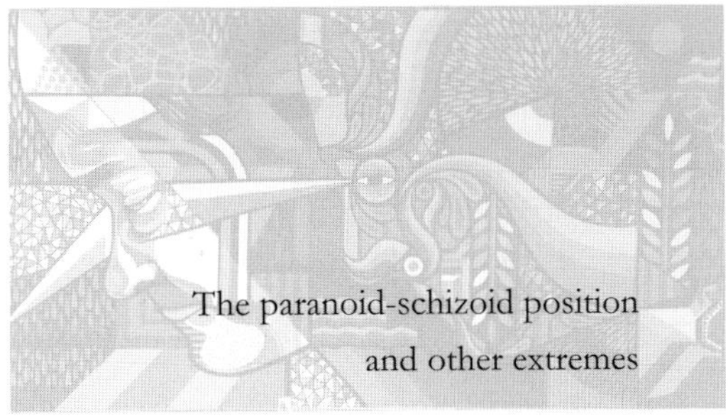

신경증적 아동, 정신증적 유아

이전 장에서 관심의 초점은 어떻게 현대 정신분석이, 특히 클라인 이론이 우울과 상실에 대해 이해하고 있는가에 있었다. 이전 장에서 기술한 마음 상태의 일부는 '정상'이라고 보일 수도 있는데, 예를 들어 누군가를 죽음으로 잃고 나서 슬픈 감정이 드는 것이 그러하다. 프로이트에 의해 '멜랑콜리아'라고 불려진 또 다른 상태들은, 요즘에는 심한 우울증이라고 여겨지는데, 정상이라고 보기에는 확실히 더 심각하다. 이 장에서는 마음이 보다 극단적으로 작동하는 방식에 대해 관심을 돌릴 것이다. 이러한 상태에서는 우리가 흔히 부르는 '정신병적' 발병이 일어날 수 있다. 제9장에서 기술하였듯이 이러한 상태에서는 현실과의 관계가 문제가 된다. 정신질환 진단체계에서 이들은 '조현병' 및 다양한 형태의 편집증과 관련이 있다. 정신분석에서 핵심 문제는 이러한 것들이 사고 자체에 대한 공격으로 개념화될 수 있다는 점이다. 자아가 수면 위로 떠오르는 무의식적 충동들을 강력하게 반박함으로써 자아가 스스로 무너지는 것을 보호하려고 하는 시도이다.

프로이트는 정신분석이 정신병적 환자들에게 그렇게 효과적이라고 믿지는 않았던 것 같다. 그 이유는 세상과의 정신병적 관계에서 나타나는 분열적 특징 때문이며 또는 프로이트의 자체적인 구조화에 따르면, 정신병의 자기애적 특징 때문이다. 가장 간단하게는, 이것은 환자의 리비도적인 흥미가 외부를 향하기보다는 자기 자신에게로 향하며 그 결과 치료적 변화에 필요한 분석가와 관계를 형성할 수 있는 능력이 매우 제한되어 있다는 것을 의미한다. 간추려서 이야기하자면, 정신병적 환자들은 타인을 독립성을 가진 객관적 존재라고 보고 통찰이나 성장을 주는 근원으로 '사용'할 수 있는 '전체적 대상' 관계를 형성하기가 더 어려운 것으로 이해된다(Winnicott, 1969; 12장 참고). 신경증 환자들은 무의식적인 충동이나 양가감정을 다루기 위해 고군분투하지만 적어도 다른 사람들이 주체성을 가진 존재이고 나에게 무엇인가를 줄 수 있을 것이라는 개념을 형성할 수 있다. 정신병적 환자들은 마음이 조각들로 구성되어 있으며 그 조각들 사이의 연결이 잘 이루어지지 않는 '부분 대상'의 세계에 고정되어 있어서 이러한 것을 할 수 없다. 그들은 자기와 타인 사이의 적절한 경계가 없고 명확한 마음의 공간이 조직되어 있지 않다고 느낀다. 이는 특정 방어기제가 우세하게 만드는 결과를 낳는다. 신경증 환자들은 억압과 무의식적인 소망을 의식으로부터 숨기는 방어기제들에 특히 중독되어 있다. 정신병증 환자들은 불안감을 주는 마음의 부분들이나 극단적인 경우에는 병리적인 정신구조들(예, 심하게 처벌적인 초자아)이 마음에서 분리되어서 마치 외부 세상에 속하는 것처럼 경험되는 분열과 투사의 방어기제에 사로잡혀 있고 여기에 심하게 의존한다. 이는 환각의 원천이 되어 개인의 부인된 생각들이 마치 다른 곳에서 오는 것처럼 '말을 한다'.

굉장히 느슨한 발달적 용어로 말하자면, 신경증과 정신증의 대조는 아동기와 유아기의 차이와 유사하다고 할 수 있다. 즉, 정신과 대상 세계의 통합은 발달적 성취이며 오이디푸스 콤플렉스가 극복이 될 때까지는 완전히 달성되지 않는다는 것이다. 이전까지 유아는 생물학적 원천에서 비롯된 강력한 충동들에 지배되며 이러한 충돌들을 이해하거나 전체적으로 지각할 수 있는 정신적 능력이 부족하여 혼란에 가득 찬 원시적인 상태에 놓여 있었다. 내적 세계와 외적 세계 모두 분열된 것처럼 느낀다. 이러한 경험의 일부는 익숙한 인지 심리학적 용어로 '대상 영속성'으로 번역될 수 있겠다(Damon et al., 2006; Piaget & Inhelder, 1969). 이러한 개념은 유아는 사라졌다가 다시 나타난 대상이 동일한 대상이라는 것을 학습해야 한다는 것을 시사한다. 이는 발달상 매우 초기에 나타나는 종류의 학습이다. 정신분석적 관심에서 이 현상을 보면, 아기는 '지금 나에게 젖을 주는 이 가슴이 때로는 좌절을 시키는 그 가슴인가? 나를 떠나간 엄마가 다시 돌아온 엄마와 같은 사람인가?'라는 것을 '궁금해'할 수 있다는 것이다. 이것들은 아기한테 매우 중요한 질문들이며 아마도 삶과 죽음만큼의 중요성을 가지는 것일 수도 있다. 분석적인 관점에서는 초기에 아기들은 이와 관련된 문제와 연결된 감정들을 보다 더 잘 다룰 수 있게 되고 심리적 통합이 점차로 이루어지기 전까지는 '극단적인' 방어기제들을 사용하여 이들을 주의 깊게 다루어야만 한다는 것이다. 전체 경험이 격앙된 감정으로 차 있기 때문에 사람들은 환경적 촉발(예, 뭔가 압도적이고 감당하기 힘든 어떤 일이 발생했을 경우)이 있을 경우 초기의 극단적 상태로 떠밀려 돌아가게 되는 경향이 있다. 심지어는 개인적 경계가 약간 무너지는 상황에서조차도(예, 축구 경기나 대규모 시위와 같이 큰 군중 속에 있을 때나, 약물 복용을 했을 때) 이러한 경향을 보일 수 있다. 이러한 때에는 세계를 전체로 경험하는 능력이 약화되고 스스로를 '원시적'인 방식으로 보호하려는 상태로 '되돌아갈' 수 있다.

편집-분열 자리

정신병적 상태와 발달적으로 매우 초기의 마음 상태와의 관련성을 이론적으로 가장 명확하게 밝혀낸 것은 멜라니 클라인의 작업에서였다. 역설적으로, 클라인의 '편집-분열' 기능의 중요성에 대한 강조는 정신병적 환자들의 정신분석을 위한 새로운 길을 제시하기도 하며 클라인식의 임상이 큰 영향력을 가지게 된 측면이 되었다. 이러한 주장은 분열적 마음 상태를 발달적으로 '선사시대적(언어 이전)'인 것으로 보는 입장에서 벗어나 그것들을 근본적인 것으로 이해하는 입장으로의 변화를 포함한다. 이러한 상태는 단순히 통합을 달성하는 데 실패한 것을 상징하는 것이 아니라 인생의 모든 단계에서 작동하는 기본적인 정신 기제의 작동을 증명해 주는 것이라고 본다. 이는 치료실에서도 종종 느껴지는 것이다. 이러한 기제는 매우 만연해 있기 때문에 일부 정신병적 상태에서 나타나듯이 이것이 마음을 지배하게 될 때 이는 익숙한 것이며 치료에 반응할 가능성이 있다. 물론 클라인 분석가들이 이 과정에서 나타나는 어려움을 결코 과소평가하지는 않았다.

이전 장에서 '우울 자리'의 발달을 정신적 통합, 상실과 책임감의 인정으로의 발전으로 이해하였다. 클라인 분석가들은 이러한 종류의 심리적 통합을 이루는 것을 인생의 과제로 보았으며 정신건강은 이것에 바탕을 둔 사랑하고 용서하는 관계를 형성할 수 있는 능력에 의해 특징지어진다고 보았다. 그러나 이것은 안정적인 성취가 아닐 뿐 아니라 갑자기 나타나는 것도 아니다. 이전 단계가 극복이 되거나 또는 충분히 다루어져야지만 우울 자리가 나타날 수 있다. 그러나 편집-분열 자리를 완전히 부정적인 용어로만 보면 안 된다. 이는 마음을 극단적인 외상으로부터 지켜 주고 정신세계에 많은 에너지를 제공한다는 긍정적인 측면 또한 가지고 있다. 이 자리에 관련된 강력한 생각들과 감정들은 인생 전반에 걸쳐 자원이 됨과 동시에 잠재적으로 파괴적 위험이 되기도 한다. 보다 간단하게 말하자면, 우울 자리와 편집-분열 자리 사이에 끊임없는 움직임이 있으며 건강한 사람에게는 우울 자리가 지배적이지만 편집-분열 자리가 결코 멀리 떨어져 있는 것 또한 아니다.

클라인 용어로서의 편집-분열 '자리'는 매우 복잡한 개념이며 다음의 특징들을 지니고 있다.

- 이것은 생후 첫 해에 매우 이른 시기에 발생하는 발달적 단계이며 이후의 발달과 성인기 전반에 걸쳐 지속적으로 호출되는 방식으로 유지된다. 이것이 바로 '자리'라고 이름 붙여진 이유이지만 종종 '단계'로 언급되기도 한다.
- 삶과 죽음 추동에 부착되어 있는 사랑과 증오의 강렬한 감정으로 특징지어진다.

- 주로 분열과 투사의 방어기제에 의해 좌우된다
  - 분열은 자아와 대상 모두에게 적용되며 마음의 사랑하는 요소가 파괴적인 요소로부터 분리되고 '좋은 대상'이 '나쁜 대상'으로부터 분리되어 유지된다. 전 생애에 걸친 이상화와 평가절하가 이러한 경향성의 파생물이다.
  - 투사는 죽음 본능에서 직접적으로 파생되는 것으로 여겨지는 아기 자신의 시기적 충동을 거부하는 것으로부터 출발하는 복잡한 과정이다. 이러한 시기적 충동들은 위험할 정도로 파괴적인 것으로 경험된다. 이에 대처하기 위해 이러한 충동들은 바깥으로 방출되며(투사) 외부('나쁜') 대상에게 점차로 부착된다. 이것은 아동에게 편집증적인 환경을 만들어 내며 좋음에 대한 내적 감정들이 위험에 빠지게 만든다. 그 결과 사랑의 충동들 또한 '좋은' 대상에게로 투사된다.
- 기본적으로 보살핌을 받는 환경의 경험, 예를 들어 아기의 '공격'에 우울해지거나 처벌하려 하지 않고 살아남는 어머니는 아기로 하여금 파괴적 충동을 점차 다룰 수 있는 것으로 볼 수 있게 해 준다. 시기심이 감사의 마음으로, 미움이 사랑으로 조절될 수 있게 해 주고 대상을 전체로 인지할 수 능력(좋은 면과 불만스러운 면을 모두 가진)이 생기게 해 준다.
- **내사**는 대상과 그 대상에게 가지는 충동과 감정들을 마음속으로 흡수하는 과정을 일컫는데, 이 내사는 점차로 통합의 과정이 일어나는 것으로 향한다. 그 결과로 우울 자리에 이르게 된다.

이 '모델'에는 수많은 요소들이 있으며 그중 가장 중요한 요소들을 다음에 제시하였다(투사의 개념은 제15장에서 더 자세하게 다룰 것이다).

심리적 과정을 위한 신체적 근간

여기서는 매우 강력한 무의식적인 충동들이 동일하게 강력한 방어기제들에 의해 다루어지고 있는 방식을 설명한다. 이들 방어기제들은 점차로 마음을 지배하는 정신적 기제들이 된다. 이것들은 아기가 받아들이거나 배출해 버리는 신체적 경험(예, 수유와 배설)으로부터 형성되며 따라서 투사와 내사는 아기가 세상과 맺는 가장 기본적인 관계의 확장으로 상상이 된다. 아기가 성숙해 가면서 이들 신체적 과정들은 현실에 대한 정신적 표상이 되어 간다. 이것은 우리가 생각하고 느끼는 가장 기본적인 방식이 최초의 신체적 경험의 이미지로 만들어졌음을 의미한다.

죽음 추동의 표현으로서의 시기심

클라인 이론은 프로이트의 삶과 죽음 추동의 견해를 고수하면서 시작한다. 이러한 추동들은 타고난 것이며 처음에는 다루기가 굉장히 어렵다. 삶의 추동은 언제나 존재하지만, 초기 발달에서 지배적인 것은 죽음 추동이며 이것은 자아에게 심각한 불안을 초래하기 때문에 인생 초반에 자아는 취약하고 확신이 없나. 죽음 추동은 파괴적 충농이며 심리적으로 시기심으로 표현된다. 시기심 자체는 하나의 개념으로서 심각하게 고려할 가치가 있다. 스필리우스 등(Spillius et al., 2011, p. 166)은 시기심을 "다른 사람이 좋아 보이는 것을 가지고 있고 즐기고 있는 것에 대한 화가 나는 감정이며 그것을 뺏거나 망치고 싶은 충동을 종종 동반한다."라고 정의하고 있다. 클라인(Klein, 1957, p. 176) 자신은 "구순기 가학적, 항문기 가학적인 파괴 본능의 표현"이라고 보다 강한 어조로 기술하였다. 클라인에 의하면, 초기 유아기 때 시기심은 젖이 나오는 가슴에게로 향하며 이것은 젖이 만족을 주든 아니든 상관없이 절대적으로 피할 수 없는 감정이다. 만약 가슴이 불만족스러우면 아이는 그것이 인색하고 주기 싫어하는 것으로 느껴져 미워하며, 만약 가슴이 만족스러우면 흉내 낼 수 없는 좋은 것의 넘쳐 남에 시기심을 느끼고 절망적으로 그것을 내 것으로 하려고 한다. 심리치료 동안에 이것이 발생하면 분석가는 환자를 도와줄 수 있는 바로 그 이유 때문에 시기심을 유발하게 되고, 이것은 치료의 심각한 방해가 되는 동시에 치료의 진전을 위해서 반드시 초점을 맞춰야 하는 부분이 된다. 다음의 짧은 삽화에서 이와 같은 점을 살펴볼 것이다.

> 불안감과 무가치감의 감정에 사로잡힌 남성이 심리치료의 도움을 청하였다. 처음에 그는 치료자의 언급들에 반응적이었으나, 점차로 치료자가 말한 어떠한 것도 그에게 아무런 변화를 일으키지 못하는 것이 분명해지기 시작하였다. 회기에서 일어난 일을 추적하다 보니, 환자가 치료자가 언급한 것들을 '혹평하고 있는 것'이 드러났으며, 치료자의 언급들이 도움이 되는 것이라고 여겨지면 질수록 그것을 깎아내리는 과정이 보다 강렬하게 일어나고 있음이 밝혀졌다. 환자는 자기자신이 손상되었고 내부가 비었다는 느낌이 들면 들수록 치료자가 명료하고 건설적으로 생각할 수 있는 능력이 있다는 사실을 견딜 수 없는 것처럼 보였다. 이는 치료자의 작업에 대한 시기심 어린 반응이며, 이제는 이것이 심리치료의 초점이 되었다.

분열

시기심이 팽배해지고 파괴적이 되면, 아기의 자아는 살아남기 위해 매우 강력한 방어기제들을 필요로 하게 된다. 특히 만약 정신 안에 잠재적인 좋은 것(삶의 추동이 사랑의 감정으로 표현)이 보호된다면, 시기심이라는 잠재적으로 해로운 활동으로부터 분리될 수 있다. 따라서 초기 유아기에는 아기가 시기심에 의해 압도되지 않도록 자아를 보호하기 위해 분열기제를 사용하는 것이 필요하다. 오직 이러한 방법으로만 정신 생활의 사랑과 감사의 요소가 충분히 강해질 때까지 그것을 유지할 수 있게 되며 이것은 비교적 보살펴 주는 환경의 경험에 의해 더 그렇게 될 수 있다. 그리고 사랑의 충동들이 충분히 강해져야만 아동의 마음이 통합이 되기 시작하고 우울 자리가 편집-분열 자리를 대치하게 되며 감정들이 진정된다.

클라인이 분열의 근본적인 중요함을 강조한 것은 고전적인 프로이트의 시각에서 사실상 벗어난 것이다. 프로이트는 억압이 무의식의 형성을 주관하며 가장 초기에 실재하는 방어기제라고 보았다. 클라인은 분열을 정신 내적 갈등을 다루는 보다 근본적인 방식으로 보았다. 이들 간의 차이는 억압은 원하지 않는 자료를 인식하고 그것을 의식으로부터 내쫓을 수 있는 힘이 있는 상대적으로 강한 자아가 존재하는 것에 달려 있지만, 분열은 '단순히' 여러 가지 것들을 떼어 놓는 것만 할 수 있으며 이것은 이제 막 존재하기 시작했고 계속해서 존재하기 위해 고군분투하는 자아의 지시에 절망적으로 따름으로써 달성할 수 있다.

극단적인 분열과 정신병적 파편화

분열의 실패와 지나친 분열 모두 정신 과정에 파괴적이다. 추동의 이중성 때문에 아기의 마음은 언제나 위험에 노출되어 있는데, 이것은 정서적 혼란과 인지적 혼란감을 느끼게 할 뿐 아니라 시기심에 의해 공격을 받는 것처럼 느껴지게 한다. 결과적으로, 마음속 사랑의 요소가 이런 식으로 오염되는 것을 막기 위해서, 그리고 자아가 동경하는 이상적인 대상을 만들기 위해서는 마음속 사랑과 미움의 요소들이 서로에게서 분리되어야 하며 외부로 투사되어야만 한다. 이러한 분열 없이는 앞으로 나아갈 기회가 전혀 없을 것이다. 그러나 만약 분열이 너무 심하고 환경이 충분히 돌봐 주지 않는다면 '나쁜 것'과 '좋은 것' 사이에 가교를 놓을 수가 없으며 고정적이 되어 양가감정이 생겨나지 못하게 된다. 대신에 박해적인 세상에서 완전한 증오만이 존재하게 되며 만족감과 관대함의 바탕이 되는 사랑의 감정은 증오에 의해 제압되지 않기 위해 숨어 있을 수밖에 없게 된다.

여기서의 난제는 분열 없이는 마음이 존재할 수 없다는 것이다. 우리는 어떤 것들의 접근을 막아야지만 다른 것들을 생각할 수 있다. 그러나 지나친 분열은 내적 세계의 요소들과 외적 세계의 요소들이 서로 연결되지 못하게 한다. 만약 분열이 지나치게 심하면 마음은 상이한 요소들이 나쁜 것으로부터 오염되는 것을 막기 위해 분열이 되어 점차로 황폐해지며 외부 세계는 부분적 대상들이 서로 접촉이 되지 않은 채 존재하는 것으로 경험된다. 이러한 극단적인 분열은 발달을 저해하며 정신병적 발병의 원형을 형성할 수 있다. 예를 들어, 극단적인 불안은 심한 분열을 일으키며 통합이 불가능한 작은 조각들로 부서지게 되어 자아의 해체를 야기하게 된다. 한나 시걸(Segal, 1973, p. 31)은 이것에 대해 다음과 같이 기술하였다. "고통을 피하기 위해서 자아는 그것이 존재하지 않도록 최선을 다하는데 그러한 시도는 특정의 급성 불안을 일으킨다. 그것은 바로 산산조각 나서 해체될 것 같은 불안이다." 이것은 방어기제가 아무리 더 끔찍한 것을 막으려 한다고 하여도 결국 정신적인 문제를 초래하게 되는 것을 보여 주는 예이다. 클라인 학파 정신분석가인 윌프레드 비온(Wilfred Bion, 1962)은 이러한 과정을 '기이한 대상들'이라는 개념으로 이론화하였는데, 마음을 조각내서 의도적으로 서로 간의 연결을 끊음으로써 공격에 덜 취약하게 만드는 것으로 보았다. 이러한 기이한 대상들은 극도로 구체적이며 위험할 뿐 아니라 불가사의하며 혼란스럽고(어떤 것도 다른 것과 연결이 되지 않음), 정신병적 경험의 원형이 된다.

정신을 통합하기

클라인이 타고난 시기심, 분열과 해체에 대한 이 대격변적인 이야기에서 말하고자 하는 것은 프로이트가 이야기하였던 의식 안에 존재하는 근본적인 분열만을 언급하는 것이 아니라, 분열 활동은 마음이 자신의 열정으로부터 살아남기 위해 만들어 낸 방식이라는 것이다. 강한 유아기적 감정과 '좋음'과 '나쁨', 그리고 사랑과 미움을 구별하는 것의 어려움을 마주하면서 사람들은 순수성과 차이에 관한 환상에 몰두하게 된다. 여기에는 이상적인 것이 있고 저기에는 악마가 있으며, 여기에는 모든 것이 좋고 저기에는 오로지 악마가 형상화되어 나타나고 있다고 느낀다. 클라인에 의하면 이러한 상징들은 외부 세상에서 발견되거나 만들어지고 있을 뿐만 아니라 우리의 내적인 삶들도 이러한 분열에 의해 구조화되게 된다. 결과적으로, 우리는 프로이트가 가정하였던 것처럼 의식과 무의식 사이에서 '수직적인 방향으로' 이중적으로 나뉘어진 존재가 될 뿐 아니라(의식은 표면에, 무의식은 숨겨진 깊은 곳에 존재), 무의식 안에서조차도 사랑과 미움, 삶과 죽음 사이에서 '수평적 방향으로도' 이중적으로 나누어진 존재가 된다.

클라인은 시기심의 타고난 특징과 그로 인한 분열을 강조하지만 환경적 역할 또한 강조한다. 과도하게 나쁜 경험들은 아기의 파괴적 충동을 완화시키는 데 실패하게 만들며 방어기제를 보다 더 극단적이고 자기 파괴적인 것으로 만든다. 관대하고 차분하며 사랑이 넘치는 환경은 심한 분열에 대한 필요성을 덜 느끼게 만들며 통합을 촉진한다. 만족은 시기심을 불러일으키고 시기심을 완전히 제거하는 것은 불가능하며 따라서 평생 지속되는 감정이지만, 이는 또한 존경, 사랑과 감사와 같은 다른 감정들도 불러일으킨다. 이러한 긍정적인 감정들을 경험할 수 있는 능력은 좋은 대상과의 깊은 관계에서 나오며 만족을 주는 경험이 좌절스러운 경험보다 더 클 때 생겨난다. 이는 매우 큰 긍정적 상태를 불러일으키며 통합적 발달의 초석이 된다. 클라인의 가장 중요한 논문 중 하나인 「시기와 감사」에서 클라인은 다음과 같이 기술하고 있다(1957, p. 188).

> 젖을 먹을 때 방해받지 않고 즐길 수 있는 경험을 자주 하게 되면 좋은 가슴에 대한 내사가 상대적으로 안정적으로 이루어진다. 가슴을 통한 온전한 만족은 아기가 그가 사랑하는 대상으로부터 간직하고 싶은 특별한 선물을 받았다고 느끼게 만든다. 이것은 감사하는 마음의 기본이 된다.

이와 비슷하게 한나 시걸(Segal, 1973, p. 37)은 편집–분열 자리가 대체로 문제 없이 지나가기 위해 "필요한 조건은 나쁜 경험에 비해 좋은 경험이 더 많아야 하며. 여기에는 타고난 요인과 환경적 요인 모두가 기여한다."라고 언급하였다. 이러한 주장은 아동에게 '충분히 좋은 어머니'의 존재는 공격성의 완화와 안정적인 '참' 자기를 구현할 능력의 점진적 출현을 가능하게 해 준다는 위니컷의 생각과 일맥상통한다. 그러나 클라인 학파에서는 이러한 생각을 보다 극단적인 방식으로 제시하였는데, 아마도 그들이 생각하기에 폭력성은 정신 생활의 많은 부분에서 원천이 된다는 점을 반영한 것일 수 있다. 예를 들어, 다음의 단락에서 비온(Bion, 1963, p. 31)은 이러한 과정을 아기의 관점에서 주관적인 경험으로 상상하려고 노력하였으며 아기를 지배하는 힘들이 얼마나 강력한지를 보여주려고 하였다. '아기의 감정'을 기술하면서 비온은 집어삼킬 것 같은 대상들의 세상과 파괴적 감정들을 상상하였으며 이들은 '좋은 대상(어머니)'이 가지는 능력—어머니 자신의 감정을 다룰 수 있으며 아기로부터 오는 모든 것을 수용하며 그것에 대해 생각할 수 있고 아기가 소화될 수 있는 형태로 돌려줄 수 있는 자세를 취할 수 있는 어머니의 능력—에 의해 완화될 수 있다고 생각했다. 비욘은 이러한 어머니의 정신 상태를 '몽상Reverie'이라고 불렀다.

> 아기는 고통스러운 대변 덩어리, 죄책감, 임박한 죽음에 대한 공포, 탐욕, 인색함, 그리고 소변들로 가득차 있으며 이러한 나쁜 대상들을 부재한 가슴으로 배출한다. 이렇게 할 때 좋은 대상은 비어 있는 가슴(입)을 가슴으로, 대변과 소변을 젖으로, 임박한 죽음에 대한 공포와 불안을 활력과 자신감으로, 탐욕과 인색함을 사랑과 관대함으로 변화시키며 아기는 이제 선함으로 전환된 자신의 나쁜 속성들을 다시 빨아들인다.

여기서 '비어 있는 가슴'은 아기의 공상에서 적대적이고 박탈하는 가슴이다. 이러한 복잡하고 대범한 문장에서 비욘이 표현하려고 한 것은 아기의 정신 구조를 함께 형성하는 내적 과정들과 외적 과정들의 조합이다. 어머니는 외부 대상으로서의 역할에서 아동의 나쁜 감정들(비욘의 관점으로 나쁜 성질)을 담아 주고 새롭고 보다 감당할 수 있는 정신적 내용들로 변화시켜 주는 과제를 가지고 있다. 이러한 것을 할 수 있는 어머니의 능력은 아기가 공포스러워했던 파괴적 충동들을 다시 받아들이고 그것들을 통합된 정신세계의 일부분으로서 자신의 것으로 인정할 수 있게 해 준다. 비욘이 기술하였듯이 많은 후기 클라인 분석가들도 공유한 진보적 생각에서는 '대상'과의 대인관계적 만남의 질은 생득적 추동들의 힘을 상쇄시키는 데 중요하며 이러한 질적인 상호작용을 통해 생각할 수 있는 능력이 만들어진다.

만약 이러한 모든 것이 잘 이루어지면, 마음이 점차 통합적인 성질로 발달하게 되어 정서들이 보다 깊게 느껴지고 관계들이 온화해지며 안정적으로 되도록 만들어준다. 그러나 분열의 경향성은 결코 완전히 사라지지 않는다. 앞에서 강조하였듯이, 이것은 정신병적 상태에서 보일 수도 있지만 또한 많은 일상의 장면에서도 나타날 수 있다. 사람들이 정서적으로 흥분했을 때나 위협을 느끼는 상황에서 또는 경쟁적인 상황이나 환경이 자기감의 경계를 무너뜨릴 때 강력하게 작동한다. 우리는 또한 특정 집단이 모든 잘못의 책임을 지는 것으로 비난받는 정치적 상황이나 이웃들 간에 발생하는 폭력—국내적이든, 국제적인 규모에서든 가장 흔하게 나타나는 형태—에서도 볼 수 있다. 클라인 학파가 제시한 모델은 이들 모든 영역에서 어느 정도 희망을 제공하는데, 특히 정신분석 심리치료에서 가장 잘 적용될 수 있다. 심리치료 안에서 전이는 투사의 과정으로 이해되며 이는 정확한 해석을 통해 완화될 수 있다고 본다. 이것에 대해서는 제17장에서 보다 자세히 기술할 것이다. 그러나 이는 또한 정신분석의 특정 견해인 '비극적 시각'을 조장하기도 하는데, 파괴성으로 인한 고통은 항상 멀지 않은 곳에 있다는 것이다.

요약

- 정신병에 대한 최초의 정신분석적 생각에서 정신병은 심리치료에서 외부 대상을 '사용'할 수 있을 정도로 충분히 통합된 방식으로 외부 대상과 관계할 수 없기 때문에 정신분석적 치료에 의해 개선되기 어렵다고 보았다.
- 이것은 대상을 전체적이며 안정감 있는 것으로 지각할 수 있는 발달적 성취가 일어나기 전에 존재하는 매우 초기의 유아기적인 방어기제와 정신병적 과정이 유사하다는 발달적 문제로 이론화되었다.
- 몇몇 후기 프로이트 학파의 분석가들은 어떻게 이런 종류의 '원시적인' 정신 과정이 모든 정신 기제의 근간이 될 수 있는지에 대해 관심을 가졌다.
- 클라인 학파의 정신분석은 분열, 투사와 내사를 초기의 신체적 경험의 근간을 이루며 이후 인생 전반을 걸쳐 나타나는 기본적인 심리적 책략들로서 매우 잘 설명하고 있다.

- 클라인의 '편집-분열 자리'와 그것의 극복에 대한 설명은 매우 강력한 파괴적 충동들은 그것들에 대항하는 분열과 투사의 방어기제를 통해 관리된다는 것을 개념화하고 있다.
- 이러한 이론은 발달에서의 생물학적 근간을 강조하고 있지만 아기가 통합을 이루기 전까지 아기를 충분히 '담아' 주는 초기 환경의 역량에도 크게 비중을 두고 있다.
- 분열의 증거는 개인 간에서만 보이는 것이 아니라 이상화와 평가절하가 사회적 집단 내부와 집단 사이에서 일어나는 경우도 많다.

제15장

투사와 투사적 동일시

기본 방어기제

이전 두 장에서는 편집-분열 자리와 우울 자리의 맥락에서 클라인 이론을 살펴보았다. 이를 통해 어떻게 마음이 점차로 통합이 되며 어떻게 아동이 다른 사람들과 비교적 친밀한 관계를 형성할 수 있게 되는지에 관해 발달적으로 설명하였다. 제14장에서는 또한 편집-분열적인 사고는 결코 완전히 극복이 되는 것이 아니며 자기 경계가 무너지는 상황에서는 편집-분열 자리로 '퇴행'할 수 있다고 설명하였다. 클라인의 설명은 기본적 방어기제들의 강력함을 강조하고 있으며, 그중에서도 투사와 내사가 초기 자아가 시기심에 의해 파괴되는 것을 막기 위해 필요하다는 것을 피력하고 있다. 이러한 방어기제들은 근본적인 정신적 기제들로 이해될 수 있다. 즉, 마음이 초기 유아기에 작동하는 방식인 것이다. 이들은 이후의 인지적 정서적 전략들, 특히 억압에 의해 덧씌워지지만 그것들은 인생 전반에 걸쳐 힘을 유지하며 정신 활동의 초석으로서 기능한다.

어떤 면에서는 투사의 개념은 매우 상식적인 것이며 익숙한 것이다. 사람들은 때때로 다른 사람들의 감정을 '읽어 내고' 심지어는 타인이 어떠한 생각을 하는지도 아는 것처럼 보인다. 여기서 조심해야 될 것이 있는데 이러한 직관이 종종 완전히 틀린다는 것이다. 우리는 다른 사람들이 무슨 생각을 하는지 안다고 생각하지만, 실상은 우리가 속는 것이다. 그러나 다른 사람들과 깊이 연결된다는 것은 그들로부터 영향을 받고 있다는 것을 의미하기도 한다는 것도 분명하다. 대부분의 경우는 이것은 타인의 경험에 우리가 내적으로 공명하는 것을 통해 이루어지겠지만, '무의식과 무의식이 의사소통'하는 보다 직접적인 기제가 작동하고 있을 가능성 또한 존재한다. 투사는 이러한 현상을 설명하는 가장 그럴듯한 후보이다. 어떤 것이 한 사람의 '내부'에서 던져져서 다른 사람 안에서 느껴지게 되며, 이는 성적 흥분과 같이 불쾌감이나 흥분으로 느껴질 수도 있고, 때로는 상대방을 미치게 만드는 것으로 느껴질 수 있다.

프로이트의 투사

이전 장에서 다루었던 내용처럼, 투사의 개념은 클라인 학파의 정신분석에서 가장 완전하게 발전되었지만, 대상관계 학파와 상호주관성 학파의 분석가들 또한 이 개념을 상당히 이용한다. 사실상, 정신분석이 점점 더 초기 관계, 그것도 특히 아기와 엄마의 주관적인 경험들이 연결되는 방식들에 관심을 가지게 되었다고 말하는 것이 정당할 것이다. 따라서 (어떻게 한 사람의 주관성이 다른 사람에게 영향을 주는지에 관한) 영향에 대한 질문, 무의식적인 의사소통에 대한 질문, 정동과 정서의 이동에 관한 질문들을 다루는 개념에 대한 필요성이 점차로 커지게 되었다. 투사의 개념은 이러한 과정을 이해하게 만들어 주는 근간을 제공한다. 왜냐하면 이것은 어떻게 사람들이 종종 원하지 않거나 위협이 되는 생각들을 환경으로 '내보내는'지에 대해 개념적 틀을 제공하기 때문이다. 이러한 환경은 보통 원치 않은 충동을 구현시켜 주는 사람들을 의미하게 된다. 예를 들어, 환자는 치료자를 끊임없이 자신에게 비판적이고 적대적이라고 지각할 수 있는데, 특히 자기 자신에게로 향한 비판(자기 비난)을 치료자에게 귀인할 때 그러하다. 때로는 이것이 투사를 받는 '환경'이 될 수 있는데, 이러한 환경은 실제로는 개인의 마음에 있는 박해적인 요소로 가득 차 있는 것으로 경험될 수 있다. 어둠 속에 혼자 있을 때 그리고 이상한 소리를 들었을 때 무서움을 느끼는 것이 흔한 예이다. 귀신을 보는 것부터 동물에게 복잡한 감정들을 귀인하는 것 같은 다양한 종류의 의인화와 미신적 사고 또한 투사의 결과로 나타날 수 있다. 그러나 투사는 한계가 있으며 보다 완전한 상호주관적인 접근은 내사와 같은 다른 요소들도 필요로 하며, 특히 다음에 설명할 투사적 동일시가 그러한 요소 중 하나이다.

프로이트는 '투사'에 대한 개념을 어떻게 편집증이 작동하는지를 설명하기 위해서 매우 초창기 작업에서 소개하였다. 이 개념은 마음이 고통스럽거나 혼란스러운 어떤 원인을 외부에서 찾는 것은 정상적이라는 것이다. 예를 들어, 너무 더울 때 불이 났다고 생각하는 것이 그러하다. 방어적 투사는 마음에 고통스러운 것이 있을 때 이것의 원인을 외부로 돌림으로써 이러한 정상적인 기제를 남용하는 단순한 방식이다. 라플랑쉬와 폰탈리스(Laplanche & Pontalis, 1973, p. 352)는 다음과 같이 언급하였다. "프로이트는 투사를 보다 광범위한 영역에서 보았지만, 상당히 엄격한 의미를 부여하였다. 이것은 개인이 반박하는 또는 인식하기를 거부하는 감정이나 소망을 다른 것(사람 또는 사물)의 속성에 귀인하기 때문에 언제나 방어적인 것으로 나타난다." 클라인이 편집-분열 자리에 대한 기술에서 강조하였듯이, 편집증의 문제는 이러한 잘못 귀인된 내적인 불안이 박해하는 대상으로 되돌아온다는 것에 있다. 예를 들어, 앞에서 언급한 비판적인 환자의 예로 돌아가서, 일단 치료자가 적대적이라고 경험되면, 환자는 자신을 공격하는 것처럼 보이는 중요한 외적 '대상'을 마주해야 한다. 심지어 '객관적인 관찰자'가 볼 때 치료자가 그렇지 않음에도 불구하고 말이다.

이러한 접근은 명확하지만 내적 · 외적 세계가 서로 연결되는 방식으로 투사에 대해 분석적 감각을 가지기에는 충분치가 않다. 자아는 상실한 대상을 내재화함으로써 형성된다는 프로이트의 개념은 보다 복잡한 패턴이 있음을 시사한다. 투사로 외부로 내놓은 것은 내사의 과정을 통해 안으로 (다르게) 흡수되며 따라서 전체 역동은 단순히 겉으로 보이는 것보다 더욱 대화적이다. 더 나아가, 라플랑쉬와 폰탈리스는 무엇이 투사되는지에 관해 프로이트의 글에서 모호함이 존재한다고 지적하였다(Laplanche & Pontalis, p. 353). 여기에는 세 가지 가능성이 존재한다.

- **인지:** 사건의 원인을 우리들 자신에게서 찾기 보다는 외부 세상의 어떤 것으로 잘못 귀인하는 지각적인 것
- **정서:** 자기 안에 있는 미움이 분열되었을 때, 다른 사람이 미움으로 가득 차 있다고 느끼는 것
- **대상:** 미움의 요소를 가진 내적 표상이 외부의 어떤 것에 투사되는 것

이러한 모든 발상이 클라인의 설명 안에서 보다 완전하게 통합되었다.

클라인의 투사

이전 장에서 기술하였듯이, 클라인은 아기는 자아가 통제할 수 없는 내적인 힘들 때문에 괴로워하며 이러한 힘들에 의해 소멸될 것이라는 위협감을 느낀다고 하였다. 이러한 것에 대항하는 방어기제로서 죽음 추동으로부터 나오는 시기충동은 외부 대상으로 투사가 된다. 이와 유사하게, 시기심에 대항하여 성격 안에 존재하는 사랑의 요소를 보호하기 위해 이러한 요소 또한 외부로 투사된다. 투사는 내적 교란을 다루기 위한 자연스러운 방식으로 느껴지는데 왜냐하면 프로이트가 말했듯이 개인이 고통으로부터 벗어나서 자기 스스로를 보호하기 위해 그것의 원인을 외부에서 찾는 것은 본능적이기 때문이기도 하며, 또한 아기의 세상에 대한 내적인 표상은 섭취와 배출이라는 신체적 경험에 의해 지배되기 때문이다. 물질적인 것들이 아기의 몸 안과 밖으로 들어갔다 나왔다 하는데, 생각도 당연히 그러하지 않겠는가? 대상은 그 자체로 (아기의 공상 안에서) 분열되기 때문에 투사는 사랑과 미움을 떨어뜨려 놓기 위해 작동하며 이는 사랑의 감정을 강화시키며 미움의 감정을 완화시킨다. 분열은 여기서 근본적인

중요함을 가지며 투사 또한 그러하다.

물론 이러한 과정에서 부정적인 결과도 당연히 존재한다. 외부 세상이 박해 불안을 주기 때문이다. 그러나 정상적인 상황에서는 이득이 손실을 능가하는데, 파괴적 추동을 외부로 재위치시키는 것은 이러한 추동이 보다 통제가 가능해지며 사랑하는 대상, 즉 어머니의 행동에 의해 경감되기 때문이다. 더 나아가, 아기의 사랑의 충동 또한 투사가 되는데 이는 '삶을 보존하기 위한 자아의 본능적인 노력을 만족시키는 대상을 만들어 내기 위함이다'(Segal, 1973, p. 25). 이는 이상적인 대상을 가슴으로부터 이끌어 내며 이 대상에게 희망을 걸게 되고 사랑의 감정을 유지해 나가게 된다. 따라서 어머니가 기본적으로 안정적이고 자애로우면(이를 위해서는 위니컷이 지적했듯이 어머니도 적절하게 지원을 받을 필요가 있다), 순환의 다음 단계인 내사가 일어나게 된다. 이런 식으로 아기는 자신의 투사된 충동들을 다시 받아들이게 되는데, 이는 자비로운 어머니에 의해 '다듬어졌기' 때문에 이제 보다 견딜 수 있는 것으로 경험된다. 가장 도식적으로 설명하자면, 아기의 파괴성이 자신에게 투사된 것을 견뎌 낼 수 있는 어머니의 능력은 이러한 파괴적 충동들이 더 이상 처음에 느꼈듯이 모든 것을 실제로 파괴하지는 않는다는 것을 아동이 경험하게끔 만들어 준다는 것을 의미한다. 이전에 언급했듯이, 아기가 점차로 보다 복잡하고 통합된 마음을 형성하여 감정들, 특히 양가감정을 다룰 수 있게 해 주는 것이 바로 이러한 선순환 과정이다.

이러한 일반적 모델은 초기 유아기 동안에 복잡한 내적인 정신 구조가 출현하는 것을 효과적으로 설명해 주며 심리치료의 과제의 일부분을 개념화하게 해준다. 제17장과 제18장에서 더 자세하게 기술하겠지만, 정신분석적 심리치료사들은 종종 환자들의 투사를 환자가 다시 '받을 수' 있을 때까지 '머금고' 있어야 한다고 느낀다. 예를 들어, 적대적인 환자는 치료사에게 박해받고 있다는 느낌을 주는 분위기를 조성한다. 치료사는 적대감이 환자 자신의 내적 세계의 일부분이라는 통찰을 환자가 획득할 때까지 침착하게 중립성을 유지하면서 (투사된) 감정을 그대로 표출하는 것을 피해야 한다. 투사는 또한 매우 널리 퍼진 사회적 현상이기도 하다. 인종차별에 대해 가장 잘 알려진 정신분석적 설명은 인종차별주의자는 다루기 힘들고 역겹게 느껴지는 무의식적인 충동들에 사로잡혀 있다는 것이다. 이 충동들은 이미 외부인 또는 위협으로 정의되어 사회적 세계에서 통용되고 있는 계층의 사람들을 향해 투사된 것이다. 따라서 흑인들은 성과 야만성과 연결된 투사를 받는 사람들이 되는데, 이 속성들은 노예와 식민주의 역사에 의해 그들에게 떠넘겨진 것이다. 유대인들은 탐욕과 음모론적인 유혹의 전형으로 여겨지게 되었는데 이는 유럽의 긴 반유대주의의 역사에 깊이 뿌리박힌 연상과 관련이 있다(Frosh, 2005).

투사적 동일시

정신분석이 폐쇄된 체계 이론으로부터 열린 체계 이론(관계들이 가장 중요한)으로 점차적으로 변화하였다는 것은 이들 관계들이 얼마나 강렬해질 수 있는지, 그리고 또한 특히 우리 서로가 얼마나 상대방에게 '영향을 끼칠 수' 있는지에 관해서 관심이 증가되고 있다는 것을 의미한다. 클라인의 투사에 대한 관점은 내사와 투사의 순환을 특정 짓는 주고받는 패턴을 기술하면서 이들 문제에 대해 명확하게 설명하고 있다. 그러나 이것은 여전히 어느 정도는 1인 심리적 설명에 머무르고 있는데, 개인이 대상에게 무엇인가를 투사하고 그것을 다시 받아들이는 것에만 초점을 맞추고 있다는 점에서 그러하다. 물론 대상에 의해 제공된 담아 주기가 불안한 충동들을 보다 견딜 수 있는 것으로 바꿔 준다는 개념을 통해 대화적인 요소를 이야기하고 있기는 하지만 말이다. 정신분석 이론이 다른 사람들과의 기본적인 관계들의 강렬함을 제대로 이해하게 된 것은 바로 **투사적 동일시** 개념을 통해서이다. 특히 이는 대상(투사를 '받는' 개인)이 자신에게 다가오는 것에 의해 어떻게 영향을 받는지에 대해 이해하도록 도와준다. 이는 특히 두 사람의 상호작용을 잘 다루었으며 또한 다른 사람과의 접촉이 나 자신을 바꾸는 과정(심리치료의 핵심 주제)을 매우 깊게 이해하였다. 따라서 투사적 동일시는 치료 안과 밖에서 나타나는 정상 발달, 즉 '평범한' 무의식적 의사소통 과정과 정신병적 기능 사이를 연결해 주는 개념이다.

투사적 동일시는 어떤 의미에서는 기이한 개념이다. 이것이 우리가 이해하기 매우 어려운 일련의 현상을 다루기 때문이라고 한다면 용인해 줄 수도 있을 것이다. 예를 들면, 개인의 감정들을 다른 사람에게 집어넣는다든가, 다른 사람의 무의식적 세계에 사로잡혀 있다든가, 침범당했다든가 하는 것 등 말이다. 투사적 동일시는 앞에 열거된 세 가지 종류(인지적, 정서적, 그리고 대상)의 투사적 내용에 네 번째 요소가 첨가된 것이라는 것이 특히 중요하다. 이번에는 '자신의 일부분'이 보호 차원과 공격 차원에서 외부 대상에게 투사되는 것이다. 자기와 대상 사이에 명확한 구별이 생겨나기 전인 초기 발달에서는 이것이 정상적인 사건이라고 간주된다. 유아기적 감정과 이때의 정신 과정들이 인생 전반에 걸쳐 지속되기 때문에, 투사적 동일시는 성인에게서도 분명하게 그리고 강력하게 나타나며 아마도 특히 심리치료에서 분명하게 나타난다.

'순수한' 형태로서, 투사적 동일시는 오로지 부정적인 것으로 나타나는 것처럼 보인다. 라플랑쉬와 폰탈리스(Laplanche & Pontalis, 1973, p. 356)는 "주체가 대상을 해치거나 소유하거나 또는 통제하기 위해서 자기 자신—전체 또는 부분—을 대상에게 집어넣는 환상으로 나타나는 기제"라고 정의하고 있다. 『클라인 사고의 새로운 용어사전』에서 스필리우스 등(Spillius et al., 2011)은 투사적 동일시 개념을 대대적으로 소개하였으며 다음과 같이 정의하였다.

> 투사적 동일시는 무의식적 환상에서 자신의 일면 또는 대상의 일면들이 분리되어 외부 대상에게 귀인되는 것이다. 투사된 측면들은 투사한 사람에게 좋게 또는 나쁘게도 느껴질 수 있다. 투사적 환상은 투사를 받는 사람에게 투사적 환상과 일치하는 방식으로 느끼게 하고 행동하게 만들도록 유발하는 행동을 동반할 수도 있고 동반하지 않을 수도 있다. 투사적 동일시 환상은 때로는 '귀속적'인 성질뿐 아니라 '획득적인' 성질을 띨 수도 있는데, 이는 환상은 자기 자신의 정신세계의 일면을 제거하기 위함뿐 아니라 자기의 정신세계에 간직하고 싶은 좋은 속

성을 획득하기 위해 타인의 마음에 들어가려는 것도 포함한다는 것을 의미한다 (Spillius et al., 2011, p. 126).

여기서 강하게 드러나는 개념은 다른 사람들 안으로 들어가서 자신이 원치 않은 요소들을 그 안에 버려 버리거나 또는 무의식적으로 자신이 가지고 싶은 다른 사람들의 심리적 속성을 '훔쳐 오려' 한다는 것이다. 『클라인 사고의 용어사전』의 이전 판에서 힌셸우드(Hinshelwood, 1991, p. 184)는 투사적 동일시의 두 가지 목표를 밝혔는데, 하나는 다른 것보다 더 긍정적이긴 하지만 둘 다 자신의 관계 파트너로서 다른 사람을 '사용'한다는 의미를 분명히 포함하고 있다. 힌셸우드는 이들 중 하나의 목표는 '즉각적인 정서적 위안과 대상을 위협적으로 통제하려는 목적으로 고통스러운 마음의 상태를 폭력적으로 제거하려 하는데, 이것은 환상 속에서 다른 대상으로 강제로 들어가는 결과를 가져온다. 다른 목표는 자신의 정신 상태를 알리려는 목적으로 대상 안에 마음 상태를 주입시키는 것이다.'라고 기술했다. 도식적으로, 우리는 투사적 동일시의 두 가지 기능을 이야기할 수 있다.

1. 내적인 불안을 경감시키고 시기적인 공격성을 가하기 위해 자신의 부분들을 타인에게 집어넣는 것
2. 타인에게 공명, 즉 무의식적 이해를 일으키는 것. 이는 공감의 바탕을 형성할 수 있다.

이러한 목표들은 '부정적'(공격하는) 그리고 '긍정적'(의사소통적)인 기능을 가진다고 생각할 수 있고 이들은 보통 같이 작동하며 발달적인 측면과 정신분석적 심리치료 면에서 매우 중요하다.

투사적 동일시라는 이름과 두 가지 목표에서 시사하듯이, 이것은 또한 두 가지 요소를 포함하고 있다. 투사와 투사된 것의 동일시이다. 투사의 요소는 불안을 일으키는 자신의 일부분(파괴적인 경우)을 외부 대상에 위치시키는 것을 포

함하며 이것은 불안을 감소시키거나 좋은 것, 사랑하는 감정을 보호하기 위함이다. 투사적 동일시의 두 번째 요소인 '동일시'는 자신이 밖으로 투사시킨 부분들과 연결이 유지되는 느낌을 주는 과정이다. 자신의 가치 있는 부분들이 다른 사람에게 투사됨으로써 고갈된 느낌을 가지게 될 위험이 언제든 존재하지만(이것은 감사의 마음이 왜 연관된 시기심을 불러일으키는지에 대한 이유이다), 투사적 동일시의 이러한 측면은 자신의 두려운 측면을 단순히 제거하는 것만이 아니라 의사소통의 한 방식이 되기도 한다. 따라서 정신분석에서 투사적 동일시는 분석가의 마음 안에 환자의 내적 세계의 일부분이 전달되면서 연결이 남아 있을 수 있게 해 준다. 그다음에는 자유롭게 떠다니는 주의를 유지하면서 환자가 투사하는 것이 얼마나 위협적이든 환자로부터 투사를 받아들이고 참아 내며 그것에 대해 생각해 보도록 하는 것이 분석가의 과제이다. 그렇게 함으로써 해로운 기운을 빼내서 환자가 조금 더 다루기 쉬운 '소화 가능한' 형태로 다시 내사화를 할 수 있게 도와줄 수 있다. 이는 확실히 초기의 부모 양육과 유사하며 분석가의 자유롭게 떠다니는 주의는 비온(Bion, 1962)이 언급한 (어머니의) '몽상', 즉 어떠한 투사적 동일시도 수용하여 보다 견딜 만할 수 있게 '처리하는' 능력과 유사하다고 할 수 있다.

투사적 동일시와 정신병

클라인 학파 정신분석가인 허버트 로젠펠드(Herbert Rosenfeld, 1971)는 구체적 정의를 제시하였는데, 여기서 그는 투사적 동일시가 어떻게 정신병적 경험의 기본을 형성하는지를 강조하였다. 그는 투사적 동일시에서 투사하는 사람의 내적 파괴성으로부터 파생된 박해적 내용이 외적 대상에게 스며들게 되는 점을 중점적으로 보았다. 이상적인 상황에서는 이것은 대상의 자비심과 선함에 의해 완화되지만 대상이 실제로 적대적이거나 투사된 것을 처리하지 못하고 점차 적대적이 된다면, 상황은 분열, 투사적 동일시, 박해적 대상의 내사의 공포, 그리고 보다 심한 분열과 투사적 동일시의 악순환을 낳게 된다고 하였다. 이는 환경이 실제로 박해적일 때—예를 들어, 부모가 정서적으로 지나치게 혼란되어 있어 아동의 공격적 요구를 다룰 수 없는 상황—여지없이 일어날 수 있는 일이다. 또한 반복된 위탁 양육의 중단 경험과 같은 상황에서도 발생할 수 있는데, 이러한 상황은 아동으로 하여금 누구도 감당할 수 없는 파괴성이 안에 자리 잡고 있다는 강한 느낌을 갖게 만든다. 극단적인 경우에는 정신병적 상태가 발생되어 마음이 조각나고 정신을 온전하게 되찾게 도와줄 대상을 사용하지 못하게 된다.

로젠펠드는 분석 상황에서 알아채야 할 필요가 있는 상이한 종류의 투사적 동일시가 있다고 하였다. 가장 중요한 것은 앞에서 언급한 것처럼 의사소통으로서의 투사적 동일시와 성격의 참을 수 없는 요소를 제거하는 방법으로서의 투사적 동일시를 구별하는 것이다. 전자는 확실하게 더 긍정적이며 소중하게 생각하는 사람 또는 가까운 관계에 있는 사람에게 무슨 일이 일어나고 있는지 직관적으로 알게 해 주는 능력을 강화시킨다. 그러나 투사적 동일시의 '제거' 유형은 정신병적 환자와 같이 보다 심각한 문제의 특징을 지닌다. 로젠펠드(Rosenfeld, 1971, p. 121)는 어떤 일이 발생하는지에 관해 다음과 같이 기술하고 있다:

> 환자는 마음을 교란시키는 정신적 내용들을 제거하고 비워 버리는 목적으로 충동과 불안뿐 아니라 자기 자신의 일부분도 분리시켜 분석가에게 투사하는데, 이것은 심리적 현실을 부인하는 결과를 낳는다. 이러한 유형의 환자는 제거 과정과 문제를 부인하는 것을 분석가가 묵인해 주기를 우선적으로 바라기 때문에, 환자는 종종 분석가의 해석에 심한 분노로 반응하게 된다. 그들에게 해석은 비판적이고 무서운 것으로 경험되는데, 왜냐하면 환자는 자신이 원치 않고 견딜 수 없으며 의미가 없는 정신적 내용이 분석가에 의해 자기 자신에게 되돌아왔다고 느끼기 때문이다.

로젠펠드는 어떻게 투사적 동일시가 환자가 전능적으로 분석가를 통제하기 위한 시도로 사용될 수 있는지에 대해 계속해서 기술하고 있다. 이러한 환자는 그 자신이 분석가에게 들어갔다고 경험한다. 이는 자아 상실의 불안을 일으킬 정도로 자아-타인의 경계가 모호해진 것일 뿐 아니라 분석가가 자신의 광기에 오염되었다고 보게 되는 것을 의미한다. 로젠펠드는 "환자는 이제 분석가가 미쳐 간다고 지각하게 되고 이는 분석가가 자신에게 보복을 할 것이며 광기를 환자에게 돌려주어 자신의 이성을 완전히 뺏어 갈 것이라는 극도의 불안을 야기하게 만든다. 이때가 바로 환자가 해체의 위험에 처한 때이다."라고 기술하고 있다. 이것은 아마도 투사적 동일시의 가장 최악의 유형일 것이며 자신의 마음을 대가로 시기적 공격성을 제거하려는 시도이다. 자아가 공포를 피해 자포자기한 분열 상태로 도망친 것이기 때문에 여기서 낙관적 기대나 희망은 갖기가 힘들다.

투사적 동일시는 무의식적 생각들이 한 개인으로부터 다른 개인으로 옮겨 가는 움직임을 추적하기 때문에 종종 상당히 추상적이며 형식적으로 보이는 특이한 개념이다. 그것이 실제 현실과 관련이 있는지조차 믿기 어려울 때도 있다. 제17장과 제18장에서 살펴볼 것이지만, 이는 심리치료 과정에서 나타나는 어떤 극단적인 상황들을 포착해 내고 이것이 무슨 의미인지, 그리고 어떻게 해결해 나갈 수 있는지에 관해 설명해 주는 데 매우 유용할 수 있다. 심지어 이러한 유형의 정신분석적 사고는 일부 환자들의 매우 어려운 정신 상태를 마주한 분석가와 심리치료사에게 어떻게 온전한 정신을 유지할 수 있는지에 대해 필요한 지침을 제공하는 중요한 도구가 될 수 있다고까지 말할 수 있을 것이다.

요약

- 투사와 투사적 동일시는 주로 클라인 학파 분석가들과 몇몇 분석가들에 의해 마음을 작동시키는 근본적인 기제로서 이해된 방어기제들이다.
- 프로이트는 투사를 마음을 교란시키는 재료들을 외부 세계로 쫓아 버리는 수단으로

보았다. 그는 투사가 스스로를 보호하기 위해 고통에 대한 원인을 외부에서 찾는 본능적인 경향성이라고 생각했다.

- 투사의 내용이 인지적인가 정서적인가 대상적인가 하는 것에 대한 프로이트의 설명에는 다소 모호한 점이 존재한다.
- 클라인 이론은 투사적 과정을 자아가 죽음 본능으로부터 스스로를 방어하기 위한 가장 초기의 방법으로서 크게 강조하였다. 분열, 투사와 내사는 아기와 환경과의 상호작용의 본질을 형성한다.
- 이는 심리적 통합을 보다 잘 이루게 하는 선순환으로 이어질 수 있지만, 편집증적인 마음을 유발할 위험도 있다.
- 투사적 동일시는 자기의 일부분이 대상으로 투사된 후 다시 그것을 자신과 동일시하는 과정을 설명한 클라인 학파의 개념이다. 이것은 다양한 요소들을 가지는데, 주로 의사소통적 요소(한 개인이 다른 사람의 무의식적 세계를 직관적으로 이해하게 해 주는 요소)와 파괴적 요소(시기심에 의해 대상의 내부를 공격하는 것)로 나뉠 수 있다.
- 투사적 동일시는 특히 정신병적 정신 상태를 이해할 수 있게 도와주는 유용한 개념임이 밝혀졌다.

제16장

라캉의 정신분석

스타일과 실체

라캉 정신분석의 몇몇 요소들에 대해서는 제10장에서 간략하게 소개하였고, 이 접근법이 얼마나 놀라울 정도의 영향력을 가지게 되었는지도 이야기하였다. '놀라울 정도'라는 것은 이렇게 어려운 이론이 어떻게 그렇게 널리 퍼졌는가를 의미하는 것이다. 라캉 자신의 출판물을 포함해서 라캉 학파의 저서들은 종종 범상치 않게 복잡하고 추상적이며 일부러 모호하게 기술한 것처럼 보인다. 그럼에도 불구하고, 많은 라캉 학파의 개념들은 임상적 개념화와 비임상적 현상의 개념화에 대해서도 상당한 가치를 지닌다는 것을 보여 줬다. 이들 개념들 중 일부는 인간의 주관성에 대해 새로운 방식의 생각을 자극하였다는 것이 입증되었다.

라캉주의는 아마도 정신분석 학파 중 치료실 밖에서 가장 널리 적용된 학파 중 하나일 것이다. 1970년대와 1980년대에 프랑스 밖에서 라캉 이론이 처음으로 진지하게 여겨지기 시작하였을 때 이는 '후기 구조주의'로의 움직임과 유럽 대륙 철학과 사회학의 중요성이 점차로 증가하는 분위기 속에서 특히 영화와 문학 분야에서 그러하였다(Coward & Ellis, 1977). 아마도 이 이후 한동안 정신분석에 대한 문학과 철학의 관여는 프로이트와 라캉의 저서에만 주로 국한되었다고 말하는 것이 타당할 것이다. 라캉의 작업은 복잡함에도 불구하고 그 당시 다른 영역에서 나타난 '해체주의' 움직임과 잘 부합하는 문화에 대한 자극적인 해석을 제공하였다. 심지어 이러한 움직임들이 전반적인 정신분석 또는 특히 라캉주의에 반대 입장을 가지고 있었을 때조차도 말이다. 예를 들어, 20세기 후반 유럽의 가장 영향력 있는 철학자 중 한 명인 자크 데리다Jacques Derrida는 라캉의 문학에 대한 분석을 강력하게 비판하였음에도 불구하고, 그의 통찰 중 많은 것을 효율적으로 사용하였다(Derrida, 1975). 페미니스트들은 라캉의 이론을 광범위하게 사용하였고(예, Mitchell & Rose, 1982; Grosz, 1990), 라캉이 제안한 많은 개념을 사용하였지만, 또한 라캉 이론에 강력하게 반대하였다. 사회적 · 정치적 생각에서 보다 최근에 있었던 가장 강력한 정신분석적 개입은 라캉 학파 또는 라캉의 생각에 기반한 비평가들(두드러진 예로, 슬라보예 지젝Slavoj Žižek의 많은 저서를 들 수 있음)로부터 나왔다고 말하는 것이 합당할 것이다(Žižek, 1991, 2006b 참조).

라캉 학파의 정신분석은 남미 국가와 프랑스에서 꽤 오랫동안 주요 이론으로 자리 잡았지만, 영미계의 임상 실습에 영향을 미치는 데는 시간이 걸렸다(Parker, 2011). 그러나 라캉 분석 훈련 프로그램과 영어로 번역된 상당한 양의 임상 작업의 출판(Fink, 1999), 그리고 라캉 분석의 직접 체험에 대한 진술들로 인해(Gunn, 2002) 이러한 사고 양식과 작업은 보다 널리 퍼지게 되었고 라캉의 일부 개념들이 영미계의 정신분석 임상 실습의 주류에 퍼져 나가기 시작하였다. 이것이 보편적으로 받아들여졌다는 것은 아니며, 다른 정신분석 학파로부터 나오는 라캉주의의 많은 측면들에 대한 심한 비판은 여전히 존재한다. 그럼에도 불구하고, 라캉주의는 정신분석 분야에서 학파로서 점차 인정되기 시작하였다.

혹자는 실제로 1981년에 라캉이 사망한 후에 그의 영향이 사라질 것이라고 생각했을지도 모른다. 왜냐하면 많은 것들이 그의 스타일(그의 세미나에서 그가 행했던 퍼포먼스와 그가 구현했던 분석가로서의 특정한 이미지, 즉 '깊이 있고', 난해하고, 도발적이고, 함축적이며, 예언자적인)에 달려 있었기 때문이다. 이러한 스타일은 라캉이 살아 있을 때에 논란이 되었고, 그에게 속고 혹사당했다고 느낀 사람들(특히, 페미니스트들)뿐 아니라 많은 분석가들의 반감을 사게 만들었다. 라캉의 여성에 대한 표명은 결코 섬세하거나 지지적인 것이 아니었다. 이는 라캉 이론이 기존의 정신분석적 전문 지식과 '지배력'의 개념에 강력한 비판을 해 왔으면서 본인 스스로는 예외가 되었다는 점에서 역설적이라고 할 수 있겠다. 그는 '권위자Master'였으며 그의 추종자들은 라캉이 말한 모든 한마디 한마디를 진실처럼 생각하면서 그를 추앙하였다. 라캉조차도 자신의 추종자들이 가지는 이러한 이상화된 경향성에 대해 점차 힘들어했던 것처럼 보인다. 이것이 바로 그가 자신을 중심으로 형성된 '학파들'을 해체하려 했던 한 가지 이유이다(Roudinesco, 1990).

그럼에도 불구하고, 후기 라캉 세계에서 라캉의 중요성은 줄어들기는커녕 증폭되었다. 여기에는 많은 이유가 존재하지만, 그중 몇 가지를 열거하면 다음과 같다.

- 라캉주의는 현대 프로이트주의와 고전적인 자아심리학을 심하게 비판하였을 뿐 아니라, 정신분석에 존재하는 지배적인 관계 패러다임에도 반대하였다. 이는 정신분석에는 관심이 있지만 이들의 접근법에 회의적인 사람들에게 대안을 제공하였다는 뜻이 된다. 그리고 아마도 정신분석에서 팽배한 영미 패권주의에서 탈출하고 싶은 분석가들에게 특히 매력적이었을 것이다.
- 라캉의 스타일은 우연히 생겨난 것이 아니라 정신분석 자체의 본질과 아마도 학습 전반에 관한 중요한 것을 표현해 주고 있다. 라캉은 전통적인 '대학' 교육에 비판적이었는데, 그는 대학 교육이 진짜 이해를 깊게 해 주는 것이 아니라 관료체제적 지식을 대표한다고 주장하였다. 예를 들어, 1968년에 프랑스에 있었던 반항적인 학생들을 언급하면서, 그는 "정신분석은 다른 지식의 형태같이 전수되는 그런 종류의 것이 아니다."(Lacan, 1991, p. 198)라고 말하였다. 그는 정신분석은 통상적으로 지식이라고 여겨지는 것에 도전을 해야 한다고 주장하였다. 정신분석은 시험을 통해 평가받는 식의 지식으로 이해한 것을 축소시키면 안 되고 모든 것이 경험되는 방식을 변화시키면서 자극해야 한다고 하였다. 정신분석적 지식이 전수 가능하지 않을 수도 있다는 것을

시사했을 때, 라캉은 정신분석가가 "아는 것이 아무것도 없다."라고 이야기한 것은 아니며, 단지 그러한 지식이 관습적인 방식으로 가르칠 수 있는 것이 아니라는 것을 의미한 것이다.

- 라캉은 '권위자Master'가 자신이 아는 것을 제자들에게 알려 주고 테스트하면서 전달하는 구술 전통적 교습을 통해 정신분석을 이어 나가는 방식을 구현하였다. 라캉이 주로 기록된 말보다는 세미나를 교습방법으로 사용한 이유는 이 때문이기도 하다. 학습은 의사소통을 하는 누군가가 같이 있는 경험을 통해 일어나는 것이므로 이러한 관점과 이전 단락에서 언급한 관점은 정신분석은 쉽게 전달할 수 있는 사실이나 개념의 목록을 통해서가 아니라, 정신분석의 효과 자체를 통해 전달된다는 것을 의미한다.
- 지식에 대한 이러한 접근법은 라캉주의가 정신분석에 대해 반대적 입장을 유지하고 있었던 사람들과 정신분석적 개념들을 사회적 · 정치적 현상을 비판적으로 생각하는 데 사용하고 있었던 사람들을 결속시켜 주는 지점이 되는 부분적인 이유가 되었다. 라캉 학파의 정신분석은 분열적이고 체제 전복적이었으며 모든 분야에서 (당연한 것으로) 수용된 가정들에 의해 '차단된' 것들을 살펴보았다. 따라서 라캉 분석은 사람들이 어떤 방식으로 존재해야 되는지에 대한 특정 견해를 만들지 않았으며, 대신에 임상 작업이나 다른 장면을 통해 마주하게 되는 고정관념들을 해체하였다.
- 라캉주의는 인간 '주체'의 탄생에서 언어의 역할을 강조하였으며, 이는 1980년대부터 최소 20년 가까이 사회과학 분야에서 언어로 관심의 방향을 돌린 상황에서 매우 도움이 되었다. 이러한 방식을 통해 라캉 분석은 다양한 범위의 사상가들에게 활용이 된 철학적이고 사회적인 이론들이 되었다. 이들 사상가들은 아마도 라캉 이론의 상대적인 난해함과 그것의 광범위함 그리고 철학적 문화적 참조에 또한 끌렸을 수 있다.

그 복잡성과 난해함 때문에 이 책에서 라캉 이론에 대해 온전한 설명을 하는 것은 불가능하다. 그러나 몇몇 주요 개념들을 이 장에서 간단하게 기술하도록 하겠다. 이 개념들은 라캉 접근법에 대한 대략적인 느낌을 제공해 줄 것인데, 이 개념들 덕분에 라캉주의가 점차로 굉장히 널리 수용되었으며 정신분석에서 새로운 발전을 이루어 냈다.

주체

'주체'라는 개념은 라캉만 사용한 것이 아니라 후기-구조 이론에서 널리 사용된 개념이며 사실상 헤겔 철학에 근원을 두고 있다. 그럼에도 불구하고, 주체라는 발상은 라캉 정신분석에서 '개인'이 그 자신의 통제하에 있지 않고 오히려 내적 외적 힘에 좌지우지된 소외된 존재라는 것을 강조하기 위해 아주 효과적으로 사용되고 있다. 정신분석과 심리치료가 인본주의적 지향점을 갖고 개인을 핵심 관심에 두는 반면에(때때로 '자기' 또는 '자아'라는 용어를 '개인'을 대신하여 사용하기도 함), 라캉주의는 주체성의 발생지를 개인 바깥에 둔다. 이런 면에서 이는 프로이트(1917a, p. 285)의 관점, 즉 자아는 '자기 자신이 본인의 집의 주인조차 되지 못하며, 마음 안에서 무의식적으로 일어나고 있는 일들에 대해 얼마 안 되는 정보에 만족해야만 한다.'라는 시각에 가깝다고 볼 수 있다. 이것이 멋지게 포착하고 있는 것은 주체가 행동과 의미의 원천일 수도 있지만, 또한 주체에 작용하는 힘들에 의해 좌지우지된다는 것이며, 이 힘들은 특히 무의식적 충동의 형태로, 그리고 라캉이 이름 붙인 사회의 '대타자(the big Other)'의 활동의 형태로 나타난다는 것이다.

주체의 개념을 가장 단순하게 설명하는 방법은, 제8장에서 오이디푸스 콤플렉스의 심리사회적 측면을 설명하면서 제시한 언어 사용의 예로 돌아가는 것일 수 있다. 여기서 요점은 사람들은 언어 안에서 주체자subjects in it이면서 동시에 언어에 의해 지배받는다는are subjected to language 것이다. 이것이 의미하는 바는 다음과 같다.

1. 언어는 특정 의미를 가능하게 하며, 사람들이 서로 의사소통할 수 있게 해 주고 사회와 관계를 형성하게 해 줌으로써 '사회적 주체자'로 되기 위한 인정된 방법으로 사용된다. 자기 자신만의 언어를 단순히 발명한다는 것은 가능하지 않다. 반대로, 우리는 특정 언어적 환경 속에 태어났으며 그 환경에 자신을 맡겨야 한다. 이러한 환경은 특정 사회의 맥락 속에서 오랜 시간에 걸쳐 형성되어 왔으며 개별 언어 사용자의 이전 및 이후에도 계속 존재한다. 이러한 의미에서 언어는 우리가 누구인지를 결정한다. 즉, 우리는 그것에 '종속된다be subjected to'.
2. 우리는 말을 하기 위해 언어를 창조적으로 사용하며 종종 이전에 말해진 적이 없거나 들은 적이 없는 새로운 표현을 만들어 내기도 한다. 이는 언어 사용자들이 단순히 기존의 언어에 종속되는 것만이 아니라 언어의 발전에 공헌을 하며 그것에 영향을 미치기도 한다는 것을 의미한다. 따라서 우리는 무엇인가를 만들어 나가는 행위자agent라는 점에서 주체자이다.
3. 라캉주의는 여기에 뭔가를 덧붙이는데, 우리가 말을 할 때 언제나 말하고 싶은 것을 말하지는 못하며 심지어 "우리가 말하는 모든 것이 결코 말하고 싶은 것이 아니다."라고까지 주장한다. 즉, 우리의 담화는 부분적으로 '무의식으로부터' 나오는데, 아마도 특히 정신분석에서 '자유롭게 표현'하는 것을 장려하는 그러한 유사한 상황에서 그러할 것이다. 이러한 매우 중요한 관점에서, 우리는 무의식의 대상이 되어 우리 '자신들(자아)'이 통제할 수 있는 범위 밖에 있는 힘들에 지배를 당하게 된다. 어떤 사람이 "그런 식으로 말한 것이 아니었어요."라고 말할 때, 그는 결과적으로는 사실을 말하고 있는 것이다.

언어

라캉의 정신분석에서는 언어를 어떻게 주체가 사회적이고 무의식적인 힘들에 의해 영향을 받는가를 보여 주는 예로서만 여기지 않았다. 언어는 인간 의식을 이해하는 데 핵심적이며, 동시에 '말의 실천'으로 여겨지는 정신분석 그 자체를 이해하는 데 핵심이다. 우선적으로 주목할 것은 라캉은 언어를 **수행적** perfomative이라고 보는 매우 현대적인 관점을 채택하였다. 이것이 의미하는 바는 언어가 단순히 기저에 깔린 사고를 반영하는 어떤 것으로 이해되는 것이 아니라(말하는 것은 단순히 생각들을 단어로 옮기는 것), 언어가 **뭔가를 한다**does things는 것이다. 20세기에 언어에 대한 이와 같은 관점에 상당한 발전이 이루어졌으며 이는 정통적 관점이 되었다. 의미가 먼저 오고 (그 의미를 표현하기 위해) 단어들을 만족스러운 방식으로 배열한다기보다(이것이 종종 우리가 언어를 사용할 때 경험하는 것이다), 여기서 강조하는 것은 언어가 어떻게 의미를 창출하고 어떤 것을 일어나게 하는 데 핵심이 되는지에 있다. 이는 사실상 정신분석에서 이론화되지 않은 흔한 개념이라는 점을 주목할 만하다. 만약 '이야기 치료'가 효과가 있으려면, 언어는 강력한 효과를 가지고 있어야 한다. 이러한 설명에서 언어는 행위이며, 바로 지금 뭔가 새로운 것이 발생한다는 것이다.

라캉은 이러한 일반적인 개념을 정신분석적 상황에 적용하였다. 정신분석이 말의 실천이라고 말하는 것은 당연한 것으로 보인다. 결국, 분석적 상황에서 일어나는 것은 단지 한 사람이 다른 사람에게 말을 하는 것이다. 그러나 라캉이 이러한 자명한 진술을 어떻게 다루었는가 하는 것은 두 가지 점에서 매우 강력하다.

1. 라캉은 개인의 이야기 뒤에 있는 '현실'의 어떤 부분에 대해서 알 수 있다는 생각에 반대한다. 사실상 라캉은 분석가가 어떤 것을 이해한다고 주장하는 것에 큰 경계심을 가져야 한다고 권고하고 있다. '기법에 관한 프로이트의 저서들'에 관한 세미나에서 라캉은 알 수 있는 것과 알 수 없는 것에 관한 매우 특징적인 어떤 것에 대해 말한다.

경험을 상술하려고 할 때 중요한 것은 우리가 이해하고 있는 것이 아니라 이해

> 하지 못하고 있는 것이다. 내가 임상 감독하는 사람들이 '저는 환자가 이런 의미로 말하고자 했다고 이해했습니다.'라고 말을 할 때마다 내가 계속 지적해 왔던 것은 우리가 가장 조심해야 할 것 중에 하나가 지나치게 이해하려고 하지 말라는 것이다. 주체의 담화 속에 존재하는 것 이상으로 이해하지 말라는 것이다(Lacan, 1954, p. 73).

라캉은 계속해서 정신분석적 이해는 실제로 '이해의 반박'에 기반하고 있다고 말을 하고 있다. 이것은 확실히 역설적이지만, 우리가 라캉이 환자가 말하는 것 속에 절대적인 진실이 깔려 있으며 분석가는 그 말에 대한 정확한 해석을 통해 그것에 다가갈 수 있다는 생각에 반대하고 있다는 것을 깨닫는다면 더 명확하게 이해가 된다. 라캉에 의하면, 분석가가 알 수 있는 것은 말 그 자체일 뿐 분석가는 다른 어떤 것에도 접근할 수 없다. 이것은 모든 것에서 의미를 찾아낼 가능성에 대해 전념하는 해석적 과학으로 정신분석을 생각하는 정신분석에 대한 대부분의 사람들의 관점과 반대된다. 만약 어떤 남성이 강박적 행동을 반복해서 한다면, 이것은 불안을 야기시키는 성적 생각들을 차단하려는 것이기 때문이다. 만약 어떤 여성이 잃어버린 아이에 대한 꿈을 꾼다면, 이것은 버림받음과 거절에 대한 본인 스스로의 내적 감각을 시사한다. 여기서 라캉의 경고는 엄밀하게는 '주체의 담화 안에 존재하는 것' 이상 이해하는 것은 불가능하다라는 것이다. 임상 실습에서 이것은 심리치료의 방향을 바꾸게 만드는데, 치료자와 환자가 접촉할 때 일어나고 있는 일들, 특히 말들이 어떻게 사용되고 있고 그 말들이 어떤 영향을 가지는지에 초점이 향하게 만든다.

2. 구조주의 언어학에서 비롯된 복잡한 개념들을 바탕으로 라캉은 의미가 어떻게 변화하는지를 강조하며, 이는 담화가 이루어지는 다양한 방식의 결과로 나타난다고 주장한다. 이는 의미가 언어를 만들어 내는 것이 아니라 언어가 의미를 만들어 낸다는 본질적인 핵심이다. 개인이 말을 할 때, 각 청

자에게 정신적 표상을 일으키며 이는 이해할 수 있는 어떤 것으로 번역이 되어야만 한다. 이러한 번역은 담화 자체가 항상 일시적이고 불확실한 것처럼 항상 근사치일 뿐이다. 특히 주체가(심리치료의 환자로 가정하자) '나'라는 단어를 사용할 때, 이러한 '나'라는 것이 정확하게 무엇을 일컫는지는 확실하지 않다. '나'의 의미는 항상 변화하며, 어떤 의미에서는 이것이 어떻게 일어나는가를 추적하는 것이 바로 정신분석이 하는 일이다. 정신분석적 상황에서 주체가 '나'라고 분명히 표현할 때, 분석가는 무엇이 '주체 안에서 말하고 있는지'에 점차로 흥미를 가지게 된다. 진리는 결코 고정될 수 없다. 사용된 단어와 그로부터 발생하는 의미 사이에는 항상 미묘한 차이가 존재한다.

상상계, 상징계, 현실계

제10장에서 대략적으로 설명했듯이 라캉은 경험이 세 가지 '체계order'로 나뉘어진다고 하였고 이것을 통해 정신생활이 점차로 조직화된다고 하였다. 클라인의 우울 자리, 편집-분열 자리와 유사하게 이들 질서는 발달적 단계이며 세상과 연결되는 특징적인 방법들이다. 이들 체계들은 상상계Imaginary, 상징계Symbolic, 그리고 실재계Real이며 이들은 무엇을 알 수 있고 무엇을 알 수 없는지 사이의 불일치를 반영한다. 특히 이들의 구분을 다음과 같이 살펴볼 수 있다.

- 상상계: 진실이라고 여겨지는 것을 상상한 것(자아가 자율적이고 성실하게 기능한다는 환상과 주체가 진실을 완전히 알 수 있다는 환상)
- 상징계: 상징화될 수 있고 결과적으로 조작, 탐색, 분석될 수 있는 것(정신분석은 상징계의 영역에서 작동한다)
- 실재계: 결코 알 수 없거나 가장자리에서만 알 수 있거나 또는 돌파구의 순간에 갑자기 출현하는 것

상상계

라캉에 따르면, 아기는 이미 어떤 것으로부터(자궁 또는 어머니의 즉각적인 존재) 단절이 일어난 상실이 존재하는 환경에서 태어나지만 이것이 무엇인지에 대해 말로 표현할 수 없다. 심지어 더 중요한 것은 아기는 스스로 만든 것이 아닌 구조 속에 놓여 있다는 점이다. 이러한 구조는, 첫째, 아기에 대한 부모의 욕망으로 구성되어 있으며, 둘째, 언어와 문화가 가능하게 하는 것들로 구성된다. '어머니(또는 타자가) 나에게서 무엇을 바라지?'가 아기의 주체성이 형성되는 근본적인, 그러나 말로 표현되지 않는 질문이라고 볼 수 있다. 즉, 아기는 생물학적으로 활발하지만 아직 조직화되지 않은 존재로 태어나며 이미 많은 것이 기대되는 환경(부모의 아기에 대한 환상이 큰 역할을 한다)에 놓이지만 이 환경은 매우 혼란스럽다. 이 모든 것은 아기는 초기에 자신의 추동에 완전히 지배당하며 이러한 추동의 결합, 자신이 빠져들 듯한 상실감 또는 공백, 그리고 '타인'의 욕망이 합쳐진 상황이 주는 해체될 것 같은 강력한 감각을 적절히 다룰 수 없다는 것을 의미한다. 결과적으로, 아기는 완전히 해체되기 전에 자기 스스로를 지탱하려는 충동을 경험한다. 이러한 충동은 실종된 대상에 대한 갈망의 형태로 느껴지는데(이것은 적절하게 개념화될 수가 없다), 무엇인지 알기도 전에 박탈되었지만 그것이 완전한 안전감을 줄 것이라고 상상이 되는 어떤 것이다. 이것은 고통스럽고 잠재적으로 정신적인 일들에 손상을 주는 상태가 되며, 따라서 정신상태가 덜 분열되고 보다 전체적인 것으로 만들어 주는 어떤 것을 발견할 때 아기가 기쁨을 경험하게 되는 것은 당연하다. 이러한 '어떤 것'이 라캉에 의하면 어머니가 가리켜서 보게 된 거울에 비친 자기 자신의 모습이다.

라캉이 기술한 '거울 단계'는 상상계의 진입 지점이다. 분열적인 아기가 자기 자신을 거울에서 흘끔 보게 되고(실제 거울이거나 어머니의 시선에서 생겨나는 '거울') 굉장히 안도를 하면서 이 거울상에 동일시를 하게 된다. 왜냐하면 아기는 전체적인 신체적 존재를 보게 되기 때문이며 또한 전체적인 심리적 주체를 보게 되기 때문이다. 어머니가 아기를 전체로 이름 붙여 주고 결국에는 단순한 이미지일 뿐인 것에 아기가 부착하게 되는 이러한 체제는 출현하는 인간 주체가 어떤 것에 의해 기만당하고 속임을 당한 것이 된다. 라캉의 '거울' 용어의 사용은 아동의 내적 추동의 현실과는 아무런 관련이 없으며 오직 온전함이라는 허울 좋은 표상을 기술하고 있다. 이러한 표상은 어머니가 자신의 시각을 아기에게 제시한 것이지만 아기는 그것을 '진실'이라고 여긴다. '비춰진 이미지'를 아동이 지각하는 것은 자신이 전체적이며 명백하게 확인 가능한 정체성을 가지고 있다는 허구를 창출한다. 그러나 실제로 일어나고 있는 일은 아동이 자기 자신이 아닌 다른 곳에서, 외부에서 나오는 환영에 아동이 동일시한 것이다. 라캉에 의하면 이것이 바로 자아의 기원이다. 자아 발달을 아기가 안정성과 진실성을 향해 진보하는 주요한 방식으로 보는 사람들과 반대로, 라캉은 자아는 방어기제로 채택되었으며, 정신세계가 분열되지 않도록 정신세계를 지지하는 무기 또는 껍질과 같은 것이라고 보았다.

상상계는 이미지와 자기애적으로 관계하는 것으로 특징지어져 있으며, 여기에는 전체성과 온전함이 달성될 수 있다는 환상이 존재한다. 이것은 사람들의 일상생활 기능에 상당 부분 작용하게 되는데 사람들이 자기 자신을 절대적으로 '알고' 있는 것처럼 행동할 때 또는 그들의 경험에서의 간극을 완전하게 채워 버리는 어떤 것을 찾으려 할 때 확실히 드러난다. 심리치료에서는 환자들이 치료자가 그들을 정말로 온전하게 이해하고 그들을 대단히 귀하게 여기고 붙잡아 줄 수 있으며 그들을 온전하게 만들어 줄 수 있을 것이라고 상상할 때 나타난다. 이러한 종류의 상상적 관계에 관심을 쏟는 것은 사실상 그렇게 완벽한 사랑의 '치료법'은 가능하지 않다는 것이 점차로 명백해지면서 심리치료에서 실망의 근원이 된다.

상징계

아마도 완전한 상상적 완벽함에 대한 환상을 계속해서 가지고 있는 것은 어렵다는 것이 명확할 것이다. 라캉에 의하면, 발달적으로 거울이 약속한 온전함은 또 다른 소외의 단계로 인해 산산이 부서지게 된다. 이 단계에서 아기는 자신이 취할 수 있는 형태를 결정해 주는 완벽한 관계 밖에 항상 어떤 것이 존재하고 있다는 것을 발견하게 된다. 외부 영향력의 '구조적 기능'은 대인관계의 의사소통의 한계에 대해 생각해 본다면 명확하게 드러난다. 상상계에서의 환상은 전혀 방해되는 것 없이 다른 사람과 완전한 의사소통을 할 수 있다는 것이다. 연인끼리 말할 필요도 없이, 상대방이 무엇을 원하는지 알아내는 힘든 과정을 거칠 필요도 없이 서로를 완벽히 이해하는 완전한 낭만적 사랑이 그러한 예가 될 수 있다. 불행히도 그러한 더없이 행복한 상태는 존재한다고 해도 굉장히 드물다. 대신, 우리는 복잡한 상징적 기제, 그중에서도 우세한 기제가 언어인데, 이를 통해 서로 의사소통을 해야 한다.

앞에 언급했듯이, 라캉주의자들은 언어를 개인적인 '주체' 이전에 존재하는 구조로서 바라본다. 이것은 언어가 조절적인 법으로서 작동하며 어떤 것은 쉽고 다른 것은 어렵게 만든다는 걸 의미한다. 따라서 언어를 사용해야 할 필요성은 상상계의 환상을 간섭하는데, 왜냐하면 이는 타인과의 관계가 관계 밖에 있는 어떤 것에 의해 이미 조직화되어 있다는 것을 깨닫게 하기 때문이다. 이러한 깨달음을 가지게 되는 순간이 바로 아기가 상징계에 진입하는 때이다. 따라서, 세 번째 용어가 상상적 자기-타인 구성체에 소개가 되는데, 자기와 타인은 중재 수단 없이는 한 순간도 서로 완전하게 연결될 수 없다는 것으로부터 나온다. 대신에 언어와 다른 상징들이 의사소통의 수단으로 사용되며 이들은 이미 확립된 감각들을 가지고 있기 때문에, 언어는 사람들 사이를 연결해 주는 동시에 사람들 사이에 끼어 들어오게 된다. 그러나 언어의 구조를 수용하는 것은 또한 아기가 인식 가능한 언어 사용자가 될 수 있다는 측면에서 자기 자신의 '목소리'를 발견하도록 허용한다. 이처럼 아기는 인간 의사소통의 순환 안에 위치하게 된다. 라캉주의는 상징계 수용을 거부하는 것은 프로이트가 정신병을 기술하면서 말했듯이 현실에 대한 거부라고 주장한다. 상상계에 산다는 것은 사회적 환경에 대처하는 데 필요한 상징 사용을 견디지 못한다는 것을 의미한다. 그럼에도 불구하고 완전한 일체감에 대한 환상을 포기하는 것은 고통스러우며 결코 완전히 성취될 수가 없는데, 왜냐하면 상상적 경험은 인간 의식의 대부분에서 핵심적이기 때문이다.

라캉에서 상징계는 프로이트에 의해 주창된 오이디푸스적인 모델에 기반하고 있다. 고전적인 오이디푸스 콤플렉스에서 라캉주의적 상징계는 아버지에 의해 선포되고 아이에게는 거세 위협으로 경험되는 성적 금지를 통해 제도화된다. 그것이 가지는 힘 때문에(남근을 소유하거나 소유하지 않거나의 상징적 가치) 거세는 인간 주체들에 핵심이 된다. 이것은 왜 상징계가 언어의 출처가 될 뿐 아니라 성적 차이의 출처가 되는지에 대한 이유가 된다. 사실상, 라캉주의 정신분석에 영향을 받은 많은 이론적 작업에서 가장 두드러졌던 것이 바로 성별과 성을 중심으로 한 논의이다. 몇몇 저자들에게(예, Grosz, 1990) 상징계라는 개념은 어떻게 가부장적 사회가 특정 남성과 여성에게 '내재화'되어 가는가 하는 질문에 영향을 주었다. 또 다른 이들에게(예, Segal, 1999)는 이것이 여성들을 '결핍된' 존재로 간주하고 따라서 남성적 문화에서 필연적으로 배제되어야 한다고 보는 전통적인 접근의 또 다른 시각일 뿐이었다.

실재계

실재계는 언어로 표현될 수 없는 것으로 구성되어 있으며, 주체는 그와 같은 심연으로부터 도망 나와 상징계의 품으로 달아난 것이다. 실재계는 상징화될 수 없기 때문에, 인간 주체의 핵심에서 결여된 것으로 특징지어진다. 반면, 몇몇 저서에서는 실재계는 인생이 의미가 있다는 감각을 준다고 강조하고 있다. 어떤 면에서 이것은 상상계와 상징계를 통해 일어나는 다양한 분열 또는 소외의 순간에 선행된다. 실재계는 경험 영역 밖에 존재하는 신비스러운 질서가 아니라 우리의 심리적이고 사회적인 장치들이 접근을 막는 어떤 것이라고 할 수 있다. 어떤 때는 돌파구를 찾아 우리가 소외시킨 모든 것과 우리를 연결시켜 주기도 한다. 그러나 이는 이제까지 우리가 정체성 형성에 들인 우리의 모든 노력을 파괴시키는 위험한 것으로 느껴져서 거부하게 만든다. 임상 장면에서는 주체의 상징화를 위한 시도가 실패할 때 느껴지는 현상으로 나타난다. 사실상, 라캉 정신분석의 핵심 중의 하나는 상징화가 언제나 실패하는 지점이 있음을 깨닫는 것이며 그때 자아의 방어적 구조의 틈을 뚫고 나와 뭔가 다른 것이 출현한다.

네 가지 담론

라캉의 사고가 지식의 성질에 대한 일종의 장기적인 명상이라고 이해될 수 있다고 보는 것은 흥미로운 일이다. 이는 아마도 왜 라캉과 인식론에 대한 주제에 대해 그렇게 많은 저서가 쓰여 졌는지에 대한 이유가 될 것이다. 저서 중 많은 것들이 이 장의 앞에서 기술했던 것처럼, '이해하는 것을 거부하는 것'이 어떤 의미인지에 대한 질문들에 관한 것이다(예, Nobus & Quinn, 2005). 이것은 또한 매우 실용주의적인 문제이다. 환자는 심리치료자에게 환자의 어려움에 무슨 문제가 있는지를 이해하는지 물어보며, 이러한 요구에 대한 치료자의 반응이 치료 자체에서 어떤 일이 일어날지를 결정하게 될 것이다. 다른 가능성들이 라캉의 마지막 개념들에서 매우 생산적이고 자세하게 기술되어 있는데 그것이 여기서 살펴볼 '네 가지 담론'으로 알려진 개념들이다(Lacan, 1991). 이들 담화들은 지식이 조직화되는 방식으로 가장 잘 이해될 수 있으며 아마도 구체적으로 '어떻게 분석가가 반응을 해야 하는가?'에 대한 질문에 답을 해 줄 것이다. 매우 요약해서 말하자면, 담화들은 다음과 같다.

대학 담론

앞에서 기술했듯이 이것은 관료화되는 지식에 대한 접근이며, 따라서 점차로 진정한 이해를 차단하게 되는 방식이 된다. 대신에, '대학' 담론에서 일어나는 일은 지식이 점차로 겪어야 할 경험이라기보다 사용할 수 있는 상품(예, 학위 취득)이 된다는 것이다. 상담과 심리치료를 일종의 숙련기술을 가진 과학기술처럼 다루는 것이(많은 임상심리학자들에 의해 채택된 '과학적 임상가 모델'에서와 같이) 임상장면에서 적용된 대학 담론의 한 예가 될 것이다.

히스테리환자 담론

이것은 환자뿐 아니라 학생, 그리고 실제로 완벽한 이해를 추구하는 모든 주제의 지식에 대한 접근법이다. 이것은 질문에 대한 답을 요구하는 형태로 끊임없는 질문을 하는 것으로 나타나며 타자를 이러한 질문들에 대한 답을 알고 있어야 하는(또는 '알고 있을 것이라고 가정하는') 위치에 둔다. 이는 치료자가 마치 환자가 나아지려면 무엇을 해야만 하는지 알고 있는 것처럼(치료자가 이러한 것에 대한 지식을 공유하는 것을 '거부할 때'조차도) 생각하여 환자가 행동하는 전이의 기본을 이룬다. 무의식에 대한 완벽한 이해는 불가능하기 때문에, 히스테리환자의 담론은 언제나 불안할 수밖에 없다.

권위자 담론

권위자 담론은 히스테리환자 담론과 짝을 지어, 자신이 진실을 소유하고 있다고 믿는 자인 것처럼 행동하는 것이다. 권위자 담론은 히스테리환자에 의해 자극을 받아 질문에 대한 문제해결을 제공하며 '알고 있는 자'의 자리를 불안정하게 채우게 된다. 어느 누구도 진실을 완전히 소유할 수는 없기 때문에 이러한 종류의 전문가는 언제나 가짜이며 분석에서 이것은 덫으로 작용하는데, 왜냐하면 이는 분석가가 '치료제'에 대한 비밀을 가지고 있다고 암시하기 때문이다. 그러나 이것은 전문적 지식을 제시할 것으로 여겨지는 위치에 있다면 누구에게나 매우 강력한 유혹이 될 수 있다. 임상장면 외에서 일어나는 현상, 예를 들어 주식 전문가가 자신들의 투자와 매매 방식이 굉장히 형편없는 것으로 판명이 난 상황에서조차도 마치 자신들이 시장을 완전히 통제하고 있다고 믿는 것처럼 행동하는, 이러한 종류의 행동을 이해하는 데도 유용하게 적용할 수 있다.

분석가 담론

아마 예상하는 사람들도 있겠지만, 이것은 이상적인 담론이다. 라캉주의가 상상계의 구조물로 여겨지는 이상주의적인 것에 반대해야 한다고 가정한다는 점을 고려할 때, 이것은 아마도 회의론적 시각을 가져야 하는 어떤 것을 말하는 것일 것이다. 그럼에도 불구하고, 이것이 언급하는 것은 권위자의 자리에서 벗어나 있을 수 있는 분석가의 능력이다. 즉, 그 누구도 무의식에 대한 완전한 지식을 가지고 있을 수는 없으며, 분석가가 할 수 있는 것은 다만 이러한 알 수 없는 지식이 있다는 것을 밝히는 것뿐이다. 임상 장면에서 치료자는 그가 환자의 간청에 따라 '알고 있다고 간주되는 주체'의 자리를 차지하고 있다는 것이 분명해질 때 분석가 담론을 꺼내 들 수 있다. 이 지점에서, 치료자는 정말로 알고 있는 지기 아닌데 단지 환자를 위해 그런 척 수행하고 있음을 인식하게 된다. 분석적 과제는 어떠한 완벽한 답도 존재하지 않으며 단지 상대적으로 보다 생산적인 질문들이 있을 뿐이라는 것을 밝혀 나가는 것이다.

이들 네 가지 담론들은 적용 범위가 넓지만, 심리치료에서는 주로 분석가 상황에 초점을 맞춘다. 이는 우리가 치료적 관계에 적용되는 핵심적 정신분석 개념들을 보다 광범위하게 적용할 수 있게 만들어 준다.

요약

- 라캉 정신분석은 정신분석의 임상 실습에 대한 영향력 측면에서, 그리고 많은 정신분석 학파에서 제시하는 개념들에 도전하는 이론적 개념들의 저장고로서 점점 더 중요해지고 있다.
- 이는 정신분석이 다른 종류의 지식과는 다르다는 것을 '가르치는' 것이라는 관점을 도모한다.
- 라캉이론은 임상장면 외에도 광범위하게 적용이 되었으며, 특히 예술과 사회과학 그리고 정치비평에서 그러하였다.

- 임상적 사고와 정신분석을 다른 학문적 영역에 적용하는 데 모두 유용한 것으로 판명이 난 수많은 라캉의 개념들은 다음과 같다.
  - '주체'에 대한 개념
  - 주체가 언어와 맺는 관계
  - 상상계, 상징계, 그리고 실재계의 세 가지 '체계들'
  - 대학 담론, 히스테리환자 담론, 권위자 담론, 그리고 분석가 담론의 '네 가지 담론'

제17장

해석과 전이

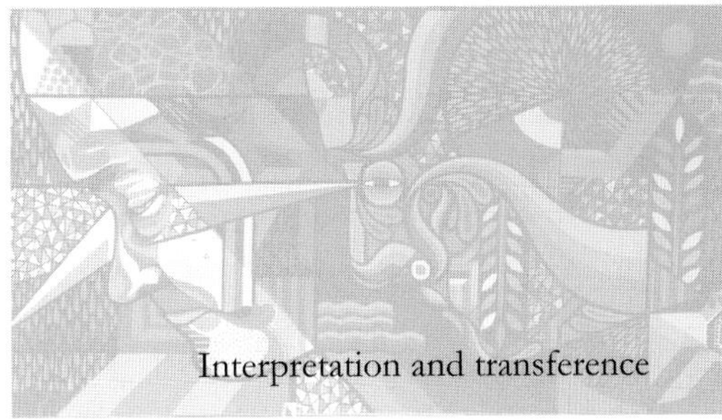

해석

해석이라는 것은 우리의 정신생활에는 무의식적 차원이 있다는 정신분석적 가정에서 나왔다. 즉, 누군가 우리에게 무엇인가를 이야기하는 것을 들을 때, 그리고 누군가의 행동을 관찰을 할 때, 우리는 보고 들은 것을 반드시 액면 그대로 믿을 수가 없다는 가정이다. 대신에 정신분석은 표면 '아래'에서 뭔가 다른 것이 일어나고 있으며 이 '뭔가 다른' 것이 말이나 행동의 진짜 의미에 더 가깝다고 가정한다. 이러한 다른 무엇인가를 밝혀내는 행위가 바로 해석의 행위이다. 정신분석가들에게 여기서 기술되는 것이 의미하는 바는 환자의 말 표면 뒤에 숨겨져 있는 무의식적 생각들을 점차로 알아 가는 과정이라는 것이다. 이러한 과정이 종종 정신분석적 실행의 핵심이라고 여겨진다. 실제로 라플랑쉬와 폰탈리스(1973, p. 227)는 "정신분석 자체가 주어진 자료에서 잠재적인 의미를 끌어내는 것이라고 정의될 수도 있다."라고 진술하고 있다.

산들러 등(Sandler et al., 1973, p. 110)은 해석을 환자를 향한 특정하게 의도된 효과를 가진 분석가로부터 나온 의사소통이라고 정의한다. 그들의 공식은 다음과 같다. '환자가 이전에는 의식적으로 알지 못했던 심리적 기능의 어떤 측면을 즉각적으로 알아차리게 만드는 것을 목표로 한 모든 언급과 다른 언어적 개입'. 여기서 확실한 것은 해석은 언어적 진술이며 다음과 같은 구체적인 목표를 가진다는 것이다. 분석가의 이해를 보여 주는 것이 아니라 환자의 통찰을 증가시키는 것, 이것에 해당하기만 한다면 목표를 실제로 달성했는지, 하지 못했는지와 상관없이 그것은 해석이 된다. 여기서 구별하면 유용한 것들이 있다. 치료자는 환자에 대해 어떤 것을 이해했다고 믿지만, 환자가 그것을 들을 준비가 될 때까지 해석을 주지 않기로 하는 선택이 가능하다. 해석이 주어졌는데 그것이 틀리거나 부적절하거나 시기적절하지 않을 수 있다. 따라서 목표에 다다르지는 못하지만 여전히 (나쁜) 해석일 수 있다. 이로부터 기법상 상당한 변산이 생겨나는데, 예를 들어 어떤 분석가들은 환자를 겁먹지 않게 하기 위해서 해석은 천천히 진행되어야 한다고 믿으며, 다른 분석가들은 해석이 처음부터 '깊게' 주어져야 환자가 자신의 불안이 빠르고 안전하게 구체화되는 것을 인식하게 된다고 믿는다. 고전적 분석가들은 이면에 숨겨진 불안들을 조심스럽게 탐색하도록 천천히 방어들을 밝혀내는 해석을 하는 반면, 클라인 학파는 불안을 직접 다루는 것을 선호하는데, 변화는 자아가 점차 지식이 쌓여서 갈등을 더 효과적으로 다룰 수 있게 되는 것에서 생기는 것이 아니라 무의식적 수준에서 일어난 분열들이 복구되면서 생겨난다고 주장한다. 이들 분석가들은 환자의 과거에 집중을 덜 하는 경향이 있으며(물론 이것을 심각하게 다루기는 하지만 말이다) 환자가 회기 중에 행동하는 방식에 더 집중한다. 그러나 어떤 진실이 환자가 말하는 표면 '아래'에서 작동하는 것을 밝혀낸다는 가정 때문에 해석이라는 개념 자체를 거부하는 분석가들(예, 라캉주의)도 있다. 이들에게는 환자가 새로운 방향으로 생각을 시작하게 만드는 '방해'에 대해서 이야기하는 것을 더 합당하다고 느끼며 환자의 이야기의 '진짜 의미'를 알고 있다는 어떠한 주장도 하지 않는다.

정신분석적 해석에 대해 쉽게 인정되지 않는 부분은 해석을 치료적 상황에 어떻게 연결시키는 것인가 하는 것이다. 이에 대한 문제는 이 책의 제3부에서 다시 다룰 것인데, 왜냐하면 이는 예술적 · 문학적 또는 사회적 재료들을 정신분석적 렌즈를 통해 해석을 할 때 이론가들의 일부 주장들에 이의를 제기하게 만들기 때문이다. 여기서 중요한 것은 정신분석은 해석이 일어나는 대인관계적 맥락이 효과에서 상당한 차이를 가져온다는 것을 인식한다는 점이다. 이것은 일상생활의 많은 측면에서 볼 때 분명하다. 만약 당신이 싫어하는 누군가가 당신에 대해 어떤 말을 한다면('오늘 잘 꾸몄네.'), 당신은 이러한 언급을 비꼬는 공격으로 들을 수 있다. 만약 같은 말을 당신이 신뢰하고 당신을 좋아한다고 생각하는 사람이 했다면, 그 말은 안심을 주고 지지적인 것으로 느껴질 것이다. 이와 유사하게 치료적 맥락에서 어떻게 치료자의 말들이 들리는가는 환자가 치료자와의 사이에 형성되어 온 관계를 어떻게 지각하는가에 상당히 영향을 받는다. 치료자에 대해 긍정적으로 느끼는 환자는 '오늘 나한테 말을 하기가 힘든가 보네요.'와 같은 '해석'을 환자의 마음속에 떠오르는 어떤 것을 말하는 것에 어려움이 있는 것에 대해 탐색해 보자고 청하는 것으로 이해할 수 있다. 치료자가 비판적이고 혹독하다는 생각에 시달리고 있는 환자는 같은 해석을 박해적인 공격으로 들을 것이다. 이와 같은 관계적 맥락은 정신분석에서 전이라고 알려져 있다.

관계에 대한 내적 모델로서의 전이

전이는 정신분석 과정에서 형성되는 환자와 치료자의 관계 형태를 말하며 치료적 과정을 정신분석적으로, 그리고 정신역동적으로 이해하는 데 핵심이 되어 왔다. 프로이트는 무엇이 '전이되는가' 하는 것에 대해 전이되는 감정은 다른 어딘가에 속하는 감정들이며, 보통은 오래전에 사람이나 상황에 부착되어 있었지만 결코 완전히 다루어진 적이 없는 감정들이라고 보았다. 이것은 전이는 환자가 가지고 있을 수 있는 무의식적 가정과 치료적 만남이라는 관계의 축소판을 사용하여 그 사람이 중요한 관계들에 어떻게 접근하는지에 대한 통찰을 얻는 방법을 제공한다는 것을 의미한다. 예를 들어, 권위자와 종종 어려움을 겪는 사람들은 아마도 아버지와의 어려움에 그 근원이 있을 것이며, 치료적 상황에서의 제한에 대해 쉽게 그리고 강하게 분노감을 보일 수도 있다. 또는 치료자가 자신을 괴롭히며 권위적이라는 환상을 가지게 되거나, 지나치게 공손하고 겁먹은 태도를 보이게 될 수 있다. 유일하게 살아남는 방법은 매력적이고 매혹적이어야 된다는 무의식적인 믿음을 가진 사람은 전이를 강력하게 성적화할 수도 있다.

프로이트에게 전이의 개념은 점차로 중요해지게 되었는데, 이는 현실 상황과 비교해서 적절치 않거나 지나친 방식으로 그와 관계를 맺는 환자들을 관찰하게 되면서부터였다. 구체적으로, 프로이트는 과거의 중요한 인물들, 주로 환자가 부모들에게 가지는 생각과 감정들이 '전이되어' 프로이트 자신이 그것들을 받는 수령자가 되고 있다는 것을 점차로 깨닫게 되었다. 도라의 사례 연구에서 프로이트는 전이를 다음과 같이 정의하였다.

> 분석이 진행되는 동안에 야기되는 충동이나 환상들의 신판 또는 복사판들이지만, 다음과 같은 특이성을 가지고 있으며 이는 종의 특성이기도 하다. 그것은 이들 충동과 환상들이 이전의 사람을 치료사로 대치한다는 것이다(Freud, 1905, p. 116).

이와 같은 정의에 대해 몇 가지를 언급할 필요가 있을 것 같다.

- 원래의 문서가 있는데 그 이후에 '신판 또는 복사판'이 생긴다라는 비유에 기반하고 있다.
- 새로운 판은 일종의 원본이 변화된 것이라고 할 수 있는데, 여기서 '충동과 환상'이 향했던 이전의 사람이 분석가에 의해 대치된다. 이는 상황은 변화되었지만 원래의 줄거리는 그대로 유지가 되는 개정된 소설과도 같은 것이라 여길 수 있다.
- 이런 식으로 생각하면, 분석적 관계는 하나의 틀이 되어 이 틀 안에서 환자는 스스로 깨닫지 못한 채 이전의 줄거리를 다시 재연하게 된다. 이는 정신분석이 환자가 새로운 환경과 관계하는 방식이 원래는 다른 환경에서 발전된 줄거리에 지배되고 있음을 보게 해 주는 해석 또는 변화 과정이라고 이해할 수

있는 길을 열어 준다.

- 분석가의 '신판'에 대한 해석은 원판을 이해하게 해 주는 도구가 되며 환자는 무의식적 지배로부터 자유로워질 수 있다.

여기서 바로 떠오르는 질문은 정신분석에서 전이의 역할을 강조하는 데 있어서 전이관계는 '일상생활'에서 나타나는 관계들과는 다른 기제를 포함하는 특별한 종류의 관계인가 하는 점이다. 통상적으로, 사람들 사이에서 발생하는 관계는 어느 정도의 호혜성이 존재하기 때문에, 현실이 하나의 검증 방법이 될 수 있다. 따라서 만약 우리가 새로운 사람에게 우리의 과거 관계에서 비롯된 기대를 가지고 접근하게 된다면(우리는 거의 그렇게 할 수밖에 없게 되는데), 이것들은 그 이후에 새로운 사람의 실제 존재를 경험하게 됨에 따라 빠르게 조정된다. 예를 들어, 아동은 괴롭히는 아버지를 두려워하며 학교에서 만나는 새로운 남자선생님도 비슷할 것이라고 기대하게 된다. 그는 즉각적으로 그 선생님을 향해 공포에 찬 행동을 보일 수 있다. 만약 선생님이 실제로도 아이들을 괴롭히며 권위주의적이라면 아동의 권위적 인물에 대한 기대는 적대적이고 두려운 것으로 강화될 수도 있다. 그러나 만약 선생님이 아동의 불안에 민감하게 반응하며 아동을 친절하고 사려 깊게 대한다면 아동은 그의 권위적 인물에 대한 내적 모델과 이러한 특정 인물 사이의 차이를 배우게 될 것이다. 우호적인 상황이 주어진다면, 아동은 그의 아버지가 일반적이기보다는 예외적인 사람이라는 것까지 보게 될 수도 있다. 보다 일반적으로 말하자면, 사람들을 만나고 그들과 교류할 때마다 우리는 이전 경험으로부터 나온 내적인 경험들을 지금 벌어지는 실제와 혼합하게 된다. 이로 인해 새로운 사람을 과거 '대상들'과 유사하게 보거나 또는 그들과 다르거나 극히 예외적인 것으로 보게 될 수 있다. 그다음에 우리는 무엇을 기대할지에 대한 내적 모델을 변경할 수도 있다.

이로부터 사람들이 새로운 관계를 형성할 때 이 모델이 일종의 무의식적 견본으로 사용될 수 있다는 생각으로 이어지는 것도 합리적이다. 만약 이러한 견본이 매우 경직되어 있다면 이는 모든 관계를 같은 것으로 만들어 낼 것이며,

따라서 예를 들어 권위적 인물에 대한 개인의 경험은 언제나 처벌적인 아버지라서 그는 공격적으로 반항하고 싶을 것이며, 또는 잠재적인 애정 대상은 믿을 수 없었던 어머니처럼 언제나 유혹적이며 신뢰할 수 없을 것이라고 가정할 수 있다. 그러나 만약 견본이 충분히 유연하여 변화가 가능하다면 관계들이 과거의 그것들과 달라질 수 있도록 허용할 수 있을 것이다. 여기서 견본에 변화를 촉진할 수 있는 새로운 상황은 어떻게 일어나는 것인가 하는 질문을 할 수 있을 것이다.

이에 대한 명확한 대답은 새로운 관계가 원본과 엄청나게 달라서 견본이 기반하고 있는 가정에 도전하게 되는 경우가 될 것이다. 이것은 많이 일어나는 일이겠지만, 아마도 이러한 차이점들을 지각하는 것이 왜 어려운지에 대한 바로 그 이유가 되기도 한다. 어려움이 지속되는 데 일조하며 심리치료까지 받으러 오게 만든 그러한 이유 말이다. 예를 들어, 자신이 가치가 없다는 강력한 무의식적 가정을 가진 사람으로 하여금 이러한 가정을 확증시켜 주는 관계들을 찾게 만들 수도 있으며 또는 모든 관계를 이러한 확증을 불러일으키도록 만들어 버릴 수도 있다. 따라서 친구가 친절할 때 이것을 동정이라고 해석을 하게 되며, 친절함은 짜증나는 것이 되고 이는 결국 무가치감의 가정을 지지하는 증거로서 받아들여진다. 친구가 결국 포기하고 관계를 끊으면 이는 자신이 전혀 가치가 없거나 결코 사랑받을 수 없을 것이라는 또 다른 증거가 된다. 이러한 상황에서는 새로운 관계에 대해 가능한 '현실'은 시험해 볼 만한 가능성을 결코 가지지 못하게 된다. 왜냐하면 모든 것이 이미 존재하는 견본에 의해 해석되기 때문이다.

특별한 관계로서의 정신분석

여기서는 정신분석이 전이에 대한 이해와 그것을 어떻게 다룰 것인지에 대해 직관과는 반대되는 관점을 택하는 것으로 보일 수도 있다. 정신분석적 상황에도 어느 정도의 현실은 존재한다. 분석가들은 그들 자신에 대한 무언가가 드러나는 것을 피할 수 없다. 젊거나 나이가 많거나 남성이거나 여성이거나 흑인이거나 백인일 수 있고, 어떨 때는 긴장하고 때로는 졸릴 수도 있으며, 어쩔 수 없이 어떤 것에 다른 것보다 더 특별한 관심을 보일 수도 있다. 때때로 분석가는 아플 수도 있고 특이한 억양을 가질 수도 있으며 눈에 띄는 장애를 가지고 있을 수도 있다. 이러한 모든 것은 전이 반응(예, 젊은 남성에게보다는 나이 든 여성에게 어머니에 대한 전이감정을 일으키기가 더 쉬울 것이다)을 일으키며 또한 이러한 반응들이 시험될 수 있게 한다(중단하지 않고 들을 수 있는 분석가의 능력은 언제나 끼어들고 생각할 틈을 주지 않았던 어머니를 가진 사람에게는 매우 이상할 수 있다). 그러나 정신분석의 핵심적인 기법은 그럼에도 불구하고 이러한 '현실' 요소들을 최소화시켜서 전이가 보다 명확해지도록 하는 것이다.

여기서의 생각은 '보통'의 삶에서는 상황적 현실이 전이를 빠르게 수정하거나 모호하게 만든다는 것이다. 정신분석에서는 분석가가 일종의 '존재감 없이 존재'하는 바로 그 이유 때문에 전이가 보다 명백하고 확실하며 따라서 해석이 가능하도록 해 준다. 예를 들어, 만약 분석가가 듣기만 하고 부드럽고 애매한 언급들만 하는데도, 환자가 분석가를 적대적이고 처벌적이며 평가적이라고 경험한다면 현실의 분석가의 행동과는 관계가 없이 환자 마음 안에서 일어나는 어떤 것이 있다고 말하는 것이 합당할 것이다. 왜 분석가의 침묵이 지지적인 경청이 아니라 적대적인 판단이라고 해석이 되어야 하는가? 대답은 이러하다. '왜냐하면, 전이 때문이다.' 그리고 분석가의 말을 아끼는 태도가(프로이트는 그것을 '절제'라고 불렀다) 그것을 그토록 확실하게 만들어 준다.

모든 분석가가 이러한 일반적인 특징을 수용하지는 않을 것이다. 예를 들어, 라캉 분석가들은 '전이'는 치료실 안에서 일어나는 것에만 국한해야 한다고 주장하는데, 이는 누군가의 과거 경험이 현재 관계에 영향을 미치는 다른 예들은 강도가 훨씬 약하고 무의식적 환상이 더 적게 개입되어 있는 다른 종류의 것으로 봐야 한다는 의미이다. 다른 이들은 치료자들이 '중립적'일 수 있다는 가정에 반대하는데, 이들의 주장은 다음 장에서 살펴볼 것이다. 환자와 분석가 사이에서 일어나는 모든 것이 과연 전이인가, 아니면 분석가 상황에서 비전이적인('실재하는') 요소 또한 중요한가에 대한 논쟁 역시 존재한다. 이러한 논쟁은 분석가들 사이에서 존재하는 작업의 차이에서 나타날 수 있는데, 환자와의 관계에서 무엇이 일어나고 있는지를 밝히는 데 국한된 전이해석만을 하는 분석가들도 있고, 환자가 외부 세계에 대해서 말한 것에 대해 충고를 하거나 언급을 하는 등 다른 것들에 대해서도 이야기하는 것을 마다하지 않는 분석가들도 있다.

그럼에도 불구하고, 전이는 분석적 관계를 이해하는 데 핵심이며 결과적으로 이러한 이해가 치료의 중심이 된다는 것에는 폭넓은 의견 일치가 있다. 바로 전이에 대한 이와 같은 초점이 정신분석적 심리치료를 특별한 관계로 만드는 것이 된다. 다른 상황들과 달리, 전이는 경감시키려고 하기보다는 장려된다. 또한 다른 대부분의 관계들에서 일어나는 것과 달리, 환자에게 무엇이 일어나고 있는지 그리고 그것이 어떻게 무의식적인 관계 견본과 연결이 되어 있는지를 이해시키려고 하는 치료자는 이러한 전이에 대해 언급을 한다. 더 나아가, 프로이트가 '전이 신경증'이라고 명명한 것이 형성되는 때가 있다. 전이 신경증에서 "모든 환자의 증상들은 최초의 의미를 포기하고 전이와 관련해서 존재하는 새로운 감각을 띠게 된다"(Freud, 1917a, p. 444). 이것은 환자는 자신의 신경증적 어려움의 현저한 요소들을 치료 안에서 실제 행동(늦게 오기, 화내기, 심계항진, 못들은 척하기 등)으로 보여 준다는 것이다. 따라서 치료자는 이러한 것들에 직접적으로 관여하게 되고, 해석하며, 무의식적 갈등을 조사하고, 일종의 실험실 같은 상황에서 이들을 해결할 기회를 가지게 하여 전반적으로 환자의 인생에 일반화될 수 있게 해 준다. 이들 중 어떤 것도 독특한 분석 치료실 상황 밖에서는 흔하게 발견될 수 없는 것이다.

전이개념의 발달

스필리우스 등(Spillius et al., 2011, p. 515)은 전이에 대한 평가가 그것을 문제로 인식한 프로이트의 최초의 시각에서부터 최근의 중심적 위치로 놓이게 되기까지 어떻게 발전되어 왔는지에 주목하였다. 그들은 전이를 역사적으로 다음과 같이 발전되어 왔다고 보고 있다.

- 작업 관계를 정서적 관계로 만들어 버리는 분석에 대한 저항의 형태
- 아동기 경험, 특히 외상의 구체적 경험을 정신분석적으로 재구성하여 새로운 이해를 도모할 수 있게 해 주는 과거의 재현
- 현재의 무의식적 환상의 외재화
- 분석가와 환자의 복잡한 관계 형태

전이에 대한 고전적 프로이트의 관점은 예전에 대상에게 부착되었던 무의식적 생각이 분석가로 대치되는 것이라는 개념에 기반한다. 이러한 프로이트적 사고에 흐르는 주제는 현실-지각이 작동하고 있는가에 대한 의문이 제기된다는 점이다. 환자는 분석가를 초기 대상(주로 부모)으로 그릇되게 여긴다. 따라서 분석가의 해석은 '오류'를 식별하고 환자가 어떻게 이것이 발생하게 되고 어떻게 그의 일반적인 기능에 영향을 미치는지에 대한 통찰을 얻게 도와준다. 전이는 샌들러 등(Sandler et al., 1973, p. 46)이 언급한 "과거의 부활들인 '부적절한' 사고, 태도, 환상과 감정들"을 포함한다. '부적절함'이라는 언급은 거의 인용되지 않기는 하지만, 여기서 의미하는 것은 전이는 뭔가 비현실적이고 동떨어진 어떤 것이라는 것이다. 여기서 가정하는 것은 시간이 지나면서 분석적 관계는 확실한 현실적 기반을 다지게 되어 대치가 적어지고 과거를 보다 과거에 정확하게 위치시키는 것이 점차 가능해진다는 것이다.

만약 전이가 이러한 식으로 이해된다면, 심리치료적 과제는 환자의 현실 감각을 증진시키는 것에 있으며 따라서 자아를 강화하여 환상과 현실을 보다 정확하게 구분하게 해 주는 것이 될 것이다. 그러나 전이에 대한 생각의 새로운 발전은 이런 식으로 구별하기가 실제로는 굉장히 어렵다는 것을 시사하는 경향이 있다. 이들 분석가들에게는 전이는 수정해야 할 비합리적인 과정이 아니라,

모든 관계에서 일어나는 일을 기술해 주는 것이다. 모든 관계는 환상적인 요소로 가득 차 있지만, 정신분석에서는 이를 공개적으로 인정하고 그 효과가 무엇인지 검토할 수 있게 된다는 점이 다를 뿐이다.

현실과 공상을 지나치게 명료하게 구분하지 않으려는 경향성의 한 가지 효과는 어떤 것이 전이이고 전이가 아닌지의 구분을 허물게 하였다. 이는 클라인 학파 사고의 한 특징이며 현대 정신분석의 다른 형태에도 또한 영향을 주었다. 예를 들어, 한나 시걸(Hanna Segal, 1981, p. 8)은 회기 안에서 환자의 모든 의사소통적 측면은 비록 그것이 외적 사실과 관련되는 것처럼 보이거나 분석 관계와 특별히 관계가 없는 다른 것들과 관련된 것처럼 보일지라도 '무의식적 환상의 요소'를 포함하고 있다고 주장한다. 그녀는 이것이 "모든 의사소통은 전이 상황과 관련된 어떤 것을 포함한다라고 말하는 것과 같은 것이다."라고 적고 있다. 무의식적 수준에서 환자는 전이의 맥락에서 이들을 말하고 있는 것이며 따라서 이들은 전이 관계에서 자극된 불안을 다루기 위해 전이를 사용하고 있는 것이다.

예를 들어, 환자는 자녀의 학교교육에 대한 걱정을 이야기하고 있을 수 있다. 이것에 대한 현실이 무엇이든, 분석적으로 관련 있는 질문은 이것이 치료자와의 관계에 대해 무엇을 밝혀 주고 있는 것인가 하는 것이다. 아마도 그는 치료자가 그 자신의 '시험', 즉 그의 인생의 요구들을 직면하는 것을 충분히 도와주지 못하고 있다고 느끼고 있기 때문에 이러한 주제를 선택했을 수도 있다. 또는 치료자의 생각할 수 있는 능력, 차분히 있을 수 있는 능력이 시기심의 감정을 불러일으켰으며 이것은 학교교육에 대한 그의 생각에 넌지시 나타나고 있을 수 있다. 예를 들어, 상위 교육 프로그램의 비용을 감당할 수 있는 사람들에 대한 시기심에서 말이다. 또는 이보다 더 단순한 것일 수도 있는데, 그의 자녀에 대해 말함으로써 환자는 자신 안에 있는 아이에 대해서 표현하고 있거나 그 자신의 취약성에 대한 논의로부터 도망가려고 하고 있는 것일 수도 있다.

위의 예로부터, 힌셸우드(Hishelwood, 1991, p. 465)가 왜 '클라인 학파의 정신분석이 전이를 분석의 바로 이 순간에 지금-여기에서 활성화되는 무의식적 환상의 표현으로 이해하게 되었는지'를 여러분들이 알아챌 수 있었기를 바란다. 클라인 분석가들은 전이를 뒷받침하는 심리적 기제는 프로이트가 제안했듯이 대치가 아니라, 투사와 투사적 동일시(제15장에서 기술한 과정)이며, 이러한 과정에 의해 환자의 성격의 측면들이 분석가의 마음으로 외재화된다고 주장한다. 이러한 모델에서 치료실에서 일어나고 있는 일은 일차적으로는 불안을 다루기 위해서 그리고 또한 치료적 활동이 일어나도록 하기 위해서 환자 자신의 요소, 현재 감정 그리고 환상이 분석가의 관계에 투사되는 것이다. 클라인 분석가들은 환자의 존재하는 방식에서 유아기적인 기원에 관심을 가지고 있다는 점에서 여전히 역사적인 중심을 고수하고 있다. 그러나, 전이에 대한 클라인 학파의 관심이 특이한 점은 '그때'와 '지금' 사이의 불일치에 초점을 맞추는 것이 아니라, 과거의 경험에 영향을 받았지만 그럼에도 불구하고 지금 존재하고 자라고 있는 현재의 정서와 자기 표상에 초점을 맞춘다.

전이에 대한 대치에서 투사의 모델로 일단 변화하게 된 이후로, 정신증에서 보여지는 분열적 마음이 정신분석에서 어떻게 다루어질 수 있는지를 상상하는 것이 더 용이해졌다. 왜냐하면 대치는 상당한 수준의 정신적 조직화를 가정하기 때문이다. 개인은 대상에게로 향하는 생각, 느낌 또는 충동(예, '내가 사랑하는 모든 사람들은 나를 버린다.')을 가지며, 이는 또 다른 대상에게 향하게 되지만, 상대적으로 통합된 생각이다. 이와 대조적으로, 투사와 특히 투사적 동일시는 안전을 위해 또는 자기 자신의 참을 수 없는 부분들을 제거하기 위해 마음의 측면들이 분열되고 분석가에 투사되는 방식을 강조한다. 여기서 분석가의 역할은 환자의 해체된 부분들의 '(담아 주는) 그릇'이 되어 주는 것이며, 분석적 작업은 이들 파편들에 대해 충분히 생각해 봄으로써 점차 견딜 수 있게 되고 의미를 가지게 되며, 따라서 회복될 수 있게 하는 것에 초점을 맞추게 된다.

부정적 전이

프로이트는 환자들이 분석가에게 공격적이거나 폄하하는 감정들을 품게 되는 것에 경각심을 가졌음에도 불구하고, 전이를 이상화된 사랑 관계로써 이해하였으며 분석을 완전히 하지 않으면 문제를 야기한다고 보았다. 이와는 다르게 클라인 분석가들은 파괴성을 정신세계의 기본으로 보고 관심을 가짐에 따라, 분석이 환자에게 불러일으키는 복잡한 적대적인 감정들(결국에는 분석가에게 향하게 되는), 즉 부정적 전이에 초점을 맞추었다. 이들 파괴적이고 시기적인 요소들은 매우 강력하고 정신의 문제에서 근본적이기 때문에, 성격이 회복이 되고 통합이 일어나려면 이들 요소들이 다루어져야 한다. 그렇지 않을 경우, 이것들은 환자의 사랑할 수 있는 잠재력을 없애게 된다. 부정적 전이는 시기심을 발현시키는 동시에 이것이 다루어지도록 만들어 준다—이것이 다루어지려면 초기 유아의 어머니에게 요구되는 것처럼, 분석가가 환자의 공격에 살아남을 수 있고 계속 생각할 수 있으며 믿을 수 있고 비처벌적일 수 있을 때만 가능하다.

분석의 근본적인 과제는 해결되지 않은 원시적인 갈등에 의해 지속되어 온 정신세계에 있는 분열을 극복해 나가는 것을 통해 성격의 통합을 이루는 것이다. 적절한 방법은 초기 사랑-미움 갈등의 양 측면 모두가 긍정적 · 부정적 전이로 재연될 때마다 이를 분석하는 것을 통해서이다(Klein, 1952). 이러한 방법에 따라, 파괴적 감정과 사랑의 감정은 점차로 서로 가까워진다. 특히 환자가 적대적 감정을 분석가에게 투사하는 경험과 이것들이 '담아지는contained' 경험을 함으로써, 분석가의 전이 해석을 통해 독소가 빠진 감정들을 보다 의미 있고 덜 파괴적인 형태로 다시 돌려받을 수 있어야 한다는 것이 필수적이다.

프로이트(Freud, 1907, p. 90)는 "치료의 과정은 사랑에 다시 빠지는 게 됨으로써 이루어진다."라고 언급하였다. 이는 심리치료는 '사랑을 통한 치료'로서(어머니가 아기에게 주었어야 하는 무조건적인 사랑이 환자에 대한 치료자의 사랑으로 대치되는 것) 효과를 가져오는 것이라는 생각을 불러일으킨다. 이 설명으로 확실해지는 것은 이것은 현대 정신분석의 이상과는 거리가 멀다는 것이다. 현대 정신분석에서는 치료적 상황이 이전의 실패한 사랑을 현재의 진짜 (또는 현실적인) 사랑으로 대치하는 그런 것이 아니라고 이해한다. 대신에, 정신분석은 무의식적 환상으로 포화되어 있으며 이는 종종 끔찍한 것들이다. 분석가의 과제는 분석가가 분석적 과제에 충실하고 공격에 직면하여 치료실에 계속 있을 수 있으며 올바른 정신을 유지하고 사려 깊은 태도를 유지할 수 있을 만큼만 환자를 사랑하는 것이다. 사람들이 그들의 무의식적인 충동들과 화합할 수 있다고 느끼려면 파괴적인 것은 언제나 직면되어야 한다. 이는 극단적인 정신 상태를 다룰 수 있는 치료자의 능력을 크게 요구하게 되었는데, 이 문제는 다음 장에서 다루도록 할 것이다.

요약

- 프로이트는 전이를 최초에는 중요한 대상들(부모)에게 향했던 충동들이 분석가에게 **대치**된 것으로 보았다.
- 처음에는 이것이 문제라고 여겨졌지만, 전이가 분석 작업에 핵심이라는 것이 곧 명확해졌다. 이는 환자의 모든 관계에 대한 핵심이 되는 무의식적 견본이 분석가의 지금-여기 만남에서 극적으로 보여지기 때문이다.
- 프로이트 학파의 정신분석가들은 관습적으로 분석의 과제를 환자가 이들 무의식적 견본들이 그들의 행동과 생각을 결정하게 되는 방식에 대해 통찰을 가지게 해 주는 것에 있다고 보았다. 따라서 분석의 과제는 자아의 힘을 키워 주어 현실과 환상을 보다 명확하게 구분할 수 있도록 해 주는 것이다.
- 클라인 학파 분석가들과 몇몇 다른 분석가들은 분석에서의 전이의 광범위성을 강조하였고 원하지 않는 생각과 성격의 요소들을 분석가에게 투사하는 것에 기반한 것으로 전이를 개념화하였다. 이것은 이러한 투사들을 수용하고 해석을 통해 작업함으로써, 그것들이 수정되고 덜 해로운 형태로 환자에게 다시 내사될 수 있을 때까지 다루는 분석적 실행의 가능성을 제기한다.

- 클라인 학파는 또한 부정적 전이를 강조하였으며, 부정적 전이를 환자의 시기심이 분석에서 출현하는 것으로 보았고 환자의 성격이 통합으로 나아가기 위해서는 이것이 반드시 다루어져야 한다고 보았다.

제18장

심리치료적 관계

관계적 실천으로서의 정신분석

정신분석적 심리치료사들이 카우치 뒤 의자에 앉아 아주 가끔씩만 환자에 대한 해석적 진실을 말하는 식으로 작업한다는 것은 널리 알려진 생각이다. 어느 정도는 맞는 말인데, 대부분의 치료자들이 주 3회 미만으로 오는 '비분석적'인 환자들의 경우 얼굴을 맞대고 치료를 하기도 하지만, 카우치와 의자가 실제로 놓여 있는 것은 사실이다. 수동성 또한 그렇다. 분석가들은 말을 하기보다는 듣는 경향이 있으며 조심스럽게 할 말을 고르는 경향이 있다. 신체적 활동, 충고나 처방, 행동연습도 없다. 대부분의 분석가들은 질문을 하거나 휴가를 알리는 것 같은 비해석적인 언급을 피하지는 않지만 최소한도로 하고, 해석의 형태로 말을 하기도 한다. 다시 말해, 부정적 전이에 사로잡힌 환자의 관점에서는 가벼운 질문조차도 비판적인 해석으로 받아들일 수도 있다.

이 마지막 측면은 사소한 것이 아니라 과거 수십 년 동안 치료에 대한 정신분석적 사고의 변화를 강조해 준다. 프로이트에게 분석적 만남의 관계적 요소는 해석적인 것보다 덜 중요한 것이었다. 환자의 말속에 던져진 단서들을 찾아 무의식적 진실을 규명해 내는 과정은 마치 정신분석이 탐정소설 같은 느낌을 주기도 하였다. 프로이트는 전이가 작동하는 것을 확신하였지만, 오랜 시간이 지나서야 그것의 중요성을 인지하게 되었다. 심지어 이것을 인지하게 되었음에도 불구하고 정신분석을 두 사람 사이에서 일어나는 관계로서 강조하려고 하지 않았다. 무엇보다 중요한 것은 프로이트는 환자에 대한 분석가의 정서적 반응은 분석가의 분석에서 충분히 다루어지지 않은 성격적 요소에 의해 나타나는 것으로 치료에 좋지 않은 것으로 보았다. 선호되는 자세는 중립성이었다. 비공감적인 자세를 말하는 것이 아니라 사고의 명확성과 의도된 합리성을 유지하는 것을 중요시 여기면서 거리를 두는 전문적인 자세를 의미하였다.

정신분석가들은 여전히 중립성을 지키려고 한다. 그들은 환자에게 과몰입되거나 지나치게 판단적이 되는 것을 피한다. 그러나 정신분석의 이론과 임상은 분석가가 무엇을 하든 하지 않든 관계가 형성이 되며, 이것은 작업이 되어야 한다는 쪽으로 생각이 변화되어 왔다. 사실상, 많은 면에서 해석적 임상에서 관계적 임상으로의 변화가 있어 왔다고 말할 수 있을 것이다. 이것이 무엇을 의미하는가 하면, 초기의 강조점이 전이관계에서 나타난 어떤 종류의 지식('통찰')을 증가시키는 데 있었다고 한다면, 현재는 많은 분석가가 관계 자체의 효과를 우선적으로 본다는 것이다. 이것은 분석가의 표상은 환자에게 '좋은 대상'으로 내사화되거나 환자는 분석가를 동일시하게 됨으로써 불안에 의해 압도되지 않으면서 생각할 수 있는 능력을 발달시키게 되면서 분석을 종결하게 된다는 관계학파와 클라인 학파의 공통적인 생각을 반영하고 있다. 이러한 개념들은 비록 한 사람(환자)이 다른 사람보다 더 영향을 받을 수는 있겠지만 두 명의 인간 '주체'가 치료실 안에서 관계함으로써 무엇이 생겨나는가 하는 것을 제시해 준다.

역전이

정신분석적 사고에서 관계의 중요성에 대한 인식이 커지게 된 것은 역전이의 개념이 점차로 핵심적 요소로 자리 잡게 된 것에서 반영된다. 라플랑쉬와 폰탈리스(Laplanche & Pontalis, 1973, p. 92)는 역전이를 "피분석자 개인에 대한, 특히 피분석가의 전이에 대한 분석가의 무의식적 반응의 전체"라고 정의하였다. 이러한 정의는 역전이의 두 가지 상이한 측면이 합쳐져 있는데, 두 가지 모두 중요하지만 상이한 이론적 임상적 접근과 관련이 있다.

1. 분석가의 전이로서의 역전이
2. 환자의 전이에 대한 반응으로서의 역전이

분석가의 전이로서의 역전이

프로이트에게 역전이는 분석가 자신의 해결되지 못한 무의식적 요소에서 비롯된 것으로서, 분석가의 사고를 방해하는 것을 기술하기 위해서 사용된 용어였다. 프로이트는(1910b, p. 145) "어떠한 정신분석가도 그 자신의 콤플렉스나 내적 저항이 허용하는 것 이상으로 나아갈 수 없다."라고 기술하였다. 샌들러 등(Sandler et al., 1973, p. 62)은 프로이트의 역전이에 대한 이러한 관점을 '환자가 말하거나, 행동하거나, 또는 분석가에게 상징되는 것에 대해 분석가의 무의식적 갈등이 자극되어서 분석가가 환자에게 일종의 '저항'을 일으키게 되는 것'으로 해석하였다. 이러한 무의식적 갈등들은 분석가가 환자의 어려움에 대한 보다 명료한 관점을 가지는 것을 방해하며 특히 환자의 전이감정을 상황의 현실적 측면과 분리해서 보기 어렵게 한다. 역전이의 근원은 분석이 충분히 되지 않은 분석가 자신의 성격적 측면이 될 수 있으며 따라서 과제는 이러한 분석되지 않은 갈등의 효과를 인간적으로 가능한 범위에서 최대한 줄이는 것이다. 샌들러 등(상게서)은 다음과 같이 상술하고 있다:

> [만약] 분석가가 자신의 공격성과 관련된 문제를 해결하지 못했다면, 예를 들어 그는 환자의 그에 대한 공격적 감정에 대한 생각을 감지할 때마다 환자를 달래려고 할 수도 있다. 이와 유사하게, 만약 분석가가 자신의 무의식적 동성애 감정에 의해 위협을 느낀다면, 그는 환자의 자료 안에 있는 성적인 암시를 감지하지

못할 수도 있다. 또는 환자의 동성애적 생각이나 소망에 과도한 짜증으로 반응할 수도 있으며 환자의 관심을 다른 주제로 돌리려고 할 수도 있다. 이처럼 역전이에서 '역'은 환자의 전이와 병행하는 것('상대'에서처럼)과 그에 대한 반응('대응'에서처럼) 모두를 암시하는 분석가 안에서의 반응을 의미한다.

무어와 파인(Moore & Fine, 1990)은 다음과 같이 비슷하게 기술하고 있다. "역전이의 영향 아래에서 분석은 현실 적응적이고 갈등이 없는 활동이 아니라, 분석가에게 무의식적이고 갈등적인 의미를 가지는 것을 다루어야 한다." 이들은 분석가가 이러한 조건 아래에서 환자에게 동일시하거나 환자가 제시하는 어떤 요소들에 대해 지나치게 강하게 반응할 수도 있다는 것을 시사하고 있다. 따라서, 이와 같은 프로이트식의 관점에서 역전이는 분석가 자신의 무의식적 세계에서 비롯되는 문제이며 환자와 이성적이고 중립적으로 관계하기 어렵게 만드는 것이다. 기법과 관련해서, 분석가의 과제는 "개인분석을 통해서 가능한 한 이러한 역전이가 나타나는 것을 감소시켜 분석 상황이 이상적으로 환자의 전이만으로 구성될 수 있도록 하는 것"이다(Laplanche & Pontalis, 1973, p. 93).

환자의 전이에 대한 반응으로서의 역전이

멜라니 클라인은 역전이에 대해 대체로 위의 관점과 비슷한 입장을 취하였는데, 즉 분석가가 분석을 더 함으로써 다루어야 하는 것으로 이해하였다. 그러나 1950년대 초반에, 클라인 학파 분석가들은 전이를 투사의 형태로 환자'로부터' 발생하는 어떤 것에 대한 지식의 핵심 근원으로서 역전이를 이해하는 데 앞장서기 시작하였다. 역전이는 환자의 무의식적 세계에서 일어나는 것에 대한 지표일 뿐 아니라 분석가가 치료 동안에 발생하는 변화를 추적하는 도구가 되었다. 이러한 맥락에서 스필리우스 등(Spillius et al., 2011, p. 288)은 정신분석의 이러한 관점을 최초로 제시한 논문들 중 하나인 파울라 하이만(Paula Heinmann, 1950)의 「역전이에 관하여」에서 역전이를 "환자의 무의식에 대한 연구의 도구"로 정의하고 있으며 "분석가의 역전이는 분석적 관계의 중요한 부분을 나타낼 뿐 아니라 환자의 창조물이며 환자 성격의 일부분이다."라고 기술한 것을 언급하고 있다.

여기서 말하고자 하는 것은 분석가는 환자의 특정 측면에 대해 무의식적인 반응을 하게 되며 분석가는 이러한 반응을 기억하고 인식하며 이해하는 능력을 개발해야 하고 환자의 전이에 대한 안내서로 사용해야 한다는 것이다. 이후 논문에서 하이만(Heimann, 1960)은 역전이에 대한 고찰을 통해 분석가는 분석 자체에서 무엇이 일어나고 있는지에 대해 잘 이해하게 될 수 있다고 주장하였다. 예를 들어, "환자의 연상의 내용, 기분, 그리고 행동과 분석가 안에서 일어나는 감정들을 비교해 봄으로써 분석가는 그가 환자를 이해할 수 있었는지 아니면 이해할 수 없었는지를 검토해 보는 수단을 가지게 된다"(p. 10). 여기서 주장하는 바는 분석가는 분석 과정에 의해 야기되는 감정을 가지게 된다는 것이다. 이들 감정의 일부는 분석가 자신의 마음 상태와 관련이 있겠지만 대부분은 환자의 마음 상태와 관련이 있다. 이러한 감정들을 주의 깊게 추적하다 보면, 즉 이들 감정들을 수용하고 그것에 대해 깊게 생각해 보면, 분석가는 환자의 '내부'에서 그리고 분석 관계 안에서 일어나는 일들을 이해할 수 있게 된다.

오랜 심리치료 관계를 맺는 과정에서 치료자는 공허하고 지루한 느낌을 끊임없이 느끼게 되었다. 이것에 대해 고심해 본 결과, 분석가는 자신이 이러한 상태에 있는 것은 드문 일이며 이것이 환자가 치료자를 대하는 방식과 관련이 있을 수 있다고 생각하게 되었다. 남자 환자는 여자 치료자가 존재하지 않는 양 행동하였다. 그는 치료자에게 어떠한 질문도 하지 않았고 치료자의 해석에 직접적으로 반응한 적이 거의 없었으며 마치 혼자서 치료작업에 임해야 하는 것처럼 말을 하였다. 치료자는 자기 자신의 반응들을 추적해 보면서 그녀의 감정은 환자가 자신과 관계하는 것에 저항하는 것과 관련이 되었다는 생각을 점차 하게 되었다. 이는 마치 그가 치료자와 연결이 될 모든 가능성을 차단하거나 비워 버리고 치료를 '공허하게' 만든 것처럼 보였다. 따라서 치료자의 허무감은 그녀가 취급받는 방식에 대한 반응이었지만, 또한 환자가 무의식적으로 그녀에게 '집어넣은' 감정들을 표상한다.

치료자가 느끼는 것

역전이를 환자의 구체적인 속성에 대한 반응으로 바라보는 역전이에 대한 두 번째 이해방식은 다양한 문제가 있음에도 불구하고, 클라인 학파와 대상관계 분석에서 큰 영향을 주었다. 큰 문제 중 하나는 분석가가 어떻게 첫 번째와 두 번째 유형의 역전이를 정확하게 구별하는가 하는 것이다. 즉, 환자의 측면이 치료자 자신에게 개인적인 '어떤 것'을 불러일으키는 순간과 순전히 환자에게서 비롯되어 느껴지는 것들 사이의 구별이다. 만약 치료자가 지루하고 졸린다면, 이것은 다음과 같은 이유 때문일 수 있다. (1) 치료자가 피곤하거나 우울하거나, 또는 (2) 환자와 관련된 어떤 것이 치료자에게 자신의 우울한 어머니를 연상시켰거나, (3) 환자의 우울이 분석가에게 투사되었을 수 있다. 만약 첫 번째나 두 번째 가능성이라면, 환자에게 우울하다고 말을 하는 것은 분석가가 자신의 신경증을 환자에게 부가하는 일이 것이다. 그러나 만약 자료들이 정말로 환자에게서 나온 것이고 이것에 대해 조심스럽게, 그리고 민감하게 말을 할 수 있는 방법을 찾을 수 있다면, 이것은 환자가 인식되고 '담겨지는' 느낌을 가지게 해 주고 치료적 진전으로 이어질 수도 있다. 사실상, 이러한 모든 요소들이 치료 동안에 작동될 가능성이 높으며 아마도 그것도 동시에 작동할 것이다. 어떤 치료자는 자기 자신의 우울 성향 때문에 환자 안에 있는 우울감에 특히 반응적일 수도 있다. 그러나 이것이 환자에게 우울감이 없다는 것을 의미하는 것은 아니다. 만약 치료자가 이 모든 것이 어떻게 작동하는지에 대해 충분히 이해하고 있다면, 자기 자신의 우울감은 잘 방어하면서 환자를 향해 필요한 분석적 접근을 취할 수 있을 것이다.

역전이를 환자의 무의식적 갈등에 대한 순수한 반응으로 보는 이러한 관점은 환자의 '내부'에 있는 어떤 것이 치료자 '안'으로 자리 잡아서 치료자가 느끼고 생각할 수 있게 만드는 방식을 보게 해 준다. 여기서의 기제는 투사적 동일시이다. 환자의 정신세계의 요소가 분석가에게 투사되어서 분석가 안에 머무르게 된다. 제15장에서 기술했듯이 투사적 동일시는 다양한 성질을 가질 수 있다. 중요한 것은 둘 다 분석가에게 환자 안에서, 그리고 분석가와 환자 사이에 무엇인가가 일어나고 있다는 걸 깨닫게 해 주며 그것이 무엇인지에 대한 강력한 정서적 증거를 제공한다. 한나 시걸(Sigel, 1981, p. 82)은 "환자는 분석가를 왜곡된 방식으로 지각할 뿐 아니라 이러한 왜곡된 관점에 반응하며 분석가에게 이러한 반응을 전달한다. 게다가 분석가에게 영향을 주는 방식으로 분석가에게 투사를 함으로써 분석가의 마음에 실제로 무엇인가를 한다."라고 언급하였다. 이는 또한 치료적 작업이 무엇인가를 밝혀 주기도 하는데, 특히 윌프레드 비온Wilfred Bio과 다른 클라인 학파 분석가들이 이에 대해 발달적 비유를 통해 대대적으로 살펴보았다. 제14장에서 개략적으로 설명하였듯이, 이러한 관점에서 어머니는 아기의 투사와 투사적 동일시를 받아들일 필요가 있으며 그것들을 자기 안에서 '느끼고'(어머니는 아기의 초조함을 자기 안에서 불안감으로 인식한다), 그러고 난 후 그것들이 무슨 의미인지 생각하게 되며, 그것에 맞추어 다정하고 침착한 방식으로 반응하게 된다. 이와 유사하게, 치료자는 환자의 투사를 담아야 하며 그것의 영향과 중요성에 대해 숙고해야 한다. 치료자는 '몽상'의 상태에 있으면서 기민하고 사려 깊어야 한다(Bion, 1962). 분석가의 안정성과 해석적 정확성 모두에 의해 환자는 차분해지며 생각할 수 있게 된다. 이러한 방식으로 분석은 전이와 역전이가 함께 가면서 작업이 이루어지게 되는 관계적 사건이 된다. 환자의 투사는 그것이 감정이든 자신의 일부분이든 점차로 느낌, 반영, 해석의 핵심 자 료가 된다. 치료자가 이것을 가지고 무엇을 할지, 그리고 이것에 치료자 자신의 일부분 또는 자기 자신을 어떻게 불어넣을지가 치료과정에서 핵심이 된다.

전이-역전이 순환에 내재되어 있는 대인관계적 만남에 대한 이러한 심상은 매우 중요하다. 이것이 시사하는 바는 환자와 심리치료자 사이에 친밀한 연결이 존재하며, 환자에게 무의식적인 공명을 느낄 수 있는 치료자의 능력이 중요하다는 것이다. 치료자의 과제는 환자의 질병을 재현하지 않도록 치료자 자신의 자기감을 확고하게 유지하면서 환자의 무의식적인 환상을 수용하는 그릇으로서 작용하는 것이다. 치료자는 환자의 무의식적 세계를 외부에서 단순히 관찰하거나 해석하는 것이 아니다. 오히려 상호주관적인 변증법이 발생하게 된다. 스필리우스 등(Spillius et al., 2011, p. 292)은 이것을 다음과 같이 표현하고 있다.

> 최근 몇 년 사이에 환자들이 분석가의 감정에 얼마나 민감한지, 그리고 분석가가 이러한 감정들을 어떻게 대처하는지, 방어적인지 아닌지에 얼마나 민감한지 점차로 알게 되었다. 투사적 동일시와 내사적 동일시의 순환이 함축하는 것 중 한 가지는 수정의 과정이 분석가에게 달려 있다는 것이며, 분석가는 정서적으로 지나치게 교란되지 않으면서도 극도로 어려운 불안한 감정들을 다룰 수 있는 안정적인 마음을 가질 필요가 있다는 것이다. 사실상, 불안을 완화시킬 수 있는 분석가의 능력에 대한 환자의 지각이 정말로 중요한 요소가 된다.

치료자는 환자의 마음속에 숨겨져 있는 것 중에 무엇이 나타나고 있는지를 역전이를 통해 알아채며, 환자는 치료자에게 투사된 자신의 일부가 수용되고 잘 돌보아지는지 아니면 공황 상태를 일으키는지에 대한 증거를 치료자에게서 끊임없이 살핀다. 분석의 전반적 결과는 이러한 변증법이 자비로운가에 달려 있다.

'분석적 삼자'

전이와 역전이가 서로 밀접하게 관련이 있다는 개념에 기초하여 관계 정신분석가들은 환자와 분석가가 함께 뭔가 새로운 것을 만들어 나가는 작업에 점차로 관심을 가지게 되었다. 이러한 생각 중에 일부분은 투사적 동일시가 전이-역전이 변증법에 주요한 특징이라는 개념을 사용한다. 또 다른 생각들은 창조와 놀이에 필요한 '중간 지대'로 여겨지는 위니컷의 과도기적 공간의 개념을 기반으로 한다. 예를 들어, 제시카 벤자민(Jessica Benjamin, 2004)은 이러한 과도기적 공간을 일종의 '삼자성thirdness'으로, 즉 환자만도 아니고 그렇다고 전적으로 분석가도 아닌, 두 사람 밖에 존재하지만 두 사람을 포함하는 만남의 장소로 기술하고 있다. 그녀는 다소 다른 종류의 '삼자' 개념을 구별하고 있는데, 여기서는 특히 두 개념이 관련이 있다.

- '한 사람 안에 있는 제삼자'는 어머니나 치료자가 아기나 환자와 함께 무엇을 창조할 수 있는지를 이해할 수 있는 능력을 의미한다. 치료에서 이것은 환자가 파괴적일 때조차도 환자를 존중하고 계속해서 의사소통을 하는 것을 포함한다. 환자, 치료자 그리고 그 둘 사이의 관계를 치료자가 마음에서 계속 생각하는 것이 중요하다.
- '삼자 안에 있는 한 사람'은 과도기적 공간에 대한 위니컷의 개념과 유사하다(제10장 참고). 이것은 환자와 치료자가 새로운 어떤 것을 함께 만들어 내는 것과 관련된다. 이것은 만남의 공간이며 반추의 공간이지만, 그 누구에게도 속해 있지 않으며 두 사람 모두의 측면을 나타낸다.

벤자민에 의하면, 이러한 생각들은 어떻게 분석가가 치료적 만남에 적극적으로 현존해야 하는지를 보여 준다. 이와 유사하게, 토마스 오그덴Tomas Ogden의 몇몇 매우 중요한 저서들은 분석가와 환자가 존재한다는 개념에 분석가-환자 커플이 존재한다는 개념 또한 추가하면서 분석의 상호주관적 차원을 강조하였다. 제12장에서 간단히 기술하였듯이, 오그덴은 환자와 분석가가 같이 섞이는 영역, 즉 제삼의 영역을 인정하면서 환자와 분석가 개개인의 주관성이 균형을 이루는 것에 관심을 가졌다. 2004년에 출판된 논문에서 오그덴은 클라인 학파의 사고가 최근 미국 정신분석 사회에 어떻게 스며들기 시작했는지를 보여 주면서, 앞의 개념을 투사적 동일시의 과정에 연결시켰다. 그는 투사적 동일시가 "분리된 주체로서의 분석가와 피분석가의 경험을 완전히 뒤바꿔 버리는 효과를 가지는 점”(Ogden, 2004, p. 189)에 대해 관심을 가졌다. 그의 주된 논점은 제3의 분석적 관계(오그덴이 ‘새로운 상호주관적인 실체’라고 명명한)는 분석가와 환자가 새로운 생각에 대해 생각할 수 있게 해 주고 새로운 감정에 대해 느낄 수 있게 해 주며 이때 분석이 효과를 발휘하게 된다고 하였다. 환자와 분석가는 또한 제삼자를 파괴하거나 부인하지 않으면서 그것을 떠나보낼 수 있어야 한다. 그들은 그것이 작동하게 놔두면서 또한 그들 각자의 주관적 위치로 돌아갈 수 있어야 한다. 오그덴은 이것에 대한 필요조건을 다음과 같이 기술하였다.

> 지배하는 삼자 때문에 발생되는 각 참가자들의 감정은, (1) 피분석가의 개인성을 인식하는 분석가의 행위(예, 그의 정확하고 공감적인 이해와 전이-역전이의 해석), (2) 피분석가가 분석가를 분리된 객체로 인식하는 것(예, 피분석가가 분석가의 해석을 활용하는 것을 통해)에 달려 있다(Ogden, 2004, p. 191).

분석가와 환자는 이러한 관계에서 상이한 역할들을 맡고 있지만 둘 다 관여되어 있으며 참여하려는 그들의 열의가 변화의 핵심이 된다.

상호주관성에 대한 라캉 학파의 개념

이 장에서 강조하는 바는 정신분석적 만남의 관계적 요소에 있으며, 이는 현대 정신분석의 일반적인 추세를 반영한다고 보아도 과언이 아니다. 그러나 치료자 자신을 활용한다든가 또는 상호주관적 연결에 대한 이야기 모두에 대해 의심을 가지는 대안적 관점에 대해서도 잠깐 언급을 할 필요가 있다. 제16장에서도 기술하였듯이, 라캉 정신분석가들은 ‘분석가 담론’은 ‘권위자 담론’이 허상이라는 것을 보여 주는 것이라고 하였다. 즉, 분석가 담론은 환자가 어떠한 마법적 ‘치료’의 도움 없이 스스로 자신의 욕망을 발견하는 방법을 깨달아 가도록 하는 것에 목적이 있다. 이것은 라캉 학파가 전이가 어떻게 작동하는지에 대해 이해하는 방식에 반영된다. 여기서 핵심 개념은 전이에서 정신분석가는 '알 것이라고 가정되는 주체'('가정'에 강조점을 둔)라는 것이다(Lacan, 1972-3, p. 139). 분석가는 사람들이 상상하는 지식과 도움의 원천이라는 공간을 채우지만, 이것은 실제로 어떤 것을 아는 것과는 별개의 문제이다. 딜런 에반스(Dylan Evans, 1996, p. 197)는 다음과 같이 설명한다.

> 분석가는 종종 피분석가의 말들에 숨겨져 있는 의미를 안다고 여겨지지만, 담화의 의미는 심지어 화자조차도 알지 못한다. 이러한 가정 자체(분석가가 알고 있는 사람이라는 가정) 때문에 '가정하고 있는 환자'는 하찮을 수 있는 세부사항(우연한 몸짓, 모호한 발언)에 서로 특별한 의미를 되짚어서 찾아보게 된다.

환자는 분석가에게 희망을 걸지만, 단지 이것만이 아니다. 전이를 정의하는 것은 환자의 인생에서 모든 것이 잘못되었다는 무의식적인 신념이 분석가의 지혜로운 말을 통해 완화된다. 그러나 이것은 라캉 학파의 용어로는 '상상계'에 속하는 마음 상태이다. 실제는 어느 누구도 그러한 능력을 가지고 있지 못하며 많은 문제가 바로 그러한 것이 존재한다는 생각에서 기인한다. 라캉은 분석가가 현실과 비현실을 구분할 줄 안다거나(고전적 관점) 환자의 마음 안에서 '좋은 대상'이 될 수 있다고 믿는(클라인 학파와 대상관계의 관점) 치료에 대한 정신분석적 견해에 반대한다. 이보다는 전이에 대한 마지막 주장은 환자가 분석가가 답을 알지 못한다는 것을 깨달을 뿐 아니라 존재에 대한 질문에 대한 답을 아는 사람은 아무도 없다는 것을 깨달을 때 전이가 '해결'된다는 것이다. '알 것이라고 가정되는 주체'는 권위와 지식 자체에 대해 만들어진 환상 때문에 알 것이라고 가정되는 것뿐이다. 이러한 것들 때문에 라캉 분석가들은 치료자와 환자 사이의 관계를 지나치게 핵심으로 두는 접근법을 의심스럽게 보는 경향이 있다. 분석가들은 그들 자신의 감정에도 의심을 할 필요가 있는데, 왜냐하면 환자는 담화의 세부적인 것에 집중하기보다는 통달하려는 유혹에 빠질 수 있기 때문이다.

이러한 관점은 현대 정신분석에서 지배적인 것은 아니다. 현대 정신분석은 심리치료의 작업이 치료관계의 질과 치료자와 환자 모두가 생각할 수 있는 능력에 달려 있다는 개념에 기반하며, 임상에서 보다 유연한 방식을 강조하는 경향이 있다. 정신분석 심리치료와 정신역동적 상담에 가장 큰 영향력이 있는 것이 바로 관계적 접근법이다. 보다 유연하고 자기 반추적인 임상을 향한 움직임은 이것이 심리치료사들을 환자의 욕구에 보다 책임을 질 수 있게 만들고 반응할 수 있게 만들 때, 그리고 최소한 그들 자신에 대해 보다 겸손한 마음을 가지게 만들 수 있을 때 좋은 방향이 될 수 있다. 그럼에도 불구하고, 라캉 학파의 비판이 제기한 문제들을 염두에 둘 필요는 있다. 치료 관계를 너무 많이 강조하게 되면, 심리치료가 '사랑'이라는 것으로 전락할 수 있게 되지 않을까? 만약 이렇게 된다면, 환자가 변화에 도전하게 도와주는 것이 아니라 프로이트(Freud, 1930)가 한때 그저 '위로'의 형태라고 불렀던 어떤 것이 될 위험이 되지 않을까?

요약

- 정신분석 이론은 점차 정신분석이 분석가와 환자의 **관계**를 통해 임상 장면에서 어떻게 작동하는가에 대한 인식을 하게 되었다.
- 역전이에 대한 개념은 종종 분석가가 이 관계에 참여하는 것에 적용된다.
- 프로이트에게 역전이는 정말로 분석가의 전이였다. 그는 환자에 의해 분석가에 제기된 문제가 분석가의 어떤 부분에 대한 신경증적 반응을 유발하며, 따라서 치료에 방해가 되는 것으로 보았다.
- 클라인 학파와 이후 몇몇 관계 분석가들은 역전이를 환자의 전이에 대한 분석가의 특정 반응으로 보는 관점을 발전시켰다. 분석가는 환자의 투사를 흡수하며 그것들에 대한 반추를 통해 환자가 무엇을 느끼는지에 대한 강력한 이해를 얻을 수 있게 된다. 환자의 관점에서 이것에 대해 반추해 볼 수 있고 이것을 보다 완화된 형태로 돌려줄 수 있는 분석가의 능력은 환자의 성격을 보다 통합할 수 있게 만들 수 있다. 전이와 역전이는 이처럼 관계적 순환 또는 변증법으로 그려진다. 투사적 동일시는 이

것의 중심기제이다.

- 몇몇 현대 분석가들은 '분석적 제삼자'의 개념을 환자와 분석가의 무의식적 생각을 이끌어 내어 새로운 어떤 것을 창출하는 상호주관적인 공간에 대한 개념을 표현하는 데 사용하였다.
- 모든 분석가들이 상호주관적이거나 관계적 접근법의 가치를 확신하는 것은 아니다. 라캉 학파는 분석가들이 '알 것이라고 가정되는 주체'로서 환자들에게 이해되기 때문에 그들의 과제는 환자가 그러한 종류의 마법적 치료에 투자할 수 있을 만한 타인은 외부 세계에 존재하지 않는다는 것을 깨닫게 도와주어야 한다고 주장한다.

제3부

광범위한 응용

제19장

정신분석, 예술 그리고 문학

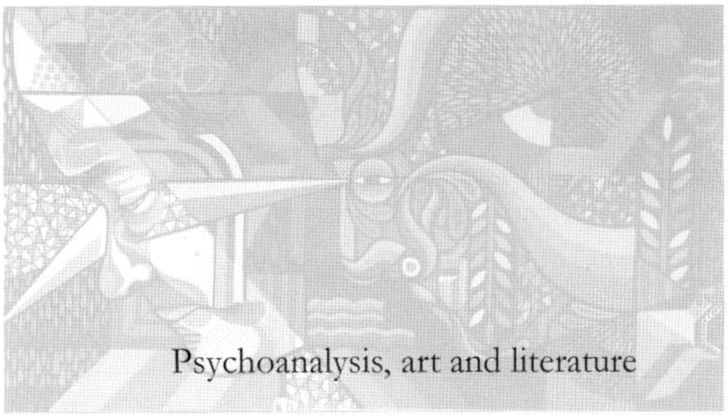

정신분석을 적용하기

이 책에서 지금까지는 정신분석 이론들을 적용하는 많은 예들이 분석가들과 환자들의 접촉에 기반하였지만, 다른 사례들은 정신분석이 사회적 상황을 이해하는 데 공헌하는 것을 보여 준다. 이 책의 마지막 부분에서는 정신분석을 '치료실' 밖에서 적용할 때, 특히 예술과 인문학 그리고 사회과학의 일부에 적용할 때 발생하는 몇몇 문제들에 대해서 간단하게 기술하려고 한다. 이와 같이 큰 주제를 이렇게 작은 공간에서 흡족하게 다루는 것은 불가능하지만 이것에 대해 언급하는 것은 여전히 중요한 것으로 보인다. 공교롭게도 정신분석의 주요 의미는 치료적 체계보다는 문화적 분석의 도구로서 이들 영역에서 찾을 수 있다고 주장하는 사람들이 많다.

정신분석은 치료실에서 기원하였지만 초창기부터 프로이트는 정신분석을 다른 곳에도 '적용'할 가능성에 대해 흥미를 가졌다. 여기에는 두 가지 중요한 이유가 있었다. 첫째, 그는 정신분석의 과학적 정확성을 확립하는 데 관심이 있었고 환자로부터 나온 증거들에 예술과 문화적 자료로부터 나온 것들이 유용하게 보충될 수 있다고 보았다. 그는 예술가들과 몇몇 철학자들이 무의식적인 직관적 이해를 가지는 것에 감탄하였으며 그 자신의 이론과 그들의 작품에서의 유사성을 보여줄 수 있다면 정신분석의 주장을 뒷받침하는 증거들을 제시할 수 있을 것이라고 생각했다. 둘째, 프로이트는 정신분석을 과학적 계몽에 공헌하는 것으로 보았으며 따라서 문명의 발전에도 기여할 것이라고 보았다. 따라서 가능한 한 광범위한 범위의 사회적 문화적 영역에서 정신분석이 제공해 줄 수 있는 통찰을 보여 줄 기회를 찾았다.

피터 게이(Peter Gay, 1988, pp. 312-313)는 "정신분석을 이들 영역에 적용시키는 데 있어서 프로이트가 관심 있었던 것은 예술사, 언어학 등에서 배울 수 있는 것이라기보다는 그들이 프로이트로부터 배울 수 있는 것에 있었다. 그는 타 영역에 탄원자로서 들어간 것이 아니라 정복자처럼 들어갔다."라는 의견을 표현했다. 이것은 정신분석을 '치료실 밖'에서 사용하는 것에 대한 논쟁의 영역 중 하나이다. 즉, 정신분석이 발을 디디는 타 영역에서 그곳의 특정 조건과 다른 학문들의 전통을 세심하게 고려하고 있는가? 예를 들어, 예술을 다룰 때, 정신분석은 예술가들과 예술사가 무슨 말을 하는가에 주의를 기울이는가, 아니면 그들의 작품의 무의식적 동기들에 대해 자신들의 '더 나은' 지식을 가지고 조사에 착수하는가? 소설의 경우에, 작품을 꿈과 같이 무의식적 추동의 표현으로 이해하는가, 아니면 작가들이 작업하는 장르와 기법적 부분을 고려하는가? 정신분석 적용의 많은 예들이 이러한 문제들에 충분히 민감하지 못했으나, 공정하게 말하자면 프로이트는 문화적 추론에 대한 그의 흥미와 상관없이 그의 새로운 접근법이 할 수 있는 것에 제한점이 있다는 것을 깨닫기도 하였다.

프로이트와 그의 동료들이 문학 및 예술 이론에 초기적으로 시도한 연구는 전기적(biographically) 접근을 중시하는 작업에 상당한 영향을 미쳤을 뿐만 아니라 새로운 방향성과 가능성을 지닌 해석 활동의 영역을 개척하는 데에도 기여했다. 이후로 역사, 문학 비평과 영화 연구와 같은 몇몇 영역들에서 정신분석의 영향은 매우 컸으며 구조, 동기, 표상과 반응에 대한 근본적인 질문들을 다루는 많은 연구들을 자극하였다(예, Ehrenzweig, 1967; Mulvey, 1989; Stonebridge, 1998; Žižek, 1991, 2006b). 정신분석은 문화적 통용을 가지는 것으로 여겨지는 범위에 있어서 기복이 있음에도 불구하고, 예술, 정치학, 성, 폭력 및 전쟁과 같은 중요한 주제에 대한 최근의 적용을 포함해서 인문학과 사회학에서 계속해서 중요한 지적 자원이 되고 있다(예, Žižek, 2006a; Rose, 1996; Butler, 2009). 이는 어떻게 정신분석이 치료실 밖으로 나와서 사회적 세계를 이해하고자 하는 사람들에게 가장 중요하게 사용할 수 있는 도구 중 하나가 되었는지를 매우 설득력 있게 보여 준다.

이 장에서는 정신분석을 예술에 적용한 두 가지 예를 제시할 것인데, 그것은 영화와 문학이다. 여기서 많은 것들이 생략되었는데, 예술과 조각에 대한 프로이트의 논문(예, Freud, 1910a, 1914)부터 시작해서 이 영역에 정신분석을 적용하는 것에 대한 상당한 관심이 있어 왔다. 아마 보다 중요한 것은, 창의적인 예술가들의 작품들을 그들이 살아온 전기를 토대로 하여 분석적으로 검토하는 '심리적 전기'의 오래된 역사가 있어 왔다는 것일 것이다. 프로이트(1910a)의 레오나르도 다 빈치Leonardo da Vinci에 대한 설명은 이러한 전통의 고전적인 예가 될 것이다; 프로이트는 레오나르도의 창조성이 그의 억압된 동성애적 경향의 발현이며 그것은 어머니와의 관계의 역사와 연결된다는 가정을 제시하였다. 여기서의 문제는 정신분석이 적용된 많은 다른 경우에서도 반복되듯이, 이러한 전기적 설명들을 뒷받침할 매우 제한된 증거만이 존재한다는 것이며(치료에서 환자에게서 나오는 증거들보다는 당연히 매우 적을 것이다), 이러한 자료들의 의미는 '직접 대면'으로 검증이 될 수가 없다는 것이다. 심리적 전기는 또한 예술가들의 삶의 사회적 문화적 맥락의 구체적 측면에 충분히 주의를 기울이지 않는다는 점에서 환원주의적인 경향이 있다.

영화적 기원

정신분석을 '적용한다는 것'의 개념에서 한 가지 문제점은 하나의 잘 형성된 학문이 다른 학문의 모호함을 밝혀 주기 위해 사용될 것이며(예, 정신분석은 역사가들도 잘 알지 못하는 예술사에 대한 통찰을 가진다) 일반적인 이론으로서 한 학문이 지적 활동의 광범위한 다른 분야에까지 범위를 넓힐 수 있을 것이라는 것을 암시한다는 점이다. 이것은 정신분석이 한 학문이 출현한 특정 조건을 무시할 뿐 아니라 그것의 적용에서의 한계에 대한 의문 또한 무시하게 된다는 것이다. 더 나아가, 정신분석을 적용한 타 학문의 구체성도 무시하게 되는 것이다. 예를 들어, 정신분석이 문학적 비유법을 고려하지 않고 문학에 대해 언급할 수 있을 것인가? 음악이나 문학이라는 매우 다채로운 두 영역에서 사용하는 관습과 기술적 장치에 대한 깊이 있는 지식 없이 이들 영역에 정신분석을 적용하는 것이 올바른 일인가? 정신분석이 영화가 성장하는 동일한 시점에서 영화를 '부흥'시켰는가, 아니면 그 반대인가, 아니면 서로 영향을 미친 것인가?

이 마지막 예가 특히 적절한데, 이는 정신분석이 특정 시기에 일어나서 이 시기 동안의 다른 새로운 발명 그리고 발견과 연결이 되었다는 점을 우리에게 상기시켜 주기 때문이다. 정신분석과 마찬가지로 영화는 언제나 착각, 환상과 꿈을 다루어 왔다. 가바드(Gabbard, 2001, p. 1)는 이와 같은 상호관계를 잘 기술하고 있다.

> 1895년에 두 상서로운 탄생이 있었다. 뤼미에르 형제는 기초적인 영사기를 발명하여 영화의 탄생을 예고하였고, **히스테리아에 대한 연구**가 출현하여 정신분석이라는 새로운 과학의 발족을 알렸다. 20세기 전반을 통해 이 두 새로운 전문 분야들은 서로 불가분의 관계를 가져왔다. 1900년대 초기에 작가는 그의 정신병적 발작을 니켈레돈(초기 영화상영관)의 '마법의 손전등 효과'와 관련지어 기술하였을 것이다. …… 1931년에 미국 영화 산업은 이미 '꿈의 공장'이라고 불리기 시작하였는데, 이는 필름 이미지와 꿈의 작업 사이의 닮은 점을 반영하는 것이었다.

가바드(Gabbard, 2001, pp. 4-5)는 영화를 탐색하는 데 있어서 정신분석의 효용성에 대한 경각심을 다음과 같이 표현하였다. "정신분석적 렌즈를 영화 내용에 적용할 때 우리는 분명한 해독을 바랄 수는 없다. 보다 현실적인 목표는 스크린에서 일어나고 있는 것처럼 보이는 것과 관중이 그것을 경험하는 방식을 임상적인 정신분석 이론이 어떻게 밝혀 줄 수 있는가를 강조하는 것이 될 것이다." 여기서 '조명하다(illuminate)'라는 용어는 상황의 복잡성을 드러내고 있다. '조명(illumination)'은 정확하게 영화의 활동이며 영화의 어휘와 기술은 바로 정신분석 자체를 이해하는 데 필요한 것이라고 주장할 수도 있을 것이다. 즉, 영화는 이야기가 만들어지는 것으로부터 나온 연극의 이미지가 스크린에 사용되는 유일한 것이며 의식적 지각과 무의식적 중요성 사이의 구별이 이해가 되는 유일한 것일 수 있다. 영화와 정신분석 모두 표면을 읽고 깊이를 상상할 줄 아는 현대적 능력을 동일하게 요구한다고 할 수 있을 것이다. 이는 영화의 관중들이 뒤에는 아무것도 존재하지 않는다는 것을 알고 있는 이차원적 이미지와 관계를 맺는 정도에서 드러난다. 이러한 상황은 극장(연극무대)에서 더 오래된 형태의 표상이 작동하는 방식과는 다른데, 여기서는 사람들이 가면을 쓰고 진짜 자기가 아닌 다른 누군가인 것처럼 가장하지만, 그럼에도 불구하고 명백하게 실제로 현존한다(Metz, 1977). 즉, 영화는 사람들로 하여금 마치 실체가 있는 것처럼 허상의 이미지를 채우는 특정 '장치'를 믿도록 현혹하는 방식으로 작동하게 된다. 이와 유사하게, 정신분석은 지지자들에게 말과 행동 이면에서 작동하고 있는 무엇인가가 있다는 것을 설득하기 위한 그 자체의 '장치(카우치, 치료실, 프로이트의 저서 등)'에 의존한다. 정신분석의 꿈같은 정경은 영화 같으며, 아마도 영화 없이 그것을 온전하게 상상하거나 그것에 확신을 가지기는 어려웠을 것이다. 가장 중요한 것은 두 경우 모두 그것이 공을 들이는 부분이 환상이며 영화와 정신분석 모두 환상을 인간 정신세계의 핵심으로 둔다.

정신분석적 개념을 영화에 사용하는 것은 일찍부터 있었지만, 정신분석적 영화 비평은 정신분석적 문학 비평에 비해 역사가 짧다. 그 이유는 아마도 영화가 학문적 검토의 대상이 된 것이 1950년대에 이르러서야 이루어졌기 때문일 것이다. 그럼에도 불구하고, 영화와 정신분석에 관한 방대한 문헌이 존재하며 영화와 정신분석 모두에 함의를 가지는 이론에서의 주요 발달이 있어 왔다. 여기서 주목할 중요한 것은 정신분석적 개념을 영화의 등장인물의 행동을 해석하는 데 사용하는 강한 전통이 있지만, 이것이 현대적 작업에서 중요한 지향은 아니라는 것이다. 정신분석과 문학 부분에서 기술하겠지만, 허구적 등장인물에게 분석을 가함으로써 그 또는 그녀의 동기가 이해될 수 있다는 생각은 다소 비평의 여지가 있다. 그러한 등장인물들은 '진짜' 심리적 세계를 가지고 있지도 않을 뿐더러 당연히 아동기 시절을 가지고 있지도 않다. 그것들은 설명적으로만 사용될 수 있는데, 히치콕Hitchcock 감독의 〈싸이코〉(1960)에서 노만 베이츠의 외상적 과거가 미치는 영향에 대해 추정할 때처럼 말이다. 그러나 베이츠는 허구적 인물이며 이러한 종류의 무의식적 갈등에 의해 실제로 동기화된 것도 아니다. 그렇다고 이러한 분석으로부터 어떤 것도 얻을 것이 없다는 의미는 아니다. 예를 들어, 슬라보예 지젝(Slavoj Žižek, 2006c)은 그의 저서 『기묘한 영화강의』에서 다양한 영화를 탐색하는 것에 크나큰 흥미를 보이고 있다. 그 과정에서 그는 히치콕 감독의 〈새〉(1965)에 대한 전형적인 오이디푸스적 해석을 간략히 언급한다. 이 해석에 따르면 새들은 로맨스의 주인공인 멜라니가 끼어들게 되는 어머니-아들의 근친상간적인 유대에 리비도적인 에로티시즘이 분출된 것의 구현으로 보았다. 지젝은 아들(미치)이 '그의 소유욕이 강한 어머니와 침입적인 여자' 사이에서 분열된다고 언급하였지만, 미치의 분석을 본격적으로 하지는 않았고 다만 욕망이 작동되는 방식을 밝혀 주는 것으로 영화를 사용하였다. 오이디푸스적인 구조는 욕망을 변경해 주고 담아 주는데, 〈새〉는 이러한 담아 주기가 과부하에 걸렸을 때 무엇이 일어날 수 있는가에 대한 탐색이다. 비슷하게, 리들리 스콧(Ridely Scott, 1979) 감독의 영화 〈에일리언〉에 대한 지젝의 분석에서 그는 괴생명체가 영화의 등장인물들의 무의식의 단순한 표현이라고 해석하지 않는다. 오히려 그것을 프로이트식 추동이나 라캉의 실재계가 영화 자체로 잠입해서 들어온 것으로 해석하였다. 영화는 그것이 관객들이 이미 무의식적으로 알고 있는 어떤 것을 구현하고 있기 때문에 청중에게 다가간다.

이는 우리를 영화의 등장인물들을 분석하거나 그들이 무엇을 표상하고 있는지를 분석하려는 시도로부터 벗어나 영화가 어떻게 청중에게 작용하는지에 대한 질문으로 향하게 해 준다. 이는 매우 다양하고 복잡한 영역이지만 정신분석적인 이론들로부터 나온 주요 개념들을 제시하면 다음과 같다.

관객들이 불안을 극복하게 해 주는 것으로서의 영화

프로이트식 전통에서 작업하는 고전적 정신분석가들은 영화를 관객들에게 자신들의 욕망과 불안을 직면시키게 해 주는 기회를 제공하는 것으로 본다. 여기서의 모델은 꿈의 모델과 비슷하다. 꿈의 모델에서는 의식에 의해 완전히 표현될 수 없는 무의식적 충동들이 '절충형성'을 통해 표현된다. 이러한 관점을 전형적으로 보여 주면서, 가바드(Gabbard, 2001, p. 14)는 "관중들은 단순히 즐기기 위해 영화를 관람하지 않는다. 그들은 보편적 발달 경험으로부터 유래된, 오래 전에 잊었지만 여전히 강력한 불안들을 직면하기 위해 집 근처의, 멀티플렉스 상영관에 줄을 선다. 그들은 문화에 존재하는 문제점들에 대한 해결책을 찾으려 하며 단순한 해답이나 안이한 설명을 거부한다. 어두운 극장에서 스크린은 그들의 가장 사적이고 무의식적인 공포와 갈망들의 투사를 담아 주는 그릇으로서 기능한다."라고 주장하고 있다. 이러한 생각의 결과는 영화를 이해하기 위해 사용된 개념들이 꿈 작업과 심리치료 작업에 사용된 것들과 유사하다는 것이다. 예를 들어, 공포 영화에 끌리는 이유에 대한 조사에서 가바드는 치료 상황에 대한 시각과 유사한 언어를 사용한다. 즉, 치료 상황에서 사람들은 자신이 대체로 기대하는 두려운 결과를 경험하지 않으면서 공포에 마주할 수 있게 된다. "공포 영화와 공상 과학 장르가 매력을 가지는 부분적인 이유는 초기 발달적 위기와 관련된 유아기적인 불안을 관객들이 대리적으로 극복하려는 것과 관련이 있다. 관객들은 초기 불안과 관련된 공포스러운 순간을 안전한 거리를 두고 재경험할 수 있다. 그들은 이것들을 견뎌 낼 수 있다는 것을 알고 있다."라고 가바드는 적고 있다(Gabbard, 2001, p. 8). 영화관은 이처럼 상상력이 허용됨으로써 무의식을 직면하고 살아남을 수 있게 해 주는 일종의 치료공간이라고 할 수 있다.

욕망의 대상을 제공하는 것으로서의 영화

이러한 생각은 라캉주의 영화 이론에 영향을 받은 페미니즘 영화 비평가들에 의해 발전되었다. 가장 잘 알려진 예가 로라 멀비(Laura Mulvey)의 1975년 에세이 「시각적 즐거움과 서술적 영화」인데, 아마 지금까지 쓰여진 학술적 영화 에세이 중 가장 영향력 있는 글 중 하나일 것이다. 흥미롭게도 이 에세이는 영화적이기보다는 정치적 개입의 의도로 쓰여졌다. 멀비는 "정신분석 이론을…… 무의식적 가부장적 사회가 영화 형태를 구조화하는 방식을 보여 주기 위해 정치적 도구로 사용하였다."라고 기술하였다(Mulvey, 1975, p. 14). 그녀가 특히 관심을 가진 부분은 영화에서 여성이 남성의 시선을 받는 대상으로 만들어지는 방식이었으며 그녀는 이것이 가부장적 사회에서 영화의 구조의 일부분이라고 주장하였다. 멀비는 "성의 불균형에 의해 지배되는 세상에서 관음증적 쾌락은 능동적/남성과 수동적/여성으로 분열되었다. 결정적인 남성의 시각은 환상을 여성 인물에게 투사시켜 그것에 의해 여성의 스타일을 만든다."라고 주장하였다(Mulvey, 1975, p. 19). 멀비가 주장하기를 여성은 영화에서 주로 성적 요소가 되고 이것이 여성을 정적으로 만들며 고정적 위치가 되어 그것을 중심으로 이야기가 펼쳐나가게 된다. 또한 멀비는 "여성의 존재는 정상적인 이야기 영화에서 필수불가결한 구경거리 요소가 된다. 그러나 그녀의 시각적 현존은 성적인 응시의 순간에 행동을 마비시킴으로써, 이야기를 전개시켜 나가는 데 방해 요소로 작용한다."라고 하였다. 그 결과, 시청자는 남성의 시선을 능동적인 것으로 동일시하여 이야기를 전개시켜 나가지만 여성은 구경거리로 즐기게 된다. 따라서 가부장적 가정(assumption)은 '절시증적' 시선과 관련하여 강화되고 구현된다. 절시증은 정신분석에서 사용되는 용어로, 보는 것에 대한 에로틱한 쾌감을 나타낸다.

동일시적 대상을 제공하는 것으로서의 영화

관중들이 영화의 주인공에 동일시하는 것을 통해 즐거움을 느낀다는 생각은 강력하고 명확하다. 멀비는 영화를 관람하는 것에 대한 이러한 측면은 앞에서 기술한 절시증적인 것과 실제로 갈등을 일으킨다고 주장한다. 절시증적인 추동이 바깥에 서서 지켜본다는 점에서 관중을 (영화인물들과) 멀어지게 만들면서도 동일시적인 추동은 자아를 대상과 연결시켜 주며 상당히 몰입적이다. 멀비는 주류영화에서는 이것은 "관객이 동일시할 수 있는 지배적인 주요인물을 가지고 있는가"(Mulvey, 1975, p. 20)에 달려 있으며, 시청자를(남성이든 여성이든) 남성주의적(능동적) 위치에 놓이게 한다고 생각한다. 그러나 때로는 이러한 동일시가 실패하게 되는데, 예를 들어 여성 관객이 주인공 남성을 굉장히 싫어하게 되거나 영화가 성별에 대한 가정을 대놓고 무너뜨리고 시청자의 성적인 동일시에 대한 의문을 제기할 때 그러할 수 있다. 유명한 예 중 하나로 닐 조단Neil Jordan의 〈크라잉 게임〉을 들 수 있는데, 여기서 주요 인물 중 한 명의 '실제' 성별이 밝혀지면서, 그동안 영화를 강력하게 구성해 온 성별과 성 정체성에 대한 전제가 흔들린다. 킴벌리 피어스Kimberly Perice의 〈소년은 울지 않는다〉도 닐 조단의 영화와 유사점을 가지지만, 남성적 동성애 혐오 폭력을 묘사함으로써 더욱 강력하게 전형적인 성별 정체성을 와해시킨다.

상징적 도구로서의 영화관

마지막으로, 영화 비평이 영화관에 작용하고 있는 동일시적이고 이데올로기적인 과정에 도전하는 방식을 제공하는 것에 대한 중요한 작업들이 있다. 이러한 특정 논쟁은 매우 다양한 원천을 가지지만, 라캉의 영화 이론이 대세를 이루며, 라캉 이론에서는 영화의 향유를 상상계의 영역으로 바라본다(제16장 참고). 비평적 분석은 관객을 이러한 상상계의 위치에서 벗어나서 제삼의 용어—이론—를 영화와의 관계에 주입시키면서 영화가 어떻게 조직화되는지를 보여 줌으로써 (영화에서 느낀) 경험을 상징계로 이끈다. 이는 정신분석적 영화 이론 자체를 치료적 개입의 한 종류로 만든다. 분석가가 환자가 느낌들을 말로 표현할 수 있게 해 주고 그것들에 익숙해지게 도와주는 것처럼, 영화 이론가는 관객들이 영화의 무의식적 효과로부터 어느 정도 거리를 두게 해 주어 그것들을 보다 더 잘 이해하고 다룰 수 있게 해 준다.

영화와 정신분석과 관련해서 시선과 욕망을 매우 비평적인 관점에서 탐색한 최근의 중요한 에세이들(예, Copjec, 2000)을 포함해서 여기서 다루지 못한 더 많은 것들이 있다. 그러나 핵심은 정신분석이 영화 이야기를 해석하기보다는 영화의 관객이 된다는 것이 무엇을 의미하는지에 대한 설명을 발전시키는 데 얼마나 생산적이었는가 하는 점이다. 이는 다음에서 다룰 정신분석과 문학이라는 두 번째 영역에서 또한 마찬가지이다.

문학과 꿈

정신분석이 문학 분석의 도구로서 사용되는 것에는 언제나 논란이 있어 왔는데, 특히 작가들과 비평가들은 미학적인 요소와 같은 구체적인 것을 고려하지 않고 문학의 '진실'을 말하려고 하는 것이 문학을 식민지화하는 것이라고 여겼다. 정신분석가들이 그들의 임상적 통찰을 문학에 대담하게 적용함에 따라 많은 비평가들이 몰려들었다. 때로는 프로이트도 그랬듯이, 분석가들이 창의적 글쓰기에 감탄하여 그것을 더 잘 이해하려고 분석을 적용하기도 하지만 어쩌면 문학적 인물들 또는 작가들을 말대꾸할 수 없는 '환자들'로서 반기면서 그들에 대해 마음껏 추측해 보려는 유혹을 떨쳐 버리기 힘든 것일 수도 있다. 문학 작품을 분석적으로 '이해하기'의 가장 터무니없는 예가 작품을 마치 작가의 정신상태와 심리적 속성에 대한 눈에 보이는 지표로서 다루는 것일 것이다. 이러한 예 중 하나가 마리 보나파르트Marie Bonaparte(1933)의 에드가 앨런 포Edgar Allen Poe에 대한 초기 연구를 들 수 있는데, 여기서 그녀는 시체성애증을 포의 저서를 특징짓는 병리적 성격 상태로 규정지었다. 또한 어니스트 존스Ernest Jones(1910)가 『햄릿』을 오이디푸스 드라마로 연구한 것도 이러한 예들 중 하나이다. 이러한 접근법, 즉 문학적 인물을 실제인 것으로 취급하는 경향성의 한계점은 오랜 시간 잘 알려져 왔다. 모드 엘만(Maud Ellmann, 1994)은 "햄릿은 그의 분석가에게 반박을 할 수 없다는 불리함을 가지고 있다. 진짜 피분석가와 달리, 그는 카우치에 누울 수도 없고 자신의 꿈에 대한 자유연상을 하거나 유아기적 외상을 이야기할 수도 없다. 햄릿의 초기 발달사를 가정하는 것도 흥미롭지만, 사실, 햄릿은 아동기를 가져본 적이 없다."(p. 3)라고 적으면서 핵심을 찔렀다.

보나파르트와 존스의 초기 연구들에서 나타났듯이, 문학작품의 글을 꿈과 동일한 것으로 여기며, 작가들의 신경증으로 연결해 주는 '왕도'로 생각하는 전통이 있다. 여기에는 많은 문제점이 존재한다. 우선 한 가지 이유는 아무리 문학작품이 꿈과 비슷하다는 전제를 받아들일지라도, 정신분석적 개념화에 필요한 자서전적인 자세한 내용과 임상적 전이 관계의 맥락에서 해석을 검증할 기회가 주어지지 않는다. 꿈의 경우에는 각각의 요소가 정신분석적 작업의 대상인 꿈을 꾼 사람의 연상을 이끌어 내지만, 문학작품의 경우에는 이러한 연상이 가능하지 않고 따라서 분석가의 연상이 저자의 연상을 대치하게 된다. 또한 작가가 자신의 글 속에 스스로를 '살게' 하여 자서전적 호기심을 불러일으킬 수 있지만, 작품의 해석을 작가의 성격이나 정신병리와 관련 짓는 것은 작가들이 자신의 작품을 창작하는 방식에 의해 약화된다. 작가들을 자신의 자료를 다루는 방식에서 직업적 역사에서 비롯된 방법들을 사용한다. 비록 그들이 이 역사를 도전하고 벗어날 때에도(그리고 심지어 정신분석에 영향을 받아 그렇게 할 때에도) 이러한 일은 자유연상법의 실천이 아니라 글쓰기의 실천과 관련하여 일어난다. 문학 비평에서 정신분석의 수용에 큰 변화를 가져온 것은 텍스트의 '심리적 진위' 여부에서 벗어나 관심을 텍스트 그 자체와 독자와의 관계 사이에서 지식이 구성되는 방식으로 돌렸던 점이다. 이는 응용 정신분석의 초기부터 지적되어 왔던 부분인데, 특히 쇼샤나 펠만(Shoshana Felman, 1982)이 '정신분석과 문학'이라는 구절 속 '그리고(and)'의 의미를 분석한 유명한 논문에서 명확하게 표현되고 있다. 펠만은 정신분석이 문학을 다룰 때 해석을 통해 작품의 '진정한 의미'를 해독하려는 일종의 지배적 태도를 취해 왔다고 지적한다. 이에 대한 대안으로 그녀는 정신분석과 문학이 서로를 하나가 다른 하나를 지배하는 방식이 아니라 진정한 동등한 관계 속에서 상호작용하는 방식을 찾아야 한다고 주장한다. 즉, 비록 두 학문 모두 '전문가'의 입장에서 서로에 대해 이야기할 어떤 것이 충분히 있겠지만, 정신분석이 문학의 진리에 대해 이야기를 하거나 문학이 정신분석에 대한 서사적 가정을 폭로하려는 태도를 넘어서야 한다는 것이다. 펠만에게 쟁점은 정신분석과 문학이 서로를 자극하는 방식으로 사용하는 것이며, 그럼으로써 두 학문의 이론적 유산을 더욱 풍부하게 만드는 것이다. 펠만은 "이러한 강조점의 변화에 비추어 볼 때, 정신분석적 **적용**의 전통적인 방식은 원칙적으로 배제될 것이다. 적용에 대한 개념은 근본적으로 다른 **함축의 개념**implication으로 대치될 것이다."(Felman, 1982, p. 8)라고 적고 있다. 여기서 그녀가 의미하는 바는 문학과의 관계에서 정신분석의 관심은 두 학문이 서로에게 어떤 영향을 미치는지, 즉 텍스트 작업과 임상적 작업에서 사용되는 독해 전략들이 어떻게 서로를 참조하고 새로운 아이디어를 창출하는지를 검토해야 하는 것에 있어야 한다는 것이다. 이 과정에서 핵심이 되는 것은 바로 '읽기'라는 행위 자체이다. 이는 단순히 숙련된 정신분석가가 환자의 담론을 무의식적 의미로 해석하거나, 수준 높은 문학 비평가가 문학의 텍스트의 뉘앙스와 반향을 읽어 내는 것이 아니라, 읽기는 독자를 끌어들이는 참여의 과정이라는 것이 두 학문 모두에 담겨 있다는 것을 자각하는 것이다. 독서는 단순한 해석 행위를 넘어, 독자나 분석가 자신을 변화시키면서 동시에 텍스트를 탐구하는 생산적 과정이라는 것이 펠만의 핵심 주장이다.

문학으로서의 정신분석

정신분석학을 발전시키려는 노력은 일반적으로 이 복잡한 심층심리학의 과학적 기초를 찾기 위한 시도로 인식되지만, 이는 '인문학'으로 알려진 넓은 학문적 연계 안에서의 발전이기도 하다. 이는 정신분석이 인간의 동기나 욕망과 관련된 의식적인 것을 정교하게 다듬고, 그 정교함을 문학 장르 안에서 인식 가능한 용어로 표현하려는 노력이라고 여겨진다. 이러한 맥락에서 기법을 숙달하기 위한 방법으로서 문학적 능력의 발전을 권장한 정신분석가들이 한 말은 유용한 가치를 지닌다. 그것은 문학을 실천함으로써 배울 수 있는 것이 있기 때문만이 아니라, 이러한 방식으로 **반추적**으로 작업하는 것은 정신분석을 도전과 변화에 열려 있게 만들기 때문이다. 예를 들어, 저명한 정신분석가인 토마스 오그덴(Thomas Ogden, 1999)은 "시적 언어를 듣는 방식과 그의 환자와 대화를 나누고 서로를 경청하는 방식 사이에 어떻게 연결점이 있을 수 있는가."(p. 40)를 설득력 있게 기술하고 있다(로버트 프로스트 시를 예로 사용하였음). 오그덴에게는 시가 치료실에 줄 수 있는 교훈은 언어를 '시적으로' 사용하는 것이 아니라, 경청하고 말하는 방식을 증진시키는 것이다. 이는 "심리 내적이고 상호주관적인 분석의 삶, 즉 분석적 관계에서 '벌어지고 있는 음악' 안에서 '이것이 벌어지고 있다'라는 것이 무엇인가"에 대한 질문에 조율하는 방식이다(p. 50). 오그덴은 시와 정신분석 모두 '인간의 살아 있음'의 형태를 가능하게 하며 스스로를 경청하는 수련법은 상대를 경청하는 법을 증가시킨다고 주장한다. 이러한 설명에서 분석가의 과제는 더 이상 환자 또는 시적 언어들 뒤에 숨겨져 있는 진실을 파헤치는 것이 아니라, "분석 과정을 앞으로 나아가게 만드는 말들 안에 있는 생명력을 주는 감정과 생각들"(p. 66)을 경청하고 이에 반응하는 방법을 찾는 것이다. 이는 아는 것보다는 반응하기가 분석가의 핵심 속성이 되는 상호주관성에 보다 초점을 두는 쪽으로 정신분석의 방향성을 옮긴다.

이와 같은 논의에서 정신분석이 영화와 문학, 그리고 다른 예술 형태를 분석하는 데 있어서 문제가 있다는 것이 분명해진다. 그럼에도 불구하고 이는 예술 작품이 청중에게 영향을 주는 방식에 대해 진지하게 살피는 문화 산업에 큰 공헌을 하였다. 특히, 정신분석은 사람들이 예술적 재료에 가지는 무의식적 투자—관중을 끌어들이며 극의 이미지와 말들을 의미 있게 만드는 욕망과 동일시의 패턴—을 조사하는 도구를 제공한다. 정신분석은 여기서 수많은 개념들을 제공해 줄 수 있는데, 예를 들어 오이디푸스 콤플렉스, 억압, 절시증, 투사, 동일시 등이 그것이다. 정신분석은 또한 예술과 관계하면서 혜택을 얻을 수도 있는데, 특히 예술적 인식이 정신분석의 기존 가정과 임상 방식에 도전함으로써, 정신분석이 스스로의 가정을 재검토하고 임상을 발전시킬 수 있는 기회를 제공한다.

요약

- 프로이트는 임상적 상황 밖에 존재하는 문제들을 언급하면서 정신분석의 '적용'이라는 전통을 만들어 냈다.
- 이러한 전통은 치료실에서 나온 광범위한 증거의 축적을 통해 정신분석을 옹호하는 것을 추구할 뿐 아니라 사회적 문화적 현상에 대한 설명을 제공하는 도구로서 정신분석의 효용성을 증명하는 것을 추구한다.
- 프로이트가 예술과 문학적 비평에 사용했던 한 세 가지 중요한 개입 방식이 있다.
  - 예술의 예들을 정신분석적 주장에 대한 증거를 제시하는 것으로서 사용하는 것
  - 예술과 문학적 창작물들에 대한 정신분석적 해석을 제공함으로써 그것들의 이해를 증진시키는 것
  - 예술가들의 자서전적 특징이 어떻게 예술가의 작품을 설명할 수도 있는가에 대한 통찰을 제공하는 것
- 이 모든 개입 방법은 고무적인 통찰을 제공하지만, 정신분석이 그것이 조사하는 예술이 형성한 전통을 충분히 이해했는지, 그리고 이러한 '심리적 환원주의'의 경향이 예술이 진짜 무엇에 대해 이야기하는지에 관해 왜곡된 관점을 제공할 수도 있다는 점과 관련해서 문제가 되기도 하였다.
- 정신분석적 영화 비평으로부터 나온 예들과 정신분석과 문학의 만남은 예술 작품이 관중들에게 미치는 영향에 초점을 둔 개념들이 가장 생산적이라는 것을 보여 준다.
- 정신분석은 또한 정신분석의 이론과 임상을 증진시키기 위해 문학과 예술의 도움을 받을 수도 있다.

제20장

정치와 사회

사회적 이론으로서 정신분석

예술과 관련되어 나타나는 많은 문제들은 또한 사회심리학, 철학, 정치, 역사, 그리고 법과 같은 사회과학에서도 나타난다. 이것들은 특히 정신분석적 해석과 개념들을 사회적 현상을 이해하는 데 사용하는 것과 관련된다. 프로이트의 유명세가 커지면서 그 당시 사회적 이슈들에 대해 현명하게 표명해 줄 것이라는 그에 대한 기대가 커져 갔다. 예를 들어, 이것이 바로 아인슈타인과의 서신 교환의 시초가 되었다. 이 서신 교환은 『도대체 왜 전쟁인가?』(Freud & Einstein, 1933)라는 에세이로 출판되었는데, 여기서 아인슈타인은 프로이트의 죽음 추동의 개념과 유사한 인간의 타고난 파괴성에 대한 믿음을 주장하였다. 보다 일반적으로는 문명의 기원 및 사회와 개인의 '갈등'과 같은 20세기의 몇몇 주요 주제들을 이론화하는 데 정신분석이 공헌한 바는 정신분석의 지위에 대한 중요한 시험대처럼 여겨진 듯이 보인다. 만약 정신분석이 인간 고통의 근원을 설명할 수 있다면, 이러한 고통들이 왜 그리고 어떻게 그렇게 자주 사회 안에서 그리고 사회에 의해서 가해지는지에 대해 언급을 할 수 있어야만 한다. 특히 사람들의 자기 기만성, 폭력성이 극단적 수준에서 발휘될 수 있다는 것을 보여 준 제1차 세계대전 후에 인간 본성의 깊이를 설명할 수 있다고 주장하는 심리학이라면 모두 소위 말하는 인간 '문명'에 대해 무엇인가 새로운 것을 말할 수 있어야만 했다. 정신분석의 발달 과정에서 이것을 하는 데 있어서 많은 논쟁적인 시도들이 있어 왔다.

정신분석의 사회적 개입의 질은 다양하였으며 종종 중요한 비판의 대상이 되어 왔는데, 특히 사회적 현상을 심리학적 용어로 설명한다는 점(예, Segal, 1999)에서 환원주의적 경향성과 관련된 것이었다. 정신분석은 또한 인종(예, Brickman, 2003)과 성(예, Mitchell, 2022)과 관련된 표준화된 가정으로 빠지는 경향성에 대해 동정적인 비판을 하는 사람들로부터 나온 도전에도 직면해야 했다. 그럼에도 불구하고 정신분석은 사회적 현상을 이해하는 데 계속해서 강력하게 공헌하고 있다. 인종주의(Rustin, 1991)와 파시즘(Bollas, 1993), 그리고 가장 최근에는 후기 식민지 상황(Khanna, 2004)에 대한 영향력 있는 검토가 있었다. 이러한 작업은 클라인의 이론(Rustin의 경우), 대상관계 이론(Bollas) 그리고 프랑스 정신분석가인 진 라플랑쉬Jean Laplanche(Butler) 등을 포함한 광범위한 정신분석적 개념들에 기반하였다. 칸나의 저서는 대부분 프란츠 파농(Franz Fanon, 1952)의 저서에 기반한 정신분석의 후기 식민지주의에 대한 이론을 담고 있다. 이 영역에서의 다른 저자들은 라캉 이론을 상당히 광범위하게 적용하였다. 예를 들어, 데릭 후크(Derek Hook, 2012)의 아파르트헤이트(예전 남아프리카공화국의 인종차별 정책)의 도발적인 분석을 들 수 있다. 전체적으로 이들은 슬라보예 지젝(예, Žižek, 2011)이 만들어 낸 방대한 라캉의 저서 모음에 의존하고 있는데, 이는 커다란 논쟁을 불러일으킴과 동시에 라캉 분석을 학문적으로 유명 주류 세력의 자리로 이끌었다. 상이한 정신분석적 개념들이 함의하는 것에 대한 논쟁은 끊임없이 격렬하게 지속되고 있지만, 이러한 광범위한 범위의 원천은 비평적인 사회적 사고의 자원으로서 정신분석이 존속하고 있음을 보여준다. 이에 대해 사회적 분석에 유용하다고 증명이 된 몇몇 정신분석 개념들에 대한 짧은 목록을 다음에 제시하였다.

- **억압**: 초기 정신분석의 정치적 사고의 근본이 된 것은 강압적인 사회가 사회에 속한 개인들이 욕망을 부인하게 함으로써 '억압'한다는 개념이다. 이 개념은 아직도 어느 정도 통용되고 있는데, 예를 들어 독재주의 국가가 붕괴했을 때 이전에 억압되었던 강력한 적대감이 분출되는 방식에 적용될 수 있다.
- **투사**: 이는 사회적 증오, 특히 인종차별(Rustin, 1991)과 전쟁(Segal, 1995)에 대한 기제를 설명하는 데 광범위하게 사용되는 개념이다. 맹렬한 증오는 무의식적인 파괴적 충동에서 나오며 사회적 힘에 의해 취약해진 외부 대상을 향해 투사된다는 논리를 가진다. 따라서, 예를 들어 흑인의 대한 '야만성'에 대한 인종차별적인 가정은 흑인을 역사적으로 비인간적인 노예들로 구조화했던 과거로부터 비롯되며 또한 인종차별주의자들 자신의 성적 공포에 의해 강화된다.
- **동일시**: 사회적 정체성에 대한 논의와 관련해서 핵심적인 개념이며 다양한 종류의 모델들을 제공하는 외적인 구조에 비추어 무의식적으로 자신들을 조형해 나가는 방식을 일컫는다. 예를 들어, '디아스포라Diaspora(팔레스타인을 떠나 살면서 유대교의 규범과 생활 관습을 유지하는 유대인)적인 정체성'은 종종 문화적 종교적 가치와 특정 집단의 역사와 동일시함으로써 생겨나는데 이는 신화, 이야기 그리고 개인적 관계를 통해 중재된다(Hall, 1990). 많은 성 정체성 이론가들은 동일시를 성적 정체감이 형성되는 데 핵심적인 기제로 본다. 성적 정체성이 최초의 동일한 성에 대한 동일시인지(예, 여자아이는 엄마를 동일시하는 것) 또는 많은 교차 성적 동일시가 발달 과정의 일상적인 특징인지를 둘러싼 활발한 논쟁이 있다(Benjamin, 1998).
- **내재화**: 이는 제13장에서 언급한 상실 및 우울증(멜랑콜리아)과 관련된 재료들과 연관된다. 사람들과 문화가 '애도되지 않은' 어떤 것을 마치 '산주검living-dead'과 같은 존재로 지니고 있을 수 있다는 개념이며, 성별과 성적 정체성에 대한 연구(Butler, 1997) 그리고 후기 식민주의(Oliver, 2004) 연구에서 유용함을 증명하였다.
- **거세**: 이는 보다 복잡하고 논쟁적인 개념이며, 인간의 주체성의 핵심에는 욕망

이 결코 충족될 수 없는 불가능성에 의해 만들어진 '결여'의 상태가 있다는 라캉주의 개념과 관련이 있다. 지젝(Žižek, 2008)과 다른 몇몇은 결여가 어떻게 사회적 영역에서 폭력을 유발하는지를 조사하는 데 있어서 이러한 개념을 효과적으로 사용하였다. 예를 들어, 지젝은 어떻게 이러한 결여에 대한 감각이 '외계인'이 '우리'로부터 어떤 것을 훔쳐 갔다는 환상에 의해 가려질 수 있음을 보여주며, 이러한 환상이 인종주의에서 종종 작동하고 있음을 지적한다.

앞의 짧은 목록이 정신분석이 사회적 사고 영역에 중요한 무언가를 제공하고 있다는 것을 충분히 보여 주었기를 바란다. 정신분석이 각 개인의 '내부'에서 일어나고 있는 것을 '외부'에서 일어나고 있는 것과 연결시켜 주는 가장 발달된 어휘와 이론적 체계라는 것은 틀림이 없다. 따라서 정신분석은 온전한 심리사회적 접근법이며 정서적 강도, 환상의 만연함과 사회적 삶에서 빈번하게 일어나는 심각한 부조리를 이해하는 방법을 제공한다. 이 장의 나머지 부분에서는 이것이 어떻게 몇몇 분야에 적용될 수 있는지를 간단하게 기술하겠다.

권위와 사회적 규제

제1부에서 살펴봤듯이, 프로이트 정신분석의 전제 중 하나는 개인이 소망하는 것과 사회가 허용하는 것 사이에 충돌이 있다는 것이다. 고전적 정신분석은 성적 욕망은 중재되어야 하는데, 그것을 풀어놓게 되면 사람들이 사는 세상에서 우리가 이성적으로 기능할 수 있는 능력을 방해하기 때문이라고 주장하였다. 결과적으로, 프로이트는 사회적 조건이 어떻게 개인에게 영향을 주는가에 대해 생각하게 되었다. 어떠한 제약이 이로운지 아니면 해로운지 또는 어떠한 고통스러운 제약이 필수불가결한 것인지에 대해서 말이다. 억압이 작동하는 과정에 대한 프로이트의 관점에서의 발전, 특히 초자아 개념의 출현은 어떻게 특정 사회적

과정이 개인의 마음 '안으로' 들어오게 되는지를 보다 미묘하게 이해하도록 이끌었다. 예를 들어, 어떻게 초자아가 오이디푸스 갈등의 결과로서 출현하는지에 대한 프로이트의 기술은 발달에 대한 사회적 설명에서 가장 중요하다(제7장과 제8장을 볼 것). 이는 아버지에 의해 정해진 '법'의 결과로 새로운 심리적 구조가 형성된다는 것을 암시한다. 이러한 구조, 즉 초자아는 아버지에 귀인된 금지와 도덕적 판단으로 주로 구성되어 있다. 달리 말하면, 처음에는 외적인 권위였던 것이 내적인 권위가 된다는 의미이다. 따라서 사회는 권위가 내재화되는 과정을 통해 개인을 통제하게 된다.

이러한 근본적인 생각은 몇몇 법학자들이 정신분석에 끌리게 된 한 가지 근원이기도 한데, 그들은 어떻게 법이 행동을 감시하면서 동시에 위법을 초래하는지에 대해 관심이 있었다(예, Cornell, 2000). 정신분석은 범죄에 대한 금지가 범죄를 이색적이고 특이하며 위험한 것으로 조장함으로써 흥미 있는 것으로 만든다고 제안하는 경향이 있다. 따라서 범죄는 중독성을 띠게 된다. 또한 범죄는 일반적으로 생각하는 것과 반대로 죄책감을 처리하는 방법이 될 수도 있다. 즉, 무의식적 이유 때문에 죄책감을 느끼는 개인은 죄책감을 느낄 만한 분명한 이유를 가지기 위해 범죄를 저지를 수도 있다. 그 또는 그녀는 심지어 외적인 권위자로부터 처벌을 받고 싶은 소망이 있을 수도 있으며 그렇게 해서 죄책감이 감소되기를 바랄 수 있다. 이러한 생각은 종종 위니컷(Winnicott, 1965)에게서 나온 것으로 여겨지지만, 프로이트(Freud, 1916)가 맨 처음 언급하였다. 범죄를 저지른 환자들에 대해 논의하면서 프로이트는 "그러한 행동은 원칙적으로 그것들이 금지되었기 때문에 그리고 그 행위를 실행하는 것이 범행자에게 정신적인 안도감을 동반했기 때문에 저질러졌다. 그는 원인을 모르는 죄책감의 짓누르는 감정으로 고통받고 있으며 잘못을 저지르고 난 후에 이러한 억압은 완화된다. 죄책감은 이제 적어도 무엇인가에 부착되었다."(Freud, 1916, p. 332)라고 설명했다. 프로이트는 이러한 사람들을 "죄책감에서 비롯된 범죄자들"로 기술하였다.

문명

프로이트는 사회 구조가 발달한 주요한 이유는 보호에 대한 개인들의 필요성 때문이라고 보았다. 자연의 힘, 약한 신체, 그리고 다른 사람들의 행동들을 두려워하면서 개인들은 스스로를 보호하기 위해 함께 집단을 형성하였다. 이들 집단들이 프로이트가 말하는 '문명'이 되었다. 문명은 "우리의 동물 조상들의 삶과 인간을 구별 짓는 업적과 규제들의 총 집합으로 정의되고, 이들은 두 가지 목적들을 가지는데, 즉 자연으로부터 인간을 보호하고 인간들끼리의 상호 관계에 적응하는 것이다"(Freud, 1930, p. 89). 그러나 심리적 방어기제가 무의식적 삶의 파괴성으로부터 자아를 보호함에도 불구하고 문제를 일으키는 것처럼, 문명 또한 같이 살아가야 하는 사람들의 욕구나 무의식의 근본적인 반사회적 요구들과 타협을 해야 한다. 이는 사람들은 언제나 사회적 생존을 위해 무엇인가를 포기해야 한다는 것을 의미한다. 이러한 의미에서, 사회는 삶에 필수적이긴 하지만, 개인에 반하는 것이 된다. 문명은 언제나 불행을 가져오는 필요악이다.

인생의 후반부에 프로이트(Freud, 1927)는 사회의 중요한 '제도들', 그중에서도 종교를 광범위하게 검토하면서, 이는 삶의 고통을 경감할지라도 결국에는 '환상'이라고 설명하였다. 프로이트의 종교에 대한 구체적인 설명은 프로이트가 어떠한 신비주의적 위로나 환상도 거부하면서 얼마나 '이성주의적'인 관점의 신봉자로서 헌신했는지를 보여 준다. 프로이트는 종교는 환상이며 유아기적인 의존성—보호에 대한 필요성, 그리고 이러한 보호가 강력하고 우월한 존재에 의해 주어질 것이라는 소망—에 기반한다고 보았다. 프로이트는 이러한 점이 끌릴 수 있다는 것을 인정하였지만, 이제 종교적 환상을 극복해야 할 때이며 종교적 환상이 현실에 대한 이해를 차단함으로써 큰 피해를 끼치고 있다는 점을 확신하였다. 그는 "유아증은 극복될 수 밖에 없다."라고 적고 있다(Freud, 1927, p. 48). "인간은 영원히 아이로 남아 있을 수는 없다. 인간은 결국 '적대적 삶'을 향해 나아갈 수밖에 없다. 우리는 이것을 '현실에 대한 교육'이라고 부른다." 종교의 기원을 밝히는 정신분석의 과제는 우리가 신경증 환자를 마주할 때의 분석이 가지는 과제와 유사하다. 직면하게 될 경우 뭔가 더 나쁜 일이 생길지도 모른다는 어떤 것으로부터 자아를 보호하기 위한 합당한 이유로 환자의 증상이 발전되었듯이, 종교의 발전과 같은 사회적 증상 또한 동일한 방어적 기능을 가진다. 그러나 이러한 방어기제들은 파괴적인 것으로 변할 수 있으며, 이것들이 증상을 만들어 낸다. 이는 더 큰 불행을 초래하고 따라서 벗어나야 될 필요가 있다.

최근의 정신분석적 이론은 프로이트보다는 종교에 보다 공감적이다(Black, 2006). 그러나 프로이트는 개인과 사회 사이에 기본적 대립이 존재한다는 그 당시의 주류적 사고를 따르고 있었다. 이러한 관점에는 분명한 문제점이 존재하는데, 특히 사회적 연결이 제공하는 즐거움을 무시하였다는 점에서 그러하다. 예를 들어, 종교는 때때로 사람들을 긍정적으로 함께 묶는 역할을 하며 단순히 고통스러운 현실을 방어하지만은 않는다. 그러나 프로이트 학파는 개인의 추동을 '기본적'인 것으로 간주하며 사회를 오로지 그러한 추동을 통제하기 위해 세워진 것으로만 이해하는 경향이 있다. 이는 사회적 변화에 대한 몇몇 모순적인 함의를 가지게 만든다. 한편으로 이것은 억압이 없는 혁명적 사회에서 추동이 어떻게 자유로워질 수 있는지를 살펴보는 몇몇 유명한 급진적 사상의 근원이었다(예, Marcuse, 1955). 그러나 다른 한편으로, 이것은 사회적으로 보다 보수적인 분석가들에게 개인의 과제는 '현실'의 제약에 적응하는 것이라는 것을 시사한다.

이러한 관점은 세계전쟁 후 미국 자아심리학을 특징지었으며 보다 급진적인 이론가들로부터 나온 정신분석 형태에 대한 상당한 비판을 야기하였다(Jacoby, 1975). 자아심리학은 추동이 사회적 환경의 요구에 잘 맞출 수 있도록 어떻게 자아를 강화시킬 수 있는가에 관심이 있기 때문에 사회적 순응주의로 보여졌다. 그러나 여기서의 논리는 그렇게 단순하지가 않다. 예를 들어, 클라인 학파는 각 개인에게 기본적인 파괴적 추동(죽음 추동)이 있으며 이를 적절하게 다룰 필요성이 있다라는 생각을 가지는데, 이것은 사회적인 개혁을 함축한다. 마이클 러스틴(Michael Rustin, 1995)은 파괴성으로 시작해서 회복으로 향하는(제15장 참고) 움직임의 관점에서 클라인 이론은 공격성과 폭력성을 극복하고 손상과 상실을 복구하기 위해서 관계적으로 무엇을 해야 하는가에 대한 질문을 던진다고 하였다. 우리는 인간의 파괴성을 무시함으로써 위험에 처하게 된다. 그것을 인정하면서도 동시에 그것이 사회적 맥락 안에서 어떻게 생산되는지를 이해하는 것, 그 영향을 최소화하기 위해 사회가 어떻게 조직될 수 있는지에 대해 생각할 수 있게 해 준다.

잠재적으로 파괴적인 것뿐 아니라 사랑의 추동 또한 담아 줄 수 있는 환경에 대한 정신분석적 생각은 안전감과 신뢰감에 대한 위니컷의 개념들에 기초한 이론들에서 다른 방식으로 나타난다(제12장 참고).

예를 들어, 악셀 호네스Axel Honneth는 건강한 성숙이란 부모로부터의 정확하고 지속적인 인정의 경험이 필요하다고 주장하였다. 인정은 아이들이 분리되어 있지만 사랑받는 존재로서 자신의 욕구를 타인에게 표현할 권리와 능력을 포함한 자기-인식을 증가시키는 방향으로써 아이들에게 반응해 주는 것을 일컫는다. 이러한 인정과 함께 아이들은 안전감과 신뢰감을 가지게 되며 자기 정체성에 대한 강한 감각을 가지게 된다. 이것이 결핍되면 취약하고 무력한 감정을 느끼게 된다. 이처럼 돌봄에 대한 초기 관계적 경험은 사회 생활을 유지하는 데 필수적인 자아에 대한 정서적 안전감과 안정성의 원천이 된다. 이는 전체 사회 집단이 인정받지 못하는 느낌과 사회에서의 정당성의 원천으로부터 단절된 느낌을 가질 수 있다는 호네스의 주장을 통해서 사회적 이론으로 변화되었다. 사회적 인정에 대한 주장은 사회적 투쟁과 집단 저항의 동기가 된다. 이처럼, 근원적으로 정서적 상태(예, 자원에 대한 요구라기보다는 인정에 대한 요구)는 정치적 활동으로 귀결된다.

사회적 갈등과 화해의 가능성이 어떻게 안전감과 신뢰감의 경험에 기반하는가에 대한 이러한 종류의 사고는 많은 논쟁을 자극하였다. 정신분석적 이론이 개인적 영역(부모-자녀의 만남)의 친밀감과 사회적 행동 사이를 연결해 줄 수 있을 것인가? 만약 그렇다면, 사람들이 공정함과 평등을 위해 싸우고 인정을 받기 위해 싸우며 '정체성 정치' 안에 속하는 다른 모든 요소들을 위해 싸우는 열정을 설명해 줄 수 있을 것이다. 반면에, 사회적이고 정치적인 관계들에 대한 대부분의 심리적 설명들이 겪는 환원주의의 문제점이 남아 있다. 달리 말하자면, 이론가들이 주의하지 않는다면, 그 자체로 독립적으로 중요한 영향을 가질 수 있는 사회적 특징들(계급, 인종, 성, 성적 지향 등)을 충분하게 고려하지 않은 채 전체 사회 현상을 심리적인 기반으로만 설명하게 될 수도 있다.

성과 성차

정신분석에 대한 이러한 도전은 정신분석적 사고를 사회과학적으로 적용하는 다른 영역들에서도 나타났는데, 여기서는 정신분석학의 개념이 활용되고 있음에도 불구하고 정신분석학의 역할에 대해 의문이 제기되었다. 이러한 것들 중에 가장 중요한 예가 정신분석이 초기부터 관심을 두었던 성과 성차에 대한 것이다. 프로이트에 의하면, 성차는 이것을 넘어서서는 정신분석이 발전할 수 없을 정도로 정신분석의 '근간'을 이루는 것이었다(Freud, 1937, p. 252). 그에게 있어서 이것은 어떠한 분석 작업도 여성성을 거부하고 남성성을 지향하는 근본적인 인간의 경향성을 흔들 수 없다는 것을 의미하였다. 이렇듯 명백하게 보수적인 시각에 대해서는 1920년대 와 1930년대의 매우 초기부터 정신분석 저자들로부터 반박이 있었다. 그중에는 프로이트의 신경증적 문제로 귀인하는 것도 있었다. 그러나 1974년에 출판된 줄리엣 미첼Juliet Mitchell의 저서 『정신분석과 페미니즘Psychoanalysis and Feminism』 이후로 많은 이론가들은 성별gender과 성sexuality에 대한 이론적 영향력을 찾는 과정에서 정신분석을 사용하였다. 미첼의 입장은 급진적이었는데, 그녀 자신이 페미니스트이면서도 정신분석을 가부장 제도를 고착화시키는 강력한 중개인으로서 바라보는 그 당시의 정통 페미니스트의 관점에 문제를 제기하였다는 점에서 그러하다. 미첼은 그녀의 저서에서 남근 선망과 특히 오이디푸스 콤플렉스에서 여성적 '어려움'이 강조되는 것과 같은 개념들을 집중적으로 다루면서, 정신분석적 사고에서 가부장적 요소가 있다는 것을 부인하지는 않았다. 그러나 그녀는 정신분석을 여성의 소위 말하는 '열등감'

을 영속화하는 것으로서 볼 필요는 없으며, 오히려 정신분석이 가부장제와 그 것의 영향을 이해하는 데 공헌하였고, 이것은 다른 어떤 접근법도 제공해 주지 못하는 것이라고 주장하였다. 그녀는 생물학적으로 결정된 것으로 널리 알려진 여성심리학의 측면들이 사회적으로 구성된 것이라고 보았으며 이러한 구성물들이 어떻게 무의식적인 마음의 구조의 일부분으로 사람들의 정신세계 안에 새겨지는지에 대해 정신분석을 이론으로서 사용하였다. 미첼은 심지어 무의식을 현시대의 페미니스트 지도 안에 포함하려고까지 하였다고 말할 수도 있을 것이다. 그녀는 성적 정치의 급진적 변화는 정치적 개입만 필요한 것이 아니라(자신의 저서에서 마르크스 이론을 많이 사용하였음) 가부장적 사회로부터 '내재화된' 성별에 대한 무의식적 역동을 이해하는 것이 필요하다는 것을 보여 주었다.

미첼이 정신분석을 성적으로 진보적인 학문으로 승격시킨 것은 다른 페미니스트들의 반발을 받았다. 심지어는 정신분석가들이나 정신분석적 심리치료가들조차도 문제를 제기하였다. 예를 들어, 버지니아 골드너(Virginia Goldenr, 2003)는 널리 읽히는 신문에 나오는 성별과 성에 대한 대부분의 프로이트의 생각은 이제 너무나도 구시대적인 것이라고 반박하였다. '한 무리의 유럽 라캉주의 그리고 소수 살아남은 광신자들'을 제외하고는, 프로이트의 여성에 대한 생각은 그 자신의 "양가적인 동성애 공포증, 여성혐오, 그리고 전통적인 가족주의'에서 나온 것으로 지금은 보여진다."(Goldner, 2003, pp. 113-114)라고 주장하였다. '남근 선망'은 더이상 코미디쇼에서 말고는 별다른 반향을 일으키지 않는다. 심지어 여자아이는 어머니와의 가까운 유대감 때문에 자율감 획득과 분리의 문제로 어려움을 겪지만, 남자아이는 어머니와의 친밀감 문제에 부딪힌다는 대상관계적 개념 또한 적절한 남성성과 여성성에 대한 전통적인 상에 의존하고 있다. 이러한 비평가들이 말하듯, 여기서 생략된 것은 이러한 지배적인 성차의 가정을 공고히 하는 사회적 기제에 대한 진정한 분석이다. 골드너가 제시했듯이, '현대 페미니스트들, 게이와 레즈비언 학자들, 성소수자 이론가들, 그리고 성별과 성에 대한 더 나은 생각들을 찾고자 하는 후세대 정신분석가들'의 작업들이 기존의 정신분석 이론에 대해 대안적 설명을 제공한다.

정신분석의 고루함에 대한 이러한 건강한 비평에도 불구하고, 현대의 성별에 대한 이론은 정신분석적 지식 없이는 상상하기가 어렵다. 주디스 버틀러Judith Butler와 린 시걸Lynne Segal과 같은 성차와 성에 대해 진지한 작가들은 무의식적 삶에 대한 개념을 통상적으로 채택한다. 실제로 버틀러의 경우, 그녀의 생각에서 정신분석이 핵심을 차지하는 것은 상당히 주목할 만하다(Butler, 2005). 중요한 것은 그녀가 사용한 핵심 개념들은 성차를 설명한 프로이트나 후기 분석가들의 개념들이 아니었으며 프로이트의 「애도와 우울Mourning and Melacholia」(1917b)의 논문에서 기술된 동일시 개념과 같은 보다 일반적인 정신 기제에 대한 정신분석적 설명이었다는 것이다. 여기서의 발상들은 복잡하지만, 중요한 개념은 '이성애자' 남성의 성적 정체성은 동성애에 대한 무의식적인 부인에 의해 생겨난다는 것이다. 이러한 '상실된' 동성애적 정체성은 결코 제대로 인식되지 않으며, 따라서 결코 완전히 애도되고 포기되지 않는다. 미해결된 애도는 남성성을 끊임없이 괴롭히는 결과를 낳는다.

이것은 아마도 정신분석이 설전에 가담하게 되고 자기 입장을 고집해야만 했던 이유는 널리 알려진 성차에 대한 특정 이론을 채택한 것 때문이 아니라, 개념적 어휘의 복잡성과 다양성 때문인 것으로 보일 수 있다. 이는 사회학 영역에 관여하는 것에서 일반적으로 적용되는 문제일 수 있다. 사회가 어떻게 작동하는지에 관한 정신분석적이고 웅장한 설명은 사회가 심리적 개체가 아니기 때문에 그다지 도움이 되지 않았다. 그러나 무의식적인 재료가 어떻게 사회적 영역에 의해 영향을 받고 그 안에서 표현되는지를 자세히 살펴보면, 사회적 영역은 우리 개개인이 우리가 살고 있는 문화적 · 사회적 환경 안에서 그리고 그 환경에 의해서 어떻게 구성되는지를 이해하는 데 필수적이다. 이는 또한 왜 사회가 열정적인 감정들과 무의식적인 욕망들로 가득 차게 되었는지에 관한 설명을 제공해 준다.

요약

- 프로이트는 정신분석이 사회에서 개인의 '심리적 고통'을 이해하게 도와주는 방식에 대해 관심을 가졌으며 정신분석을 사회적 · 정치적 이론에 능동적으로 사용하는 전통을 만들었다.
- 프로이트는 두 가지 기본적인 전제를 가졌는데, 특히 후반부의 작업에서 그러하였다.
  - 반대로 작용하는 추동들이 있는데, 무의식적인 생각과 소망들에 의해 심리적으로 표상되는 것들과 사람들을 서로로부터 보호하기 위해서 이들 추동들을 통제해야 하는 사회에 의해 표상된 것들이다.
  - 사회적 규제가 '내재화'되는 중요한 정신 기제가 존재하는데, 이렇게 내재화된 규제는 개인의 내부에서 나오는 것으로 느껴진다. 초자아에 의해 권위자가 내재화된 양심이 그러한 예이다.
- 이러한 전제들은 사회적으로 보수적이면서도 동시에 진보적인 가능성을 가지고 있으며 이후 이론에서 양방향으로 사용되었다.
- 정신분석적 개념을 사회적 이론에 적용하는 데 있어서 최근에 많은 발전들이 있어 왔는데, 그중에서도 안전감과 신뢰감에 대한 대상관계적 관점, 파괴성에 대한 클라인의 개념, 그리고 욕망과 결여에 관한 라캉주의 개념이 대표적이다.
- 심리학적 환원주의에 대한 염려에도 불구하고, 겉으로 보기에 '내적인' 그리고 '외적인' 상태들이 서로 어떻게 연결이 되는지에 관해 이론적으로 설명해 주는 정신분석의 다양한 능력은 사회적 맥락의 광범위한 영역에 적용 가능함을 보여 주었다.

결론

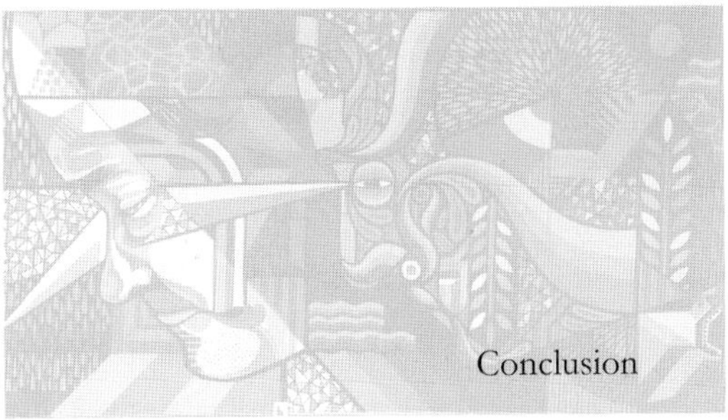

이 책에서 정신분석 이론에서 발견되는 많은 주요 개념을 소개하였다. 우리가 왜 이러한 이론을 여전히 중요하게 생각하는지, 그리고 공부할 가치가 있는지와 관련된 질문으로 시작하였고, 이것은 이 짧은 맺음말에서 다시 언급하고 싶은 주제이기도 하다. 정신분석은 수년간 상당한 비판의 주제가 되었고 지나친 부분도 많이 있었지만 몇몇 비판은 충분한 근거를 가지고 있다. 그러나 여기서 나의 목적은 정신분석의 강점과 제한점에 대한 균형 있는 고려 같은 것이 아니다. 이 책을 통해 나의 이러한 균형 잡힌 몇몇 관점들이 드러났기를 바라긴 하지만 말이다. 이보다 내가 바라는 것은 정신분석적 이론이 제1장에서 언급한 이유 때문에 다양한 공격을 받을 때조차도 정신분석 이론에 관심을 가질 가치가 있는 이유에 대해 보다 주관적인 일련의 요약된 주장을 제공하는 것이다.

정신분석은 성찰적인 자기 이해에 대한 언어를 제공한다

프로이트는 무의식의 가장 깊은 욕구는 '휴식'을 취하는 것이라고 믿었지만, 사람들을 동기화시키는 것은 자기 자신과 자신을 둘러싼 세상을 능동적으로 이해하고 싶은 소망이라는 압도적인 증거가 있다. 몇십 년에 걸친 인지심리학적 연구와 정신분석 연구는 어린 영아들이 사회적 세상을 지향하며 다른 사람들과 관계를 맺는 것을 '생득적으로 가지고 태어났다'는 것을 보여 준다(Stern, 1985).

이러한 경향성은 전 인생을 통해 우리 안에 유지되며 관계가 치료적 변화의 근거가 되는 세팅인 상담과 심리치료에 대한 흥미를 유발시킨다. 이는 또한 예술, 문학과 철학을 진지하게 고찰하도록 자극하게 만들고 과학적 지식을 발전시키도록 한다. 우리는 세상을 통제하는 것에만 관심이 있는 것이 아니라 보다 근본적으로는 세상을 이해하고 싶어 하고 세상 안에서 우리의 위치에도 관심을 가진다. 정신분석은 우리 내부로 향해 있는 스스로를 이해하고 싶은 이러한 욕망에 근거하다. 우리는 왜 이렇게 행동하는가? 꿈이나 심리적 증상을 우리는 어떻게 이해할 수 있는가? 왜 사람들은 스스로에게 해가 되는 것들에 중독이 되는가? 어떻게 우리는 우리가 가지는 제한을 받아들이고 죄책감 없이 우리의 성공을 즐길 수 있게 될까? 어떻게 상실을 다룰 수 있을까? 이러한 질문들과 이와 비슷한 다른 질문들에 접근하는 방식을 발견하는 것은, 첫째, 그것들이 중요하다는 것을 인정하는 것을 의미한다. 둘째, 이 질문들을 명확하게 기술하는 일종의 어휘를 가지는 것이다. 셋째, 최소한의 예비적인 답을 제공하는 개념적 체계를 가지고 있어야 한다. 정신분석은 이것에 대한 유일한 방법은 아니지만, 일반적인 이론적 틀과 구체적이고 설명적 개념 모두를 제공할 수 있는 강력하고 잘 발달된 체계이다. 일반적인 틀은 정신 세계에 무의식적 차원이 존재함을 강조한다. 구체적인 개념들은 이 책에 기술한 다양한 개념들을 포함하는데, 억압에서부터 전이와 역전이를 통한 다른 종류의 방어기제가 그러하다. 무엇보다도, 정신분석은 우리 행동의 이유에 대해 생각해 보도록 만들며 이러한 종류의 생각하기에 참여하는 것은 인간이 무엇을 의미하는지에 대한 핵심적 측면이라고 주장한다.

정신분석은 현대 인간의 '주체성'을 창출하도록 돕는다

제1장에서 나는 정신분석적 주장의 타당성을 평가하는 데 있어서 중요하게 여겨지는 복잡한 특징 중 하나는 사람들은 그 당시 존재하는 문화적 생각들을 사용하여 자기 자신을 이해하려 한다(현대사회 이론에서 '담화'라고 종종 불리운다)는 점이라고 주장하였다. 이러한 종류의 반추적 반응이 또한 의미하는 것은

강력한 사회이론은 그들이 연구하는 현상을 창출하기도 한다는 것이다. 정신분석은 확실히 이러한 식으로 작동하는 것처럼 보이며 현대의 자기 이해의 주요한 근원 중 하나이고 따라서 현대적 '주체성'의 근원 중 하나이다. 물론 다른 것들도 존재한다. 종교는 여전히 많은 사람이 의식적으로 자신이 누구인지를 형성하는 데 중요하다. 생물학과 심리학의 물리적 근간을 강조하는 과학적 틀 또한 강력한 영향을 가진다. 이들 및 다른 담화들과 함께 정신분석은 우리는 무의식적 삶을 가지며 이것과 관련된 문제들을 가지고 있다는 개념을 창출한다. 예를 들어, 전 인생을 걸친 심리적 경향성을 만들어 내는 데 있어 초기 관계의 중요성은 정신분석에서만 주장하는 개념은 아니지만, 이러한 문화적 영향에 있는 사람들에게 훨씬 더 강한 인상을 남긴다. 그 결과로 우리는 아이들이 발달하는 조건들에 더 관심을 가지게 되며 우리 자신의 행동과 타인에 대한 판단뿐 아니라 사회적 교육적 정책에도 더욱 신경을 쓰게 된다.

정신분석은 사회 이론에 팽배한 '개인'과 '사회'의 대립을 허무는 것을 도와준다

개인과 사회의 구분은 오랜 시간 동안 발전되어 온 것이며 19세기 말쯤 사회학과 심리학에서의 구분을 위한 노력 끝에 학문적으로 제도화되었다. 가족과 집단에 대한 논의에서도 명백하게 드러나듯이 이것은 여전히 불안한 구분이다. 함께 무리 지어 사는 개인들을 이야기하는 것인가 아니면 자체적인 구조적 특징을 가진 사회적 형태를 이야기하고 있는 것인가? 두 조망 모두 그것들이 이들 실체에 대한 '심리사회적' 형태의 실제 요소들을 포함하고 있다는 점에서 아마도 둘 다 '진실'일 수 있다. 예를 들어, 집단은 각각 자신의 희망과 필요를 가진 개인들로 구성되어 있지만, 그들은 또한 규모, 구조(예, 평등적 또는 계층적), 그리고 지도자 스타일(독재적 또는 민주적)과 같은 조직의 특징의 결과로서 상당히 예측 가능한 방식으로 기능한다. 그러나 우리는 사회와 개인이 언제나 함께 간다는 주장을 한 단계 더 발전시킬 수 있다. 사람들은 그들이 만나는 사회적 관계에 의해 '포함'되며 개인들은 사회적 관습과 욕망의 구조(광고의 효과와 '유명인 문화'만 예로 한번 생각해 보라)에 의해 깊게 영향을 받게 된다. 반대로, 사회적 장은 개인의 환상과 욕망으로 가득 차 있으며 이는 사회 집단 간의 폭력이 역사적 현실에 의해 거의 정당화되지 않는 상상된 모욕이나 두려움으로 촉발되고 지속될 수 있는 방식에서 분명하게 드러난다(예, Rose, 1996).

여기서의 문제는 깊이 내재화된 사회와 개인 간의 경계를 넘어서서 작동할 개념을 발달시키는 것은 매우 어렵다는 점이다. 정신분석은 이러한 개념들에 대한 중요한 원천을 제공한다. 예를 들어, 투사와 내사는 클라인 이론의 핵심 개념이지만 클라인 이론에서만 유일한 개념들은 아닌데, '내부'에 존재하는 것처럼 보이는 것이 어떻게 동시에 '외부에' 존재하게 되는지에 관한 질문을 직접적으로 다룬다. 이것 때문에 이들 개념은 외부 세계가 감정에 압도되는 상황(Frosh, 2011)과 집단(예, Turquet, 1994)을 생각할 때 특히 유용하다. 라캉의 개념인 '상징계'(제16장 참고)가 또 다른 예이며, 이는 우리 서로가 어떻게 특정 사회적 질서에 진입함으로써 '인간화'되는지에 대해 생각해 보도록 길을 제시한다.

정신분석은 어떻게 환상과 정서가 인간 심리학에 있어서 필수적인 것이 되며, 그것이 어떻게 사회적 · 정치적 무대에서도 나타나는지를 보여 준다

이는 앞에서 이미 다루었지만, 여기서 다시 강조할 가치가 있다. 학문적인 심리학은 수년간 정서보다는 인지에 중점을 두었다. 사회학은 사회적 삶에서 감정적이거나 정서적인 요소들을 검토하지 않았다. 비록 최근에 정신분석에 영향을 받은 약간의 시도가 있기는 하였지만 말이다(예, Roseneil, 2006). 정치적 · 법적 · 경제적 이론은 초기에 정신분석을 사용하였던 주요 작가들의 초기 개입(예, Kelsen, 1924; Keynes, 1930)을 제외하고는 매우 이성주의적이다. 그러나 사회적, 정치적, 그리고 경제적 현실에서 정서적 차원은 매우 강력하며 이는 20세기 초의 경제 위기에 대한 반응에서도 명백하게 나타난다. 슬라보예 지젝의 폭력에 대한 저서와 주디스 버틀러의 취약성에 대한 저서는 앞에서 언급하였는데(제20장), 그들의 윤리적 폭력에 대한 '논쟁'은 사회 이론에서 상당히 중요하다(Frosh, 2010). 조엘 코벨(Kovel, 1995)과 더불어 마이클 러스틴(Rustin, 1991)의 인종주의에 대한 저서도 이러한 예들 중 하나이다. 지젝(Žižek, 1994, p. 78)은 유고슬라비아 보스니아 전쟁 후에 폭발한 폭력에 대해서 기술하면서 "전쟁은 언제나 환상 속의 전쟁이기도 하다."라고 강력하게 피력하였다. 이와 유사하게 재클린 로즈(Jacqueline Rose, 2007)는 '저항'에 대한 정신분석적 개념은 정치적 변화에 대한 저항을 이해하는 데 있어서도 사용될 수 있다는 것을 자세히 보여 주었다. 이들은 정치적 사회적 사고에 추가된 것이 아니라 사회적 현상을 완전하게 설명하기 위해서는 정신분석적 범주가 사회정치적 이론의 핵심으로 자리 잡아야 한다고 주장한다.

정신분석은 인종차별, 성차별, 그리고 동성애 혐오증의 다양한 형태를 탐색하기 위한 강력한 개념을 제공한다

앞에 제기한 주장에 덧붙여서, 정신분석은 사회적 증오의 발현을 탐색하기 위한 개념적 무기를 추가적으로 제공해 줄 수 있다. 정신분석 자체가 특히 동성애에 대한 시대에 역행하는 자세를 취하거나(Mitchell, 2002; Frosh, 2006) 가끔씩 나타나는 반유대주의적 수사법에 있어서(Frosh, 2005) 이러한 증오심의 영향으로부터 자유롭지 못함에도 불구하고 그러하다. 심지어 이러한 경우들에서조차 정신분석은 어떻게 이들 요소들이 기능한지를 탐색하기 위해 스스로에게 반기를 들기도 한다. 예를 들어, 동성애 혐오증은 그러한 혐오증을 가진 개인 안에 존재하는 의식화되기 어려운 동성애 경향과 그것과 관련된 성적인 와해, 정체성의 와해와 관련된 불안으로 인한 반응으로 해석한다. 잘 알려진 심리적 성에 대한 연구자인 로버트 스톨러(Robert Stoller, 1985)는 이러한 점을 오래 전에 관찰하였으며 "동성애를 이해하는 데 몇몇 분석가들이 가지는 문제점들이 정신역동적 기원을 가진다고 제안하는 것이 과연 부적절한 것인가?"(p. 182)라고 언급하였다. 여기에는 아마도 유대인 유산과 관련한 정신분석의 불확실한 태도 또한 해당될 수 있다.

그러나 보다 일반적인 관점에서 내가 여기서 논의하고자 하는 것은 정신분석은 어떻게 사회적 현상이 '비이성적인' 정신 상태로 보이는 것에 의해 포화될 수 있게 되는지에 대한 개념을 제공한다는 것이다. 앞에서 예들을 제시하였는데 그중에서도 성차별, 인종차별, 그리고 동성애 혐오증을 강조하였다. 여성에 대한 증오심, '상이한' 인종으로 차별화된 타인에 대한 업신여김, 동성애자들을 향한 혐오감과 같은 이러한 모든 마음 상태들은 정신분석적으로 무의식적인 콤플렉스, 욕망, 그리고 불안에서 비롯되었다고 이론화할 수 있으며 사회 현상에 대한 정치적 특징들과 강력하게 그리고 파괴적으로 맞물릴 수 있다.

정신분석은 '빠른 해결'적인 기법적 접근법을 가진 치료가 점차로 유행하는 것에 도전하는 가치들을 가지고 있다

사회적 적용에서 벗어나 정신분석이 심리치료적 상황을 대표하는 것이 중요해진 이유가 있다. 제1장에서 언급했듯이, 선강 분야에서 현재 강조하는 것은 단기의 초점화된 심리치료적 접근법이며 그중에서도 주로 인지행동적 요소를 가진 치료법이 강조되고 있다. 그 자체로는 무시할 수 없는 흐름일 수 있다. 결국, 건강 서비스는 어떠한 치료개입 양식이 가장 많은 사람들에게 가장 빠르게 다가갈 수 있는가에 대한 합리적인 결정을 내려야만 한다. 단기 작업은 상대적으로 심각하지 않은 어려움을 극복할 수 있게 해 주고 적어도 잠시 동안이라도 인생의 실마리를 다시 찾게 해 주기에 충분한 심리적 원기를 찾게 해 줄 수 있을 것이다. 정신분석적 심리치료는 이러한 단기 개입에 중요한 기본이 되며 사실상 단기 정신역동 치료의 길고 뚜렷한 역사가 존재한다(Coren, 2009). 그럼에도 불구하고, 정신분석적 작업에서 보통 선호되는 양식은 장기적 치료이며 가능하다면 보다 집중적인 치료적 개입이다(즉, 주당 몇 회기). 이는 단기 개입과는 다른 가치체계에 근간을 둔다. 이는 도움을 찾는 사람들을 향해 그리고 아마도 사람들 전반에 대해 취해야 할 여러 가지 태도를 제시한다. 이는 개인의 심리 세계를 이해하고 변화를 촉진하는 것은 복잡한 과정이며 쉽게 이루어질 수 있는 것이 아니고 단순한 개입으로 빠르게 성취될 수 있는 것도 아니라는 것이다. 또한 개인은 우리가 충분히 '투자'할 가치가 있다는 관점을 가지게 한다. 결국, 우리가 아이들을 양육하는 것에 들이는 것, 즉 얼마나 많은 시간, 돈, 계획,

정서적 에너지를 쏟아 붓는가를 고려한다면 심각한 어려움을 가진 도움이 필요한 누군가에게 왜 충분한 관심을 쏟아야 하는지를 설득해 준다. 이는 단순한 경제적 논리가 아니라 윤리적인 논쟁이다. 정신분석은 개인의 정신적 상태를 진지하게 생각하고 그들 자신을 가장 좋은 상태로 만들기 위해 필요한 것을 사회가 제공해야 한다는 윤리적 사회의 주요 원칙을 시사해 준다.

정신분석은 현실에 대한 고통스러운 질문을 던지며 우리는 답을 하기를 회피해서는 안 된다고 주장한다

마지막으로, 정신분석이 우리에게 제시하는 매우 분명하지만 매우 어려운 것이 있다. 이는 열정적 감정을 가지고 힘든 방식으로 존재하는 극단적인 마음 상태를 다루는 것이다. 이러한 마음 상태는 '문제가 있는' 사람들에게만 존재하는 것이 아니라 우리 모두에게 어느 정도 존재한다. 우리는 이러한 상태를 회피하고 그것이 존재하지 않거나 중요하지 않는 척 가장하고 싶은 강한 욕구를 가진다. 그러나 그들은 실재한다. 우리는 명확한 심리적 고통에서뿐만 아니라, 우리를 둘러싼 극단적인 증오심과 파괴성에서도 이러한 것을 확인해 볼 수 있다. 우리는 이것을 숨기기를 선택할 수 있고 많은 시간 우리는 그렇게 한다. 억압과 분열에 대한 정신분석적 개념은 우리가 어떻게 그렇게 하는지를 분명하게 알려 주고 어느 정도 우리의 행동을 정당화한다. 그러나 거기에는 대가가 따르는데, 정신분석은 이것을 '억압된 것의 회귀'라고 부른다. 적절하게 다루어지지 않은 것들은 우리에게 다시 돌아와 우리를 괴롭히며 결국에는 우리의 인생을 점점 더 참기 어려운 것으로 만든다. 정신분석은 이러한 망령의 회귀의 중심부를 들여다 보는 것을 겁내지 않으며, 이는 정신분석을 매력적으로 만들기도 하고 또한 문제를 일으키게 만들기도 한다. 이것은 또 다른 윤리적 경향성의 요소이다. 억압된 무의식적 생각들은 우리 모두의 안에 있는 '진실'의 일부분이라고 주장한다. 정신분석적 관점에서는 그 진실이 얼마나 불안정하건 얼마나 찾아내기 어렵건 간에 이러한 진실보다 더 중요한 것은 없다. 괴물의 얼굴을 쳐다보는 것이 이러한 과정을 말해 주기도 하는데, 때로는 끔찍한 경험이 될 수 있지만 우리가 우리의 인생을 윤리적으로 그리고 온전하게 살아가는 데 필수적인 것이다.

추천 문헌 목록

이 책에 소개한 몇몇 자료들을 더 읽고 싶은 독자들을 위해 짧은 도서 목록을 제시하였다. 물론 이것은 결코 종합적인 것이 아니며 내가 참고로 한 자료들의 전체 목록은 참고문헌에 실었다. 정신분석에 대한 광대한 문헌이 있다. 이들 대부분이 현재 'Psychoanalytic Electronic Publishing' 체계를 통해 얻을 수 있는데(http:/www.pep-web.org), 여기에는 1913년 이후에 쓰인 많은 고전적 정신분석 문헌을 포함한 주요한 정신분석 저널들과 프로이트의 독일어 원본과 영어 번역본 전집을 포함하고 있다. PEP는 사실상 단체 구독을 통해서만 가능하지만 이것이 가능한 사람에게는 매우 귀중한 자료가 될 것이다. 나의 이전 저서로는 사회적 관점에서 정신분석 이론을 소개한 『정신분석의 정치학The Politics of Psychoanalysis』(Palgrave Macmillan, 1999), 정신분석의 위치를 평가한 『정신분석의 찬성과 반대For and Against Psychoanalysis』(Routledge, 2006), 정신분석과 반유대주의를 살펴본 『증오와 유대인 과학Hate and the Jewish Science』(Palgrave Macmillan, 2005), 그리고 문학, 사회심리학, 정치학, 심리사회 연구에 정신분석적 적용을 다룬 『치료실 밖에서의 정신분석Psychoanalysis Outside the Clinic』(Palgrave Macmillan, 2010)이 있다.

정신분석의 역사

Borch-Jacobsen, M. and Shamdasani, S. (2012). *The Freud Files: An Inquiry into the History of Psychoanalysis*. Cambridge: Cambridge University Press.

정신분석 역사에서 신화 만들기 경향에 대한 비판적 검토

Gay, P. (1988). *Freud: A Life for Our Time*. London: Dent.
프로이트의 생애

Makari, G. (2010). *Revolution in Mind*. London: Duckworth.
1939년까지의 정신분석의 기원에 대한 설명으로, 당시의 과학문화와의 연관성을 강조함

Roudinesco, E. (1990). *Jacques Lacan and Co.: A History of Psychoanalysis in France, 1925-1985*. London: Free Association Books.
프랑스에서의 정신분석에 대한 내밀한 정보가 가득한 이야기

Zaretsky, E. (2004). *Secrets of the Soul*. New York: Knopf.
주로 미국의 시작에서 본 사회학적 역사

사전과 백과사전

Evans, D. (1996). *An Introductory Dictionary of Lacanian Psychoanalysis*. London: Routledge.
라캉 용어에 대한 훌륭한 소재

Laplanche, J. and Pontalis, J.-B. (1973). *The Language of Psychoanalysis*. London: Hogarth Press.
가장 중요한 정신분석 사전으로, 프로이트를 중심으로 라캉주의 사상에 영향을 받음

Sandler, J., Dare, C. and Holder, A. (1973). *The Patient and the Analyst*. London: Maresfield Reprints.
주요 프로이트 사상을 다룬 고전적인 설명

Skelton, R. (2006). *The Edinburgh International Encyclopaedia of Psychoanalysis*. Edinburgh: Edinburgh University Press.
최신의, 다소 특이한 사전으로, 문화적 응용에 대한 공간도 제공하고 있음

Spillius, E., Milton, J., Garvey, P. and Couve, C. (2011). *The New Dictionary of Kleinian Thought*. London: Routledge.
주요 클라인 개념에 대한 확장된 설명을 포함한 중요한 사전의 최신 버전

프로이트의 저서들

Freud, S. (1917). Introductory Lectures on Psycho-Analysis. *The Standard Edition of the Complete Psychological Works of Sigmund Freud, Volume XVI (1916-1917): Introductory Lectures on Psycho-Analysis*, 241-463.

Freud, S. (1933). New Introductory Lectures On Psycho-Analysis. *The Standard Edition of the Complete Psychological Works of Sigmund Freud, Volume XXII (1932-1936): New Introductory Lectures on Psycho-Analysis and Other Works*, 1-182.
이 두 권의 책은 프로이트의 아이디어를 이해하기 쉽게 정리해 놓았음

Freud, S. (1905). Fragment of an Analysis of a Case of Hysteria. *The Standard Edition of the Complete Psychological Works of Sigmund Freud, Volume VII (1901-1905): A Case of Hysteria, Three Essays on Sexuality and Other Works*, 1-122.

Freud, S. (1909a). Analysis of a Phobia in a Five-Year-Old Boy. *The Standard Edition of the Complete Psychological Works of Sigmund Freud, Volume X (1909): Two Case Histories ('Little Hans' and the 'Rat Man')*, 1-150.

Freud, S. (1909b). Notes Upon a Case of Obsessional Neurosis. *The Standard Edition of the Complete Psychological Works of Sigmund Freud, Volume X (1909): Two Case Histories ('Little Hans' and the 'Rat Man')*, 151-318.

Freud, S. (1918.) From the History of an Infantile Neurosis. The Standard Edition of the Complete Psychological Works of Sigmund Freud, Volume XVII (1917-1919): An Infantile Neurosis and Other Works, 1-124.
이 참고문헌들은 프로이트의 네 가지 고전적인 사례 연구를 다룸: '도라' '작은 한스' '쥐 인간' 그리고 '늑대 인간'

현대 프로이트, 애착 이론, 그리고 신경정신분석적 접근법

Fonagy, P. and Target, M. (2003). *Psychoanalytic Theories: Perspectives from Developmental Psychopathology*. London: Whurr.
이 분야에서의 발전을 포괄적으로 다룬 중요한 문헌

클라인과 대상관계 정신분석

Greenberg, J. R. and Mitchell, S. A. (1983). Object Relations in Psychoanalytic Theory. Cambridge, MA: Harvard University Press.
대상관계 및 클라인 이론에 대한 고전적인 설명

Klein, M. (1957). Envy and Gratitude. In M. Klein, *Envy and Gratitude and Other Works*. New York: Delta, 1975.
클라인의 가장 긴 에세이 중 하나로, 시기심과 죽음 충동에 대한 개념을 발전시킴

Phillips, A. (1988). *Winnicott*. London: Fontana.
위니콧의 작업을 매우 명쾌하게 설명함

Segal, H. (1973). *Introduction to the Work of Melanie Klein*. London: Hogarth Press.
클라인 이론에 대한 매우 영향력 있는 설명

라캉 정신분석

Fink, B. (1999). *A Clinical Introduction to Lacanian Psychoanalysis*. New York: Harvard University Press.
다소 어려운 내용이지만, 라캉 이론의 임상 실습을 매우 통찰력 있게 설명한 책

Grosz, E. (1990). *Jacques Lacan: A Feminist Introduction*. London: Routledge.
이론에 대한 중요한 개입들을 제공하며, 라캉의 아이디어를 매우 잘 설명하는 작업을 함

Parker, I. (2011). *Lacanian Psychoanalysis: Revolutions in Subjectivity*. London: Routledge.
라캉 작업의 사회적 · 임상적 맥락에 대한 사유를 발전시키는 고도로 이론화된 설명을 제공

Žižek, S. (1991). *Looking Awry*. Cambridge, MA: MIT Press.

Žižek, S. (2006). *How to Read Lacan*. London: Granta.
이 두 책은 모두 매우 쉽게 읽히면서도 도전적인 입문서로, 대중문화에서 많은 예시를 사용함

정신분석적 심리치료

Bateman, A., Brown, D. and Pedder, J. (2010). *Introduction to Psychotherapy*. London: Routledge.
이 책은 정신분석적 심리치료와 관련 접근법에 대한 폭넓은 개요를 제공하며 임상 사례를 포함하고 있음

Coren, A. (2009). *Short-Term Psychotherapy: A Psychodynamic Approach*. Basingstoke: Palgrave Macmillan.
단기 정신분석 심리치료에 대한 설득력 있는 설명을 제공하며, 많은 임상 사례를 포함하고 있음

Gunn, D. (2002). *Wool-Gathering or How I Ended Analysis*. London: Routledge.
라캉 분석에 대한 자주 유머러스한 표현이 있는 개인적인 이야기

Ogden, T. H. (2004). The Analytic Third: Implications for Psychoanalytic Theory and Technique. *Psychoanalytic Quarterly, 73*, 167-95.
매우 영향력 있는 임상 논문으로 이해하기 쉽게 잘 쓰여 있음

Spurling, L. (2009). *An Introduction to Psychodynamic Counselling*. Basingstoke: Palgrave Macmillan.
정신분석적 작업 방식의 이론과 실천에 대한 훌륭하고 명확한 소개를 제공함

문학, 사회학, 정치학에 적용

Butler, J. (2009). *Frames of War*. London: Verso.
세계적 사회이론가 중 한 사람이 쓴 에세이 모음으로, 부분적으로 정신분석적 주제를 다루고 있음

Mitchell, J. (1974). *Psychoanalysis and Feminism*. Harmondsworth: Penguin.
비록 지금은 구식이지만, 현대 정신분석학에 대한 가장 영향력 있는 페미니스트 개입 중 하나임

Mulvey, L. (1989). *Visual and Other Pleasures*. London: Macmillan--now Palgrave Macmillan.

정신분석학과 영화에 대한 고전적인 설명을 제공

Rose, J. (2007). *The Last Resistance*. London: Verso.
재클린 로즈의 많은 작업과 마찬가지로, 정신분석학을 탐구하고 이를 정치적 · 문화적 비평에 활용함

Rustin, M. (1991). *The Good Society and the Inner World*. London: Verso.
클라인 학파의 관점에서 쓰였으며, 현존하는 정신분석학적 설명 중에서 가장 우수한 인종차별에 대한 설명을 포함하고 있음

Stonebridge, L. (1998). *The Destructive Element: British Psychoanalysis and Modernism*. London: Macmillan-now Palgrave Macmillan.
정신분석학과 현대주의를 매력적으로 탐구하며, 특히 영국을 중심으로 다룸

Žižek, S. (2008). *Violence*. London: Profile Books.
비교적 읽기 쉬우면서도 라캉 아이디어를 바탕으로 폭력에 대해 매우 자극적인 설명을 제공

참고문헌

Ainsworth, M., & Wittig, B. (1969). Attachment and Exploratory Behavior of One-Year-Olds in a Strange Situation. In B. Foss (Ed.) *Determinants of Infant Behavior*. London: Methuen.

Althusser, L. (1969). Freud and Lacan. In L. Althusser (1971), *Essays on Ideology*. London: Verso.

Anzieu, D. (1986). *Freud's Self-Analysis*. London: The Hogarth Press.

Benjamin, J. (1998). *Shadow of the Other: Intersubjectivity and Gender in Psychoanalysis*. New York: Routledge.

Benjamin, J. (2004). Beyond doer and done to: An intersubjective view of thirdness. *Psychoanalytic Quarterly, 73*, 5-46.

Bion, W. (1962). *Learning from Experience*. London: Tavistock.

Bion, W. (1963). *Elements of Psychoanalysis*. London: Karnac.

Black, D. (Ed.) (2006). *Psychoanalysis and Religion in the Twenty-First Century*. London: Routledge.

Blass, R., & Carmelli, Z. (2007). The case against neuropsychoanalysis: On fallacies underlying psychoanalysis' latest scientific trend and its negative impact on psychoanalytic discourse. *International Journal of Psychoanalysis, 88*, 19-40.

Bollas, C. (1993). *Being a Character*. London: Routledge.

Bonaparte, M. (1933). *The Life and Works of Edgar Allan Poe*. New York: Humanities Press, 1971.

Borch-Jacobsen, M. & Shamdasani, S. (2012). *The Freud Files: An Inquiry into the History of Psychoanalysis*. Cambridge: Cambridge University Press.

Bowlby, J. (1969). *Attachment and Loss Volume 1: Attachment*. London: Hogarth Press.

Bowlby, J. (1973). *Attachment and Loss Volume 2: Separation, Anxiety and Anger*. London: Hogarth Press.

Bowlby, J. (1980). *Attachment and Loss Volume 3: Loss, Sadness and Depression*.

London: Hogarth Press.

Breuer, J., & Freud, S. (1895). Studies on Hysteria. *The Standard Edition of the Complete Psychological Works of Sigmund Freud, Volume II (1893-1895): Studies on Hysteria, i-vi.*

Brickman, C. (2003). *Aboriginal Populations in the Mind.* New York: Columbia University Press.

Butler, J. (1997). *The Psychic Life of Power.* Stanford: Stanford University Press.

Butler, J. (2005). *Giving an Account of Oneself.* New York: Fordham University Press.

Butler, J. (2009). *Frames of War.* London: Verso.

Clément, C. (1987) *The Weary Sons of Freud.* London: Verso.

Cohen, S. (2001). *States of Denial: Knowing about Atrocities and Suffering.* Oxford: Polity.

Copjec, J. (2000). The orthopsychic subject: Film theory and the reception of Lacan. In E. Kaplan (Ed.), *Feminism and Film.* Oxford: Oxford University Press.

Coren, A. (2009). *Short-Term Psychotherapy: A Psychodynamic Approach.* Basingstoke: Palgrave Macmillan.

Cornell, D. (2000). *Just Cause: Freedom, Identity, and Rights.* New York: Rowman and Littlefield.

Coward, R., & Ellis, J. (1977). *Language and Materialism.* London: Routledge and Kegan Paul.

Damon, W., Eisenberg, N., & Lerner, R. (2006). *Social, Emotional, and Personality Development.* New York: Wiley.

Derrida, J. (1975). The Purveyor of Truth. *Yale French Studies, 52* (Graphesis: Perspectives in Literature and Philosophy), 31-113.

Ehrenzweig, A. (1967). *The Hidden Order of Art.* London: Weidenfeld and Nicolson.

Ellmann, M. (1994). Introduction. In M. Ellmann (Ed.), *Psychoanalytic Literary Criticism.* Harlow: Longman.

Erikson, E. (1956). The problem of ego identity. *Journal of the American Psychoanalytic Association, 4*, 56-121.

Evans, D. (1996). *An Introductory Dictionary of Lacanian Psychoanalysis.* London: Routledge.

Eysenck, H. J. (1985). *Decline and Fall of the Freudian Empire.* Harmondsworth:

Viking.

Fairbairn, W. R. D. (1944). Endopsychic structure considered in terms of object-relationships. In W. R. D. Fairbairn, *Psychoanalytic Studies of the Personality*. London: Routledge and Kegan Paul.

Fanon, F. (1952). *Black Skin, White Masks*. London: Pluto Press.

Felman, S. (1982). To open the question. In S. Felman (Ed.) *Literature and Psychoanalysis: The Question of Reading: Otherwise*. Baltimore: Johns Hopkins University Press.

Fink, B. (1999). *A Clinical Introduction to Lacanian Psychoanalysis*. New York: Harvard University Press.

Fonagy, P. (2008). The mentalization-focused approach to social development. In F. Busch (Ed.), *Mentalization*. London: The Analytic Press.

Fonagy, P., & Target, M. (2003). *Psychoanalytic Theories: Perspectives from Developmental Psychopathology*. London: Whurr.

Fonagy, P., & Target, M. (2007). The rooting of the mind in the body: New links between attachment theory and psychoanalytic thought. *Journal of the American Psychoanalytic Association, 55*, 411-56.

Freud, A. (1936). *The Ego and the Mechanisms of Defence*. London: Hogarth Press, 1948.

Freud, A. (1966). *Normality and Pathology in Childhood*. Harmondsworth: Penguin.

Freud, S. (1895). Letter from Freud to Fliess, January 1, 1896. *The Complete Letters of Sigmund Freud to Wilhelm Fliess, 1887-1904*,158-62.

Freud, S. (1900a). The Interpretation of Dreams. *The Standard Edition of the Complete Psychological Works of Sigmund Freud, Volume IV (1900): The Interpretation of Dreams (First Part)*, ix-627.

Freud, S. (1900b). Letter from Freud to Fliess, June 12, 1900. *The Complete Letters of Sigmund Freud to Wilhelm Fliess, 1887-1904*, 417-18.

Freud, S. (1905). Fragment of an Analysis of a Case of Hysteria. *The Standard Edition of the Complete Psychological Works of Sigmund Freud, Volume VII (1901-1905): A Case of Hysteria, Three Essays on Sexuality and Other Works*, 1-122.

Freud, S. (1907). Delusions and Dreams in Jensen's Gradiva. *The Standard Edition of the Complete Psychological Works of Sigmund Freud, Volume IX (1906-1908): Jensen's 'Gradiva' and Other Works*, 1-96.

Freud, S. (1909a). Analysis of a Phobia in a Five-Year-Old Boy. *The Standard Edition of the Complete Psychological Works of Sigmund Freud, Volume X (1909): Two Case Histories ('Little Hans' and the 'Rat Man')*, 1-150.

Freud, S. (1909b). Notes Upon a Case of Obsessional Neurosis. *The Standard Edition of the Complete Psychological Works of Sigmund Freud, Volume X (1909): Two Case Histories ('Little Hans' and the 'Rat Man')*, 151-318.

Freud, S. (1910a). Leonardo da Vinci and a Memory of his Childhood. *The Standard Edition of the Complete Psychological Works of Sigmund Freud, Volume XI (1910): Five Lectures on Psycho-Analysis, Leonardo da Vinci and Other Works*, 57-138.

Freud, S. (1910b). The Future Prospects of Psycho-Analytic Therapy. *The Standard Edition of the Complete Psychological Works of Sigmund Freud, Volume XI (1910): Five Lectures on Psycho-Analysis, Leonardo da Vinci and Other Works*, 139-52.

Freud, S. (1914). The Moses of Michelangelo. *The Standard Edition of the Complete Psychological Works of Sigmund Freud, Volume XIII (1913-1914): Totem and Taboo and Other Works*, 209-38.

Freud, S. (1915a). Instincts and their Vicissitudes. *The Standard Edition of the Complete Psychological Works of Sigmund Freud, Volume XIV (1914-1916): On the History of the Psycho-Analytic Movement, Papers on Metapsychology and Other Works*, 109-40.

Freud, S. (1915b). Repression. *The Standard Edition of the Complete Psychological Works of Sigmund Freud, Volume XIV (1914-1916): On the History of the Psycho-Analytic Movement, Papers on Metapsychology and Other Works*, 141-58.

Freud, S. (1915c). The Unconscious. *The Standard Edition of the Complete Psychological Works of Sigmund Freud, Volume XIV (1914-1916): On the History of the Psycho-Analytic Movement, Papers on Metapsychology and Other Works*, 159-215.

Freud, S. (1916). Some Character-Types Met with in Psycho-Analytic Work. *The Standard Edition of the Complete Psychological Works of Sigmund Freud, Volume XIV (1914-1916): On the History of the Psycho-Analytic Movement, Papers on Metapsychology and Other Works*, 309-33.

Freud, S. (1917a). Introductory Lectures on Psycho-Analysis. *The Standard Edition of the Complete Psychological Works of Sigmund Freud, Volume XVI (1916-1917): Introductory Lectures on Psycho-Analysis,* 241-463.

Freud, S. (1917b). Mourning and Melancholia. *The Standard Edition of the Complete Psychological Works of Sigmund Freud, Volume XIV (1914-1916): On the History of the Psycho-Analytic Movement, Papers on Metapsychology and Other Works*, 237-58.

Freud, S. (1920). Beyond the Pleasure Principle. *The Standard Edition of the Complete Psychological Works of Sigmund Freud, Volume XVIII (1920-1922): Beyond the Pleasure Principle, Group Psychology and Other Works*, 1-64.

Freud, S. (1921). Psycho-Analysis and Telepathy. *The Standard Edition of the Complete Psychological Works of Sigmund Freud, Volume XVIII (1920-1922): Beyond the Pleasure Principle, Group Psychology and Other Works*, 173-94.

Freud, S. (1923). The Ego and the Id. *The Standard Edition of the Complete Psychological Works of Sigmund Freud, Volume XIX (1923-1925): The Ego and the Id and Other Works*, 1-66.

Freud, S. (1924). Neurosis and Psychosis. *The Standard Edition of the Complete Psychological Works of Sigmund Freud, Volume XIX (1923-1925): The Ego and the Id and Other Works*, 147-54.

Freud, S. (1925). Negation. *The Standard Edition of the Complete Psychological Works of Sigmund Freud, Volume XIX (1923-1925): The Ego and the Id and Other Works*, 233-40.

Freud, S. (1926). Inhibitions, Symptoms and Anxiety. *The Standard Edition of the Complete Psychological Works of Sigmund Freud, Volume XX (1925-1926): An Autobiographical Study, Inhibitions, Symptoms and Anxiety, The uestion of Lay Analysis and Other Works*, 75-176.

Freud, S. (1927). The Future of an Illusion. *The Standard Edition of the Complete Psychological Works of Sigmund Freud, Volume XXI (1927-1931): The Future of an Illusion, Civilization and its Discontents, and Other Works*, 1-56.

Freud, S. (1930). Civilization and its Discontents. *The Standard Edition of the Complete Psychological Works of Sigmund Freud, Volume XXI (1927-1931): The Future of an Illusion, Civilization and its Discontents, and Other Works*, 57-146.

Freud, S. (1933). New Introductory Lectures On Psycho-Analysis. *The Standard Edition of the Complete Psychological Works of Sigmund Freud, Volume XXII*

(1932-1936): New Introductory Lectures on Psycho-Analysis and Other Works, 1-182.

Freud, S. (1937). Analysis Terminable and Interminable. *The Standard Edition of the Complete Psychological Works of Sigmund Freud, Volume XXIII (1937-1939): Moses and Monotheism, An Outline of Psycho-Analysis and Other Works*, 209-54.

Freud, S., & Einstein, A. (1933). Why War? *The Standard Edition of the Complete Psychological Works of Sigmund Freud, Volume XXII (1932-1936): New Introductory Lectures on Psycho-Analysis and Other Works*, 195-216.

Frosh, S. (2005). *Hate and the Jewish Science: Nazism, Anti-Semitism and Psychoanalysis*. Basingstoke: Palgrave Macmillan.

Frosh, S. (2006). *For and Against Psychoanalysis*. London: Routledge.

Frosh, S. (2010). *Psychoanalysis Outside the Clinic*. Basingstoke: Palgrave Macmillan.

Frosh, S. (2011). *Feelings*. London: Routledge.

Gabbard, G. (2001). Introduction. In G. Gabbard (Ed.), *Psychoanalysis and Film*. London: Karnac.

Gay, P. (1988). *Freud: A Life for Our Time*. London: Dent.

Gellner, E. (1985). *The Psychoanalytic Movement*. London: Paladin.

Giddens, A. (1991). *Modernity and Self-Identity*. Cambridge: Polity.

Goldner, V. (2003). Ironic Gender/Authentic Sex. *Studies in Gender and Sexuality, 4*, 113-39.

Greenberg, J. R., & Mitchell, S. A. (1983). *Object Relations in Psychoanalytic Theory*. Cambridge, MA: Harvard University Press.

Grosz, E. (1990). *Jacques Lacan: A Feminist Introduction*. London: Routledge.

Grünbaum, A. (1984). *The Foundations of Psychoanalysis: A Philosophical Critique*. Berkeley: University of California Press.

Gunn, D. (2002). *Wool-Gathering or How I Ended Analysis*. London: Routledge.

Guntrip, H. (1973). *Psychoanalytic Theory, Therapy and the Self*. New York: Basic Books.

Hall, S. (1990). Cultural Identity and Diaspora. In J. Rutherford (Ed.), *Identity: Community, Culture, Difference*. London: Lawrence and Wishart.

Heimann, P. (1950). On Counter-Transference. *International Journal of Psychoanalysis, 31*, 81-4.

Heimann, P. (1960). Counter-transference. *British Journal of Medical Psychology, 33*, 9-15.

Hinshelwood, R. (1991). *A Dictionary of Kleinian Thought*. London: Free Association Books.

Hinshelwood, R. (1995). Psychoanalysis in Britain: Points of cultural access, 1893-1918. *International Journal of Psychoanalysis, 76*, 135-51.

Honneth, A. (1996). *The Struggle for Recognition: The Moral Grammar of Social Conflicts*. Oxford: Polity.

Hook, D. (2012). *A Critical Psychology of the Post-Colonial: The Mind of Apartheid*. London: Routledge.

Jacoby, R. (1975). *Social Amnesia*. Sussex: Harvester.

Jahoda, M. (1977). *Freud and the Dilemmas of Psychology*. London: Hogarth Press.

Jones, E. (1910). The Oedipus-complex as an explanation of Hamlet's mystery: A study in motive. *The American Journal of Psychology, 21*, 72-113.

Kelsen, H. (1924). The conception of the state and social psychology - with special reference to Freud's group theory. *International Journal of Psycho-Analysis, 5*, 1-38.

Keynes, J. (1930). *A Treatise on Money*. London: Macmillan for the Royal Economic Society, 1971.

Khanna, R. (2004). *Dark Continents: Psychoanalysis and Colonialism*. Durham: Duke University Press.

Klein, M. (1952). *The origins of transference. In M. Klein (1975) Envy and Gratitude and Other Works*. New York: Delta.

Klein, M. (1955). The psychoanalytic play technique. In M. Klein (1975), *Envy and Gratitude and Other Works*. New York: Delta.

Klein, M. (1957). Envy and Gratitude. In M. Klein. (1975), *Envy and Gratitude and Other Works*. New York: Delta.

Kovel, J. (1995). On racism and psychoanalysis. In A. Elliott & S. Frosh (Eds.), *Psychoanalysis in Contexts*. London: Routledge.

Lacan, J. (1954). The topic of the imaginary. In J. Lacan (1975), *The Seminars of Jacques Lacan, Book I: Freud's papers on Technique 1953-1954*. Cambridge: Cambridge University Press.

Lacan, J. (1972-3). God and the jouissance of the woman. In J. Mitchell & J. Rose (eds) (1982), *Feminine Sexuality*. London: Macmillan-now Palgrave Macmillan.

Lacan, J. (1991). *The Other Side of Psychoanalysis: The Seminar of Jacques Lacan Book XVII*. New York: Norton, 2007.

Laplanche, J., & Pontalis, J.-B. (1973). *The Language of Psychoanalysis*. London: Hogarth Press.

Luckhurst, R. (2002). *The Invention of Telepathy*. Oxford: OUP.

Main, M., & Goldwyn, R. (1990). Adult attachment ratings and classification system. In M. Main (Ed.), *A Typology of Human Attachment Organization Assessed in Discourse, Drawings and Interviews*. New York: Cambridge University Press.

Makari, G. (2010). *Revolution in Mind*. London: Duckworth.

Marcuse, H. (1955). *Eros and Civilization*. Boston: Beacon Press.

Masson, J. (1984). *Freud: The Assault on Truth*. London: Faber and Faber.

Metz, C. (1977). *Psychoanalysis and Cinema: The Imaginary Signifier*. London: Macmillan - now Palgrave Macmillan, 1982.

Mitchell, J. (1974). *Psychoanalysis and Feminism*. Harmondsworth: Penguin.

Mitchell, J., & Rose, J. (Eds.) (1982). *Feminine Sexuality*. London: Macmillan-now Palgrave Macmillan.

Mitchell, S. (2002). Psychodynamics, homosexuality, and the question of pathology. *Studies in Gender and Sexuality, 3*, 3-21.

Moore, B., & Fine, B. (1990). *Psychoanalytic Terms and Concepts*. New Haven: Yale University Press.

Mulvey, L. (1975). Visual pleasure and narrative cinema. In L. Mulvey (1989), *Visual and Other Pleasures*. London: Macmillan-now Palgrave Macmillan.

Mulvey, L. (1989). *Visual and Other Pleasures*. London: Macmillan-now Palgrave Macmillan.

Nobus, D., & Quinn, M. (2005). *Knowing Nothing, Staying Stupid*. London: Routledge.

Ogden, T. (1994). The analytic third: Working with intersubjective clinical facts. *International Journal of Psychoanalysis, 75*, 3-19.

Ogden, T. (1999). 'The music of what happens' in poetry and psychoanalysis. *International Journal of Psychoanalysis, 80*, 979-94.

Ogden, T. (2004). The analytic third: Implications for psychoanalytic theory and technique. *Psychoanalytic Quarterly, 73*, 167-95.

Oliver, K. (2004). *The Colonization of Psychic Space*. Minneapolis: University of Minnesota Press.

Parker, I. (2011). *Lacanian Psychoanalysis: Revolutions in Subjectivity*. London: Routledge.

Phillips, A. (1988). *Winnicott*. London: Fontana.

Piaget, J., & Inhelder, B. (1969). *The Psychology of the Child.* New York: Basic Books.

Popper, K. (1959). *The Logic of Scientific Discovery*. London: Hutchinson.

Potter, N. (Ed.) (2006). *Trauma, Truth and Reconciliation: Healing Damaged Relationships.* Oxford: Oxford University Press.

Rose, J. (1996). *States of Fantasy*. Oxford: Clarendon Press.

Rose, J. (2003). Apathy and accountability: The challenge of South Africa's Truth and Reconciliation Commission to the intellectual in the modern world. In J. Rose, *On Not Being Able to Sleep*. London: Verso.

Rose, J. (2007). *The Last Resistance*. London: Verso.

Rosenfeld, H. (1971). Contribution to the psychopathology of psychotic states. In E. Spillius (Ed.), (1988) *Melanie Klein Today: Volume 1, Mainly Theory*. London: Routledge.

Roseneil, S. (2006). The ambivalences of angel's 'arrangement': A psychosocial lens on the contemporary condition of personal life. *The Sociological Review, 54,* 846–68.

Roth, A. & Fonagy, P. (2005). *What Works for Whom: A Critical Review of Psychotherapy Research*. London: Guilford Press.

Roudinesco, E. (1990). *Jacques Lacan and Co.: A History of Psychoanalysis in France, 1925–1985.* London: Free Association Books.

Rustin, M. (1991). *The Good Society and the Inner World*. London: Verso.

Rustin, M. (1995). Lacan, Klein and politics: The positive and negative in psychoanalytic thought. In A. Elliott & S. Frosh (eds.), *Psychoanalysis in Contexts*. London: Routledge.

Sandler, J., Dare, C., & Holder, A. (1973). *The Patient and the Analyst*. London: Maresfield Reprints.

Segal, H. (1973). Introduction to the Work of Melanie Klein. London: Hogarth Press.

Segal, H. (1981). *The Work of Hanna Segal*. New York: Jason Aronson.

Segal, H. (1995). From Hiroshima to the Gulf War and after: A psychoanalytic perspective. In A. Elliott & S. Frosh (eds.), *Psychoanalysis in Contexts*.

London: Routledge.

Segal, L. (1999). *Why Feminism?* Cambridge: Polity.

Seshadri-Crooks, K. (2000). *Desiring Whiteness: A Lacanian Analysis of Race.* London: Routledge.

Solms, M., & Turnbull, O. (2002). *The Brain and the Inner World*. New York: Other Press.

Spillius, E., Milton, J., Garvey, P., & Couve, C. (2011). *The New Dictionary of Kleinian Thought.* London: Routledge.

Stern, D. (1985). *The Interpersonal World of the Infant*. New York: Basic Books.

Stoller, R. (1985). *Observing the Erotic Imagination.* New Haven: Yale University Press.

Stonebridge, L. (1998). *The Destructive Element: British Psychoanalysis and Modernism*. London: Macmillan-now Palgrave Macmillan.

Turquet, P. (1994). Threats to identity in the large group. In L. Kreeger (Ed.), *The Large Group*. London: Karnac.

Winnicott, D. W. (1958). The capacity to be alone. *International Journal of Psychoanalysis, 39,* 416-20.

Winnicott, D. W. (1965). *The Maturational Processes and the Facilitating Environment: Studies in the Theory of Emotional Development*. London: The Hogarth Press.

Winnicott, D. (1969). The use of an object. *International Journal of Psychoanalysis, 50,* 711-16.

Winnicott, D. W. (1971). *Playing and Reality*. London: Tavistock Publications.

Winnicott, D. W. (1975). *Through Paediatrics to Psycho-Analysis.* London: The Hogarth Press.

Zaretsky, E. (2004). *Secrets of the Soul*. New York: Knopf.

Žižek, S. (1991). *Looking Awry*. Cambridge, MA: MIT Press.

Žižek, S. (1994). *The Metastases of Enjoyment*. London: Verso.

Žižek, S. (2006a). Philosophy, the 'unknown knowns,' and the public use of reason. Topoi, 25, 137-42.

Žižek, S. (2006b). *How to Read Lacan*. London: Granta.

Žižek, S. (2006c). *The Pervert's Guide to Cinema*. P. Guide Ltd (DVD).

Žižek, S. (2008). *Violence*. London: Profile Books.

Žižek, S. (2011). *Living in the End Times*. London: Verso.

찾아보기

〈인명〉

〈내용〉

ㅊ

저자 소개

Stephen Frosh

스테판 프로쉬는 임상심리학자이며, 1990년대 동안 타비스톡 클리닉에서 부원장으로 재직했다. 현재는 런던 버벡대학교 심리학과 교수로 재직 중이다. 그는 정신분석, 사회학 그리고 심리사회적 연구 분야에 깊이 관여해 왔으며, 최근에는 외상과 사회적 폭력의 목격 이후 이를 인식하는 과정과 사회적 정체성 문제에 관심을 가지고 연구하고 있다.

20권이 넘는 저서와 다수의 논문을 집필하였으며, 주요 저서로는 『사냥: 정신분석과 귀신 같은 전염』(Palgrave Macmillan, 2013), 『증오와 유대인 과학: 반유대주의, 나치주의 그리고 정신분석』(Palgrave Macmillan, 2005) 등이 있다. 가장 최근에는 2023년 8월 블룸즈버리(Bloomsbury)에서 『반유대인과 인종자별주의: 정신분석에서의 윤리적 도전』이 출간되었다.

역자 소개

강예리(Kang Yae-Ree)

영국 레딩대학교 심리전공 박사
유니버시티 칼리지 런던대학교 & 안나 프로이트 센터 정신분석 발달 심리전공 석사
고려대학교 임상심리전공 석사
연세대학교 아동학 학사
영국아동청소년 정신분석 심리치료사
한국심리학회 공인 임상심리전문가
보건복지부 공인 정신건강임상심리사 2급
전 런던타비스톡 클리닉 아동 청소년 정신분석치료 과정 졸업
　차의과대학교 임상심리대학원 겸임교수
　아주대학교 정신분석대학원 겸임교수
현 클라인 정신분석 심리상담연구소 소장

[역서]
『존 볼비의 안전기지: 애착이론의 치료적 적용』(공역, 학지사, 2014)

초보자를 위한
정신분석 이론 입문
A Brief Introduction to Psychoanalytic Theory

2025년 7월 15일 1판 1쇄 인쇄
2025년 7월 20일 1판 1쇄 발행

지은이 • Stephen Frosh
옮긴이 • 강예리
펴낸이 • 김진환
펴낸곳 • (주) 학지사
04031 서울특별시 마포구 양화로 15길 20 마인드월드빌딩
대표전화 • 02)330-5114 팩스 • 02)324-2345
등록번호 • 제313-2006-000265호

홈페이지 • http://www.hakjisa.co.kr
인스타그램 • https://www.instagram.com/hakjisabook

ISBN 978-89-997-3458-8 93180

정가 22,000원

역자와의 협약으로 인지는 생략합니다.
파본은 구입처에서 교환해 드립니다.